에머슨,
조화와
균형의
삶

* 이 도서의 국립중앙도서관 출판시도서목록(CIP)은 e-CIP홈페이지(http://www.nl.go.kr/ecip)와 국가자료공동목록시스템(http://www.nl.go.kr/kolisnet)에서 이용하실 수 있습니다.
(CIP제어번호: CIP2014034848)

에머슨, 조화와 균형의 삶

서동석 지음

은행나무

차례

프롤로그

에머슨(Ralph Waldo Emerson, 1803~1882)은 19세기 미국의 사상가이자 시인이다. 그를 볼 때 단순히 문필가라기보다는 문학과 철학의 중간자라고 보는 것이 적당하다. 에머슨의 사상을 가장 간명하게 설명해 주는 말인 '중도'가 암시하듯이, 에머슨은 특정 가치나 사상 체계에 지나치게 의존하지 않았다. 모든 생명이 관계 맺고 변화하는 '지금 여기' 현재의 삶을 한정된 의식 체계로는 총체적으로 설명할 수 없기 때문이다.

에머슨의 중도적 삶이란 진실한 삶이다. 이 세상에 수많은 인생 경영의 방법들이 있지만 진실만큼 분명하고 근본적인 방법은 없다. 진실한 삶을 살기 위해서는 삶의 모순을 잘 헤쳐 나가야 하는데, 이를 위한 처세의 방법이 또한 중도의 방법이다. 우리가 살아가면서 부딪히는 삶의 모순은 우리를 고통스럽게 만든다. 심하면 우리는 그 고통을 견디지 못하고 좌절할 수도 있다. 그러나 우리가 삶의 모순을 헤쳐 나가는 중도의 지혜를 갖게 된다면 고해(苦海)라 불리는 인생의 파도를 타고 서핑을 즐길 수도 있다. 그때는 그 파도가 장애가 아니라 삶을 아름답게 만드는 원동력이 되고, 삶의 모순이 오히려 삶의 미학을 만드는 순간이 될 것이다. 삶의 중도는 한마디로 삶에 있어서 최적의 상태인 진실을 추구하는 것이다. 삶의 변화에 맞는 적절한 관계의 망을 형성하기 위한 부단한 노력이 인생의 역정을 견뎌서 고요한 삶에 있어서 지혜를 얻을 수 있었던 에머슨의 비결이다. 그런 의미에서 그는 어느 누구보다도 삶의 객관적 진실을 유지하려고 한 사람이다. 동서양을 막론하고 진선미(眞善美)가 인간이 추구하는 최고의 덕목이라고 할 수 있다. 지극히 진실한 것은 지극히 선하고 지극히 아름답다.

나는 에머슨을 연구하여 박사 학위논문으로 제출한 바 있다. 내가 에머슨을 연구하게 된 것은 우연이었지만 그 연구는 내 인생을 크게 바꾸었다. 나는 지방의 한 대학에서 10여 년간 교수로 지내다 사회에 나와 새로운 삶의 정신적 구심점을 찾는 과정에서 한동안 많은 시련을 겪었다. 그 시련이 오히려 에머슨의 진의를 깨닫게 하는 기회가 되었다. 그 무렵 우연히 수행을 연구하게 되었다. 수행의 원리를 연구하면서 에머슨의 중심 사상인 조화와 균형이 수행의 중도 원리와 서로 통한다는 것을 깨닫게 되었다. 조화와 균형은 수행은 물론이고 건강과 삶의 모든 영역의 기본 원리였다. 대학에서 단순히 학문적으로 본 에머슨과 세상에 나와 생생한 삶으로서 본 에머슨은 의미가 달랐다. 그것은 공허한 이론이 아니라 삶 그 자체였다. 중도는 삶의 진실이다. 에머슨은 내가 세상과 다시 소통할 수 있는 매개 역할을 한 셈이다.

이 책은 나의 박사 학위논문을 새롭게 꾸며, 전공자를 위한 입문서뿐만 아니라 일반인을 위한 교양서로 내놓고자 한 내 소망이 결실을 맺은 것이다. 그 결실을 맺기까지 그동안 에머슨에 대한 나의 생각에 많은 변화가 있었다. 나의 변화된 생각을 반영해서 이 책을 잘 가꾸어 준 은행나무 출판사와 온갖 어려움에도 불구하고 끈기 있게 기다려 준 사랑하는 가족에게 깊이 감사드린다.

2014년 12월

서동석

I

에머슨의 사상적 배경

에머슨에 대한 평가는 극과 극을 오간다. 이는 그만큼 에머슨의 사상이 복잡하다는 것을 의미한다. 에머슨의 사상은 이해하기 힘들지만 그 사상의 저변에는 일정한 법칙이 있다. 마치 자연이 우리 눈에는 이해하기 힘든 현상으로 보이지만 일정한 법칙을 갖고 있는 것과 같다. 에머슨이 추구하는 삶의 진실을 중심으로 보면 그의 입장을 이해할 수 있다. 우리의 삶은 다양한 현실과 가치들이 빚어내는 교향곡과 같다. 어느 특정한 곡조가 한 편의 교향곡 전체를 지배하지 않는다. 다양한 곡조들이 조화와 균형을 이룰 때 한 편의 아름다운 음악을 완성하게 된다.

에머슨의 사상도 이와 같다. 그는 완전한 삶의 진실을 완성하기 위해 서양의 합리주의적 사상과 동양의 직관주의적 사상이 모두 필요했다. 목회자 출신인 그의 사상을 이야기할 때 빼놓을 수 없는 종교적인 면에서 역시 서양의 내세 지향적인 종교와 동양의 상대적으로 현실 지향적인 종교의 융합이 필요했다. 이에 따라 에머슨은 동서양의 사상들 중에서 조화와 균형을 추구하는 그의 사상에 밑거름이 될 모든 사상들을 포용했다. 그는 동서양의 이질적인 사상들 간에 보이는 외형적인 모순보다는 내면에 흐르는 공통의 삶의 진실을 중요시한다.

문학적으로 그는 시도 하나의 온전한 생명력을 갖기 위해 내용과 형식이 유기적으로 결합되어야 한다는 유기시론을 주장했다. 모든 생명이 성장하고 발전하기 위해서 주어진 양분들을 받아들여 새로운 생명으로 도약하는 것처럼, 에머슨도 기존의 사상들을 받아들이고 그것들을 융합하여 새로운 사상으로 만들었다. 그것이 바로 미국 초절주의(American Transcendentalism)이다. 그러나 그의 사상은 특이하게도 고정된 틀을 거부하고 언제나 열린 결말을 지향한다. 이러한 수용과 초월이 그의 초절주의(超絶主義)의 핵심 원리다.

일부에서는 초절주의를 선험주의나 초월주의라고 부르기도 한다. 초절주의에는 인간의 경험을 넘어서고 초월하는 선험주의나 초월주의와 같은 측면이 분명히 있다. 그러나 이는 에머슨의 사상을 단편적으로 보고 말하는 것이다. 그의 사상은 무엇보다 현실을 기반으로 하고 있다. 현실과 이상 사이에서 끊임없이 갈등하면서도 꿈같은 이상을 추구할 수밖에 없는 것이 인간의 숙명이다. 에머슨의 초절주의는 단순한 이론이 아니라, 현실과 이상의 모순을 바로 보고 그 사이에서 심미적 질서를 찾으려는 생활철학이다. 초절주의는 인간의 삶의 현실을 가장 극명하게 대변하는 사상이라고 할 수 있다. 에머슨 사상의 전개 과정을 보면 초절주의를 보다 분명하게 이해할 수 있을 것이다.

에머슨의 초절주의는 좁게는 뉴잉글랜드, 넓게는 미국에서 나타난 지역 특수적인 것이다. 그러나 그 자양분은 전대와 당대의 동서양의 사상,

종교, 문학 등에서 취하고 있다. 더불어 그 자양분들을 취사선택하고, 한 걸음 더 나아가 유기적으로 통합하여 완전히 새로운 통일체, 즉 그의 용어를 빌리자면 '새로운 초절적 전체'로 만들어 냈다. 세상을 보는 눈이 다양한 데서 비롯하는 삶의 모순은 그의 글에 그대로 투영되고 있다. 에머슨이 다양한 해석이 가능하며 보는 시각에 따라 상당히 다른 평가를 받을 수 있는 것은 동서양의 상호 모순된 사상들을 한데 포용하고 있기 때문에 빚어진 자연스러운 결과다. 따라서 에머슨에 올바르게 접근하기 위해서는 그의 사상을 특정한 하나의 잣대로 재기보다는 '전체적 관점'에서 보는 것이 바람직하다. 그의 사상에 나타나는 모순은 전체적 관점에서 볼 때라야 온전히 이해될 수 있으며, 나아가 이 모순성 너머의 그의 궁극적인 목적을 탐구해야만 그를 온전히 평가할 수 있다. 그런 의미에서, 우선 에머슨 사상의 형성 과정을 전체적으로 조망해 보자.

에머슨은 1803년 5월 25일 삼대에 걸친 목사 집안의 8남매 중에서 넷째로 태어났다. 에머슨 자신은 본질적으로 낙천적인 사람이다. 그러나 사실 그의 삶 자체는 그리 평탄하지 않았다. 그는 여덟 살 때 아버지를 여의었고 어머니는 경제적 능력이 없었다. 더욱이 에머슨은 평생 허약한 체질로 인해 병치레가 잦았다. 8남매 중에 어느 정도 수명을 유지한 사람은 에머슨 자신을 포함해 세 사람뿐, 나머지 형제자매들은 일찍 죽음을 맞이했다. 때문에 신학적으로도 회의감이 클 수밖에 없었다. 더군다나 사랑이 깊었던 첫 번째 아내와 사별하면서 느낀 정신적 상처가 매우 깊었으며, 이어 두 번째 아내와의 사이에서 낳은 큰아들의 죽음은 에머슨에게 더욱 큰 상처를 주었다.

에머슨의 삶은 무척 고단한 과정의 연속이었지만, 그는 어려운 현실에도 불구하고 결코 비관적인 세계관을 갖지 않고 오히려 적극적이고 자주적인 삶을 살고자 노력했다. 그 과정에서 불가피하게 그는 늘 이상과 현실 사이를 저울질하며 살아야만 했다. 그 와중에 내면적으로 갖고 있던 모순적 기질 때문에 젊은 시절에 심한 회의론에 빠지곤 했다. 에머슨은 이중적인 삶을 살 수밖에 없는 환경적, 성격적 특질을 갖고 있던 것이다. 비교적 균형 감각을 가지고 에머슨을 연구한 카펜터(Frederic Ives Carpenter)는 다음과 같이 말한다.

그의 삶은 복잡한 해석의 문제들을 암시한다. 첫째로, 그의 성격의 양키적인 요소와 신비적인 요소 사이의 근본적인 갈등을 어떻게 중재할 것인가? 그 다음으로 보다 특수한 문제들이 (대체로 연대기적 순서로) 발생한다. 즉 독창적 천재와 반대되는 유전의, 자립의 힘과 대립되는 체질상의 쇠약의, 낙관적 철학과 대립되는 되풀이되는 개인적 비극의, 순회강연과 활동의 많아짐에 반대되는 '자랑스러운 세상'으로부터 은거의, 실제적으로 풍부한 사교에 반대되는 친구들에 대해 추정되는 '냉담'의, 그리고 마지막으로 그의 생애 후반부 동안 노예제도 개혁에 대한 점진적인 헌신에 반대되는 개혁에 대한 거부의, 갈등의 문제들이다.[1]

다른 무엇보다도, 에머슨은 종교적인 회의가 컸다. 여러 대에 걸친 성

---

1 Frederic Ives Carpenter, *Emerson Handbook*(New York: Hendricks House, 1953), p.1.

직자의 가정에서 태어난 에머슨은 한때 아버지처럼 목사직을 선택하고 그 종교적인 매력을 좋아했다. 그러나 그의 시 〈문제(The Problem)〉의 시작 부분에서 표명하듯이, 그는 제도적인 종교인이 되고 싶지는 않았다.

나는 교회가 좋고, 사제의 두건이 좋다.

나는 영혼의 예언자를 사랑한다.

내 마음 속 수도원의 복도에는

달콤한 선율, 혹은 깊은 은총이 흐르고 있다.

하지만 신앙의 온갖 예시력에도 불구하고

두건 쓴 성직자가 나는 되고 싶진 않다.

내가 감내할 수 없는

그 제복(祭服)이 어찌 그를 유혹할 수 있겠나?〈문제〉**2**

에머슨은 기독교 신앙을 합리적인 이성의 틀 안에서 해석하려고 했다. 이와 같은 합리주의와 신앙의 결합은 18세기 자연 신학자들의 저작에서 그가 배운 것이었다. 에머슨은 기독교에서 말하는 기적을 맹목적으로 믿을 수만은 없었다. 자연의 이치에 벗어난 기적은 그에게는 미신일 뿐이었다. 에머슨의 이러한 시각은 에머슨의 시와 산문 속에 더욱더 분명하게 투영돼 있다. 자연을 바라보는 관점에 있어서 에머슨은 과학

---

2 Ralph Waldo Emerson, *The Complete Works of Ralph Waldo Emerson*, Ed. Edward Waldo Emerson, 12 vols(Boston: Houghton Mifflin, 1903~1904), IX : 6. 이하《에머슨 전집》으로부터의 인용은 작품명만 밝힘.

과 종교의 양극단의 결합으로 출발하지만, 그는 어느 한쪽에도 머물지 않고 그 양극의 중간 지점이라 볼 수 있는 시의 영역에 도달한다. 이 과정에서도 진리를 향한 그의 중도적 노력을 엿볼 수 있다. 조화와 균형의 단계에 이르는 그의 정신사적 과정을 보면 그의 사고방식과 그것이 추구하는 최종 목표를 이해할 수 있다.

신학에서 자연으로

에머슨은 조너선 에드워즈(Jonathan Edwards)의 신의 섭리가 충만한 청교도적 이상주의, 벤저민 프랭클린(Benjamin Franklin)의 현실에 바탕을 둔 계몽주의적 실용주의, 그리고 토머스 제퍼슨(Thomas Jefferson)의 농본주의에 기초한 민주주의를 계승하고 있다. 미국 정신의 3대 건설자라는 이들을 에머슨은 중도적인 입장에서 동시에 수용한다. 이들 중 에드워즈와 프랭클린은 서로 상반된 입장을 취하고 있다. 에드워즈는 자연과 인간을 극소화하고 신을 극대화해 신의 절대 우위성을 확립했다. 반면 프랭클린은 그의 자서전에서 스스로 밝혔듯이 '철저한 이신론자'[3]로서 과학에 입각한 실용 정신을 철저히 추구한다. 하지만 프랭클린의 계몽주의가 청교주의를 전적으로 반대한 것은 아니라 오히려 그로부터 성장했다고 볼 수 있다. 사실 에드워즈의 청교주의 사상에는 합리적인 요소가 내재해 있었다. 에드워즈도 18세기 계몽주의 사상을 의식하지 않을 수 없었던 것이다. 또한 미국의 계몽주의는 청교주의의 실질적이고 합리적인

---

3 Benjamin Franklin, *Benjamin Franklin: The Autobiography and Other Writings*, Ed. L. Jesse Lemisch(New York and Toronto: The New American Library, 1961), p.70.

요소들을 실용주의 정신에 입각해서 미국의 시대적 요구에 맞게 변형했다고 볼 수 있다.

에드워즈의 청교도적 이상주의와 프랭클린의 미국 실용주의적 전통은 에머슨에게 그대로 계승되고 있다. 이 점에서 에머슨에게는 삶의 현실과 이상을 모두 포괄하는 '실제적 이상주의'[4]라고 부를 수 있는 역설적 일면을 갖게 된다. 하지만 그의 실제적 이상주의는 단순히 청교주의와 계몽주의의 산물만은 아니다. 청교주의와 계몽주의 사이에서 자연에 기초한 민주주의가 완충 역할을 하고 있지만, 에머슨의 사상은 보다 복합적인 요소들의 결과물이다. 사실 그는 삶의 모순을 넘어 삶의 총체적 의미를 이해하고 설명하기 위해 이용 가능한 모든 이질적인 사상들을 그의 사상 체계 속에 포함시켜 그의 목적을 위한 수단으로 삼고 있다.

이와 같이 삶의 진리를 향해 끝없이 추구하는 과정에서 에드워즈와 에머슨을 연결하는 가교 역할을 한 사람은 유니테리언(Unitarianism)[5] 목사 W. E. 채닝(William Ellery Channing)이다. 에머슨을 종교에서 시로 이끈 사람 중의 하나가 아이러니하게도 신앙심 깊은 채닝이었던 것이다.[6] 채닝은 에드워즈의 수제자인 홉킨스(Samuel Hopkins)의 제자이다. 에드워즈의 신학으로부터 시작한 채닝은 합리주의와 기독교의 기적에 대한

---

4 Henry David Gray, *Emerson: A Statement of New England Transcendentalism as Expressed in the Philosophy of Its Chief Exponent*(California: Stanford UP, 1917), p.25.
5 유니테리언은 18세기에 그리스도교의 정통 교의인 삼위일체론의 교리에 반하여 등장한 교파로, 그리스도의 신성(神性)을 부정하고 하느님의 신성만을 인정하는 유일신교파다.
6 채닝은 문학에도 관심이 많았다. 1830년 발표한 《국민문학론》에서 그는 미국문학이 유럽문학에서 독립해야 한다고 역설하였는데, 이것은 에머슨이 1837년에 발표한, 미국의 지적 독립선언서라고 불리는 〈미국의 학자〉의 전조를 이룬다.

믿음을 동시에 수용한 선구적인 신학자로 프랑스 대혁명에 큰 영향을 받았으며, 더불어 독일 관념주의를 수용하는 과정에서 칼뱅주의와 같은 청교주의 신학에 반동하여 1825년 미국 유니테리언협회를 조직하였다. 그의 유니테리언은 칼뱅주의에 비해 기적보다는 보통 사람의 인간성 안에서 신성(神性)을 해석하는 합리주의 정신을 갖고 있었지만, 동시에 신의 의지에 의한 계시를 보다 중시하고 있었다. 유니테리언이 청교주의의 지나친 종교적 경직성에 반발하여 시작된 것이기는 했지만, 에머슨의 눈에는 이 새로운 교파에도 종교 형식상의 경직성이 여전히 존재하였다. 이 무렵 유니테리언의 교리에 회의를 느끼기 시작한 에머슨은 신과 인간, 물질과 정신의 간극을 인식하고 양극을 연결하고자 하는 생각을 갖고 있었다. 그리고 한편으로 그 당시 유행했던 스베덴보리(Emanuel Swedenborg)의 상응이론의 영향을 받았다. 인간의 정신세계와 자연의 물질세계가 일대일로 상응체계를 이루고 있다고 본 이 이론을 에머슨은 친밀히 지내던 영국의 시인 콜리지(Samuel Taylor Coleridge)를 통해 간접적으로 수용한 것이다.

다른 한편으로 그는 감각을 중시하는 로크의 경험주의와 데카르트의 이원론을 부분적으로 수용하고 또 거부하기도 하면서 직관을 통한 자아의 깨달음을 중시하게 된다. 과학의 합리주의와 이원론적 분석이 세상의 현상을 이해하고 분석하는 데에는 도움이 되지만, 그들의 이론만으로는 도달할 수 없는 현상 너머의 통일성의 세계가 있기 때문이다.

또한 에머슨이 목사직을 사임할 무렵에 읽었던 퀘이커교의 창시자 조지 폭스(George Fox)의 《퀘이커의 역사(History of the Quakers)》와 《폭스의 생애(Fox's Life)》는 에머슨의 종교적 직관에 대한 믿음을 강화시켰다.

전통 기독교의 형식적인 예배 의식에 반대하고 소박한 생활 태도로서의 신앙을 중시한 폭스를 따르는 퀘이커교는 내적 광명을 통한 신과의 합일을 희구한다. 전통 기독교에 비해 다소 신비주의적인 퀘이커교에 에머슨이 깊은 관심을 가진 것은 신의 섭리가 먼 곳에 있는 것이 아니라 인간의 내부에 있다는 그의 믿음을 한층 강화하는 계기가 되었다. 그의 믿음은 인간의 개별적인 영혼을 통합하는 전체 영혼으로서의 보편적 영혼(Universal Soul)을 지칭하는 '대령(大靈, Over-Soul)'의 개념으로 점차 발전한다. 또한 후에 힌두교와 불교의 심오한 뜻을 이해하는 데 밑거름이 되었다.

형식적인 교리의 문제에 회의를 느꼈던 에머슨은 결국 첫 번째 아내 엘런(Ellen Tucker)이 지병으로 죽고 이듬해인 1832년 10월 28일 제2유일신교과 교회의 목사직을 사임했다. 예수의 죽음을 형식적인 성찬식의 의식으로 기념하는 것이 그에게는 가식적인 행위로 보였던 것이다. 종교의 본질과 형식 사이에서 에머슨은 큰 회의를 느꼈다. 그는 죽은 자를 위한 종교가 아닌 살아 있는 자를 위한 종교가 절실히 필요했다. 형식적인 예식보다 내적인 마음 자세가 그에겐 중요했던 것이다. 나아가 그는 죽어 있는 진실이 아닌 지금 여기의 일상 속에 살아 있는 진실을 언제나 추구했다. 따라서 성찬식이라는 죽은 의식보다는 진실한 삶으로서의 종교적 신념이 그에게 소중했다.

목사직을 사임한 후 에머슨은 한동안 정신적 순례를 했다. 1832년 12월 25일 크리스마스 날에 그는 유럽으로 여행을 떠났다. 유럽 여행 중에서 그는 콜리지, 칼라일(Thomas Carlyle), 워즈워스(William Wordsworth) 등 당대의 선도적인 문인들과의 교류를 통해 견문을 넓힐 수 있었다. 그러나 무엇보다 중요한 사건이 있었으니, 1833년 6월에 방문한 파리 식물원에서 한 신비스러운 체험이었다. 파리 식물원에는 동식물들의 표본들이 전시되어 있었다. 그 동식물들은 평소 그에게는 인간과 아무런 연관성이 없어 보이던 것들이었다. 그러나 그날의 느낌은 달랐다. 그가 보고 느낀 것은 그에게 단순히 눈요기에 불과한 것이 아니었다. 그것은 '자연의 진열장'으로서 그가 매일 보지만 지나치고 말았던 모든 자연물들의 생태적 연관성을 보여 주고 있었다. 그는 그 표본들을 통해 자연 만물의 현상에 내재한 영혼의 통일성을 깨달을 수 있었다. 이는 곧 신과 인간 사이의 영적인 공백을 채워 줄 수 있는 수많은 보상적인 매개물들을 그 속에서 발견한 셈이었다. 끊임없이 변하는 자연의 변용 속에서 그는 신과 인간을 엮어 주는 자연의 연결 고리를 볼 수 있었다. 또한 그는 그동안 자신을 혼란스럽게 만들었던 신학상의 회의에 대한 대안을 찾게 되었다. 마침내 많은 사상적, 종교적 편력을 거쳐 그 모든 시련을 이겨 내고 확고하게 자신의 중도적 철학을 완성할 수 있는 중심점을 자연에서 마련한 것이다.

에머슨은 1834년 콩코드(Concord) 지방에 영구히 정착했다. 또한 첫번째 아내의 죽음으로 물려받게 된 유산 덕택에 어느 정도 경제적 여유도 찾게 되었다. 우연인지 '콩코드'란 지명은 앞으로의 그의 일생 행로를 암시하고 있었다. '화합', '일치' 등의 뜻처럼 에머슨은 일생 동안 조화와 균형의 중도적 세계를 추구하게 된 것이다. 마침내 1836년 에머슨은 그동안의 사상적, 종교적 편력을 완결 지으며 이후 미국 초절주의의 모태가 되는 《자연(Nature)》을 단행본으로 세상에 내놓았다. 이후 그의 초절주의는 그의 주변 사람들을 통해 동그란 파문처럼 세상에 전파되어 갔다. 그러나 그가 이런 조화의 세계에 도달하고자 노력한 과정은 삶의 양극적 모순을 헤쳐 나가기 위해 불가피하게 지난한 고통을 수반할 수밖에 없는 자기 혁신의 연속이었다.

《자연》이 발표된 해에 에머슨을 중심으로 뜻이 맞는 젊은 종교인, 문인, 철학자들이 모였다. 그들은 그해 9월 첫 모임을 갖고 초절주의 클럽(Transcendental Club)을 결성했다. 초절주의 클럽의 첫 회원들은 대부분 유니테리언 목사거나 전직 목사들이었지만, 점차 다양한 계층의 사람들이 모여들었다. 우리에게 익숙한 소로우(Henry David Thoreau)도 그중 한 사람이었다. 또한 당시로서는 파격적으로 풀러(Margaret Fuller), 피보디(Elizabeth Peabody), 그리고 리플리(Sophia Ripley) 같은 참신한 신세대 여성들도 참여했다. 20세기 초에 들어서야 미국에서 여성들에게 참정권이 주어진 것을 볼 때 이들의 활동은 파격일 수밖에 없었다. 한편 회원 대부분은 20, 30대의 젊은이들이었으며, 가장 나이가 많은 사람이 57세의 채닝이었다. 대부분 젊은이들로 구성된 까닭에 미국 사회 전반, 특히 미국 주류 사회를 정신적으로 압박하고 있던 기독교 신앙의 도그마에 대해 상당히 비판적이었다. 그들은 당시로서는 수용하기 힘든 대안을 제시하곤 했는데, 이는 죽은 하나님이 아닌 사람들 속에 살아 있는 하나님에 대한, 즉 인간 삶 속에 구체화되어 있는 기독교 신앙에 대한 것이었다. 이 운동의 필두에 에머슨이 자리하고 있고, 그의 신념에 고무된 젊은 목사들이 이 운동에 참여했다.

《자연》에서 에머슨이 처음부터 부르짖은 것은 우리에게 '우주와의 원초적 관계'의 회복을 촉구하는 것이었다. 자연, 인간, 그리고 신의 원초적 관계에 대한 확고한 믿음으로부터 그는 그의 눈에 권위적이고 형식적으로 비친 당시의 기독교 신앙을 자주적이고 실질적으로 해석할 수 있는 힘을 얻을 수 있었다. 1838년 7월 15일 일요일 저녁에 하버드에서 에머슨은 역사적인 〈신학교 연설(Divinity School Address)〉을 강연했다. 이 연설은 당시의 보수적인 기독교인들에게 엄청난 충격을 준 것으로, 에머슨은 하버드 신학생들에게 예수의 기적을 삶 속의 기적으로 적극적으로 해석하고, 하나님에게 중간 매개자 없이 직접적으로 다가갈 수 있음을 말하고 있다.

> 무엇보다, 홀로 가고, 훌륭한 모범들, 심지어 사람들의 생각 속에서 신성시되는 것들까지도 거부하며, 그리고 담대하게 중재자나 장막 없이 하나님을 사랑하기를 권하고 싶습니다.
>
> (……) 당신 자신은 성령의 갓 태어난 시인이시니, 모든 복종심을 버리고 사람들을 신께 직접 인도하십시오.〈신학교 연설〉

이 연설은 적잖은 공격을 받았다. 그중에서도 뉴잉글랜드 유니테리언의 지도자 격인 신학자이자 하버드 신학대학의 전직 교수였던 앤드루스 노턴(Andrews Norton)의 비판이 눈길을 가장 많이 끌었다. 보수주의 신학자인 노턴은 기독교의 계시를 거부한 에머슨의 자유주의적 발상을 용납할 수 없었다. 이는 격렬한 논쟁을 일으켰다. 그 논쟁에 있어 리플리(George Ripley), 파커(Theodore Parker) 등의 젊은 목회자들은 에머슨의 연설에 상당한 공감을 표현했다. 그들의 생각이 에머슨과 완전히 일치한 것은 아니지만, 예수의 신성보다는 도덕적 인격성에 가치를 부여한 것에 공감한 것이다. 그런데 정작 에머슨은 그들의 논쟁에 대해 별다른 반응을 보이지 않았다. 에머슨은 성격적으로 논쟁을 싫어했고 극단으로 치우치는 것을 항시 경계했기 때문이다. 결국 이 논쟁은 노턴과, 에머슨의 생각에 동조하는 젊은 목회자들 간의 싸움으로 변했다. 에머슨의 연설에 가한 노턴의 비판을 두고 벌어진 종교적 논쟁은 결국 보수와 개혁의 싸움이자 기독교 신앙에 대한 해석의 문제로 거듭났다고 볼 수 있다.

동서 문명의 원환

종교 이외에도 에머슨은 정치, 사회, 문화 등 광범위한 영역에서 미국이라는 젊은 신생국에 걸맞은 새로운 패러다임을 모색했다. 이 같은 경향은 특히 당시 초절주의 클럽에 모인 젊은이들이 미국 사회의 발전을 위해 보여 주었던 그들의 실험정신에서 엿볼 수 있다. 그들은 그들의 눈에 형식적이고 보수적으로 비친 기존 사회의 틀을 바꾸기 위해, 논의를 위한 논의가 아닌 실질적인 노력을 기울였다. 자연히 그들의 생각은 자유분방했고, 대부분의 초절주의자들의 신념과 행동은 때로 신비주의적이고 때로 회의적인 이중성을 띨 수밖에 없었다. 그들이 미국 사회의 전체 영역에서 가능한 한 새로운 대안들을 모두 고려했기 때문에 빚어진 자연스러운 결과라고 볼 수 있다. 이 운동의 선두에 있던 에머슨은 그가 매일 바라보고 맞이하는 신대륙 미국의 원시적인 광활한 자연 속에서 미국적인 새로운 패러다임으로 '자연에 기초한 새로운 질서'[7]를 세우고자 했다.

---

7 Henry Nash Smith, *Virgin Land: The American West as Symbol and Myth* (Cambridge, Massachusetts: Harvard UP, 1970), p.44.

에머슨에게 미국은, 어떤 의미에서 동서양의 거대한 문명의 순환이 만나는 중립 지역으로 비쳐졌을 수 있다. 콜럼버스가 15세기에 아메리카 대륙을 발견했을 당시에 북아메리카에만 이미 약 천만 명의 원주민들이 있었다.[8] 이들은 4만 년 전에 베링해협을 건너 아시아로부터 아메리카 대륙으로 이주한 사람들이었다. 이러한 인류사적 문명 교류의 관점에서 보면, 사실 미국은 국가 건설 초기부터 동서양의 다양한 인종과 그들의 문화와 문물이 만나 새로운 문명의 탄생을 예고하고 있었던 셈이다. 그 당시 신대륙에 와 있던 많은 유럽인들 중 수필가 크레브쾨르(Crèvecoeur)는 특히 동서 문명의 결합에 대해 통찰하였다. 그의 《미국 농부의 편지(Letters from an American Farmer)》는 이런 북아메리카의 모습을 다음과 같이 전하고 있다.

여기 모든 나라에서 온 사람들이 하나의 새로운 종족으로 용해되고 있고, 그들의 노동과 번영은 어느 날 세계에서 거대한 변화를 야기할 것이다. 미국인들은 오래전에 동양에서 시작한 엄청난 양의 예술, 과학, 정력, 그리고 산업을 가져오고 있다. 그들은 거대한 순환을 완성할 것이다.[9]

독립혁명으로 18세기 후반에 정치적 독립을 이룩한 미국에서는 19세기에 접어들어 이제 문화적으로도 영국을 위시한 유럽의 영향으로부터

---

8 Randee Falk, *Spotlight on the USA* (Oxford: Oxford UP, 1993), p.1.
9 J. Hector St. John Crèvecoeur, *Letters from an American Farmer* (Garden City, New York: Doubleday, [n.d.], 1782), p.49.

벗어나고자 하는 움직임이 일기 시작했다. 미국이 독자적인 목소리를 내기 시작했으며 이미 도처에 새로운 문화적 토양이 형성되어 그 꽃을 피울 준비를 하게 된 것이다. 크레브쾨르의 눈에 '새로운 인간'[10]으로 비친 미국인은 인류 역사의 순환 속에서 필연적으로 모든 문명의 요소들을 흡수하여 새로운 문명으로 발전시켜 나갈 숙명을 타고났다고 볼 수 있다.

문화적 기원에 있어서 대립적 요소들인 현실주의적 다양성과 이상주의적 통일성이 필연적으로 아메리카 신문명에 있어 자연스러운 현상이었다. 태생적으로 미국은 다양성과 통일성을 가지고 탄생할 수밖에 없었다. 이 문명적 모순을 해결하는 사명을, 에머슨이 운명적으로 타고난 것이다. 그가 다양성과 통일성을 포괄하는 중도의 세계에 안착하기까지 많은 우여곡절이 있었다. 시대적으로 그가 살았던 19세기는 미국에서 남북전쟁이 있던 시대였다. 또한 문화적으로 19세기 초중반 미국은 새로운 문화를 확립하기 위해 많은 모색을 해야 할 때였다. 무엇보다 정치, 경제, 문화 등 사회의 모든 영역에서 다양한 가치들을 새롭게 미국적으로 통합하려는 큰 움직임이 있던 시대였다. 그 속에서 자연히 진보와 보수 세력 간의 치열한 싸움은 불가피했다. 그 와중에 에머슨도 좌와 우 중에서 어느 한쪽을 선택하기를 강요받았다. 그러나 그의 선택은 진보와 보수 어느 편도 들지 않는 것이었다. 그럼으로써 왼쪽도 아니고 오른쪽도 아닌 최적의 상태 그 자체인 진리의 편에 섰다고 할 수 있다. 그는 개혁과 수구, 현실과 이상의 양극단 사이에서 어느 편에도 치우치지

---

10 *Ibid.*, p.50.

않고 중도의 진실을 유지하고자 했다. 그 과정에서 그는 진보와 보수 양쪽으로부터 많은 공격을 받을 수밖에 없었다. 그런 가운데 에머슨은 미국적 패러다임에 맞는 새로운 사상을 찾고 자신의 진실한 삶을 구현하기 위해 동서양의 다양한 사상들을 섭렵했다. 하나의 일관된 사상 체계로는 미국의 문화적, 정치적 다양성을 담을 수 없다고 생각했기 때문이다. 그런 의미에서 초절주의에 입각한 유기론적 세계관은 다양성과 통일성을 동시에 담아내기 위한 에머슨의 자연스러운 선택이었다.

그 연장선상에서 에머슨은 지속적인 정신적 자기 변신을 통해 끊임없이 동서양의 양극단의 조화로운 균형을 추구했다. 이러한 정신은 그의 독특한 독서 방식에도 적용되고 있다. 그는 그리스와 로마의 고전, 당대와 이전 시대의 영국문학, 독일문학과 철학, 그리고 성경 등을 포함한 방대한 양의 책들과 더불어 동양의 경전들을 읽었다. 그의 저작에는 이질적인 동서양의 사상들이 수십여 종 들어 있다. 이 사상들 중 그는 자신이 필요하다고 판단한 내용들을 엄선해 집필에 활용했다. 그 결과 그의 저작에서 우리는 동서고금의 여러 사상가, 작가, 종교, 그리고 철학을 만날 수 있다. 주요 에머슨 연구가인 뉴펠트(Leonard Neufeldt)는 에머슨의 핵심 저작이라고 할 수 있는 《자연》에서 40종이 넘는 동서고금의 모델과 출처 그리고 유사관계를 찾을 수 있다고 본다.

《자연》에 기원할 수 있는 특수한 모델, 출처, 그리고 유사성들에 관해서, 나열할 수 있는 목록은 거의 모든 원리를 끌어들이고 있다. 가장 주목할 만한 보기만 들어서, 플라톤, 플로티노스, 예수, 사도 바울, 플루타르크, 아우구스티누스, 베이컨, 밀턴, 커드워스, 조너선 에드워즈, 스베덴보리, 루소, 스튜

어트, 괴테, 칸트, 피히테, 셸링, 콜리지, 워즈워스, 헤겔, 키에르케고르, 니체, 윌리엄 제임스, 듀이, 화이트헤드, 월리스 스티븐스, 틸리히, 메를로 퐁티, 하이데거, 힌두교, 브라만교, 조로아스터교, 선불교, 퀘이커교, 청교도 신비주의, 전통 기독교 이상주의, 낭만적 유니테리언, 미국 국가주의, 나치즘, 그리고 사실상 휘트먼 이래 모든 미국 시가 해당된다.[11]

비록 뉴펠트의 지적이 지나치다는 시선도 있지만, 이는 그만큼 에머슨의 사상이 다양하며 상호 이질적인 요소들을 폭넓게 내포하고 있다는 방증이 된다. 사실 에머슨의 저작에 들어 있는 동서양의 이질적인 사상들은 그의 새로운 사상적 틀 속에서 용해되어 새로운 모습을 형성하고 있다. 그 때문에 그 사상들 본래의 모습을 찾기가 힘들다. 이 점이 또한 그를 이해하기 어렵게 만드는 한 요인이다. 그러므로 그의 사상에서 동서양의 영향 관계를 추적하기보다는 그 사상들과의 유사점 그리고 그의 궁극적인 의도를 직접 보는 것이 무엇보다 중요하다.

자연의 상보적 원리

에머슨의 문학과 사상의 출발점은 자연이다. 에머슨에게 자연은 관념과 사실, 이상과 현실, 신과 인간 사이에서 중립적으로 존재하며 양극을 연결하는 역할을 하고 있다. 신대륙 미국의 자연은 그에게 세상을 바라보는 새로운 시각을 제공하고 있다. 그는 평소에는 의식하기 힘들지만 마

---

11 Leonard Neufeldt, *The House of Emerson* (Lincoln and London: U of Nebraska P, 1982), p.171.

음의 눈을 뜨고 바라보면 느낄 수 있는 주위의 자연 속에서 만물의 유사성을 깨달았다. 자연의 끝없는 변용은 자연 만물의 '다양성 속의 통일성'을 그로 하여금 자각하게 한 것이다. 만물의 순환적 변용과 통일성의 생태적 자각으로부터 에머슨의 새로운 세계관은 출발한다. 따라서 그가 새롭게 바라본 자연은 우주의 삼라만상으로, 휘트먼(Walt Whitman)의 세계에서 드러난 자연과 같다. 어떤 의미에서 휘트먼은 에머슨의 시적 이상을 가장 잘 표현한 시인이라고 할 수 있다. 에머슨은 휘트먼의 대표작인 《풀잎(Leaves of Grass)》이 세상에 나오자 그에게 편지를 보내 그의 위대한 생애의 출발을 축하해 주었다.[12] 수차례 개정을 통해 점점 확장된 휘트먼의 세계관을 보여 준 《풀잎》에 나타난 변용은 마치 자연 만물의 변용을 보는 듯하다. 휘트먼의 풀잎은 생명을 상징하며 그 변용은 자연과 삶의 끝없는 변용과 연결된다. 이 점에서 휘트먼과 에머슨의 세계관이 하나로 통한다. 에머슨은 《풀잎》을 보자마자 이를 느꼈던 것으로 볼 수 있다.

한편 에머슨의 자연은 조화와 부조화가 공존하지만, 언제나 순환을 통해 불균형을 '평균화하는 상황'이 존재하는 곳이다. 그는 만물의 존재양상인 순환적 변용과 양극성의 보상 원리에 의해 사회와 자연의 생태적 질서가 부여되고 있다고 보고 있다. 자연은 비록 변화하지만 직선적

---

12 휘트먼은 자신의 시집을 선뜻 내 주려는 출판사를 만나지 못해 자비로 출간할 수밖에 없었다. 더욱이 《풀잎》이 처음 출간되었을 때 전통적인 운율이나 음조를 무시하고 속어를 폭넓게 활용한 휘트먼의 시에 대한 비난이 거세게 쏟아졌으며, 혹자는 돼지가 수학을 모르는 것과 휘트먼이 예술을 모르는 것이 일맥상통한다며 비아냥대기도 했다. 하지만 당대에 높은 위상을 가졌던 에머슨이 휘트먼의 시를 인정하자 이러한 비판들은 사그라들게 된다.

인 변화가 아닌 곡선적인 변화를 보인다. 밤낮과 계절이 순환하듯이 자연의 변화도 순환하고 있다. 또한 자연은 서로 양극적인 구조, 특성, 경향이 만들어 내는 역동적인 실체다. 그러나 그 역동성이 자아내는 모순과 갈등이 오히려 자연의 생태적 질서를 부여하는 힘으로 작용한다. 양극성이 전체를 통합하여 보상을 이루는 원동력인 셈이다. 또한 에머슨의 순환론적 우주관에서 보면 눈에 보이는 세계는 보이지 않는 세계를 늘 암시하고 지향한다. 모든 만물은 양극적인 구조를 이루고 있지만, 서로 상보적 관계를 이루면서 하나의 근원적 통일성으로 회귀한다.

이와 같은 자연의 이원적 통합과 상보성의 원리가 에머슨의 글 전반에 깔려 있다. 이 원리를 기본으로, 흔히 그가 즐겨 쓰는 이원적 구조 속에서 그는 가능한 한 자연의 모든 사실들을 그의 시와 산문의 소재로 다루고 있다. 그는 만물의 순환과 통일성을 보여 주기 위해 자신의 글에 목록 방식(catalogue methode)[13]을 주로 사용했다. 그러다 보니 그의 글은 반복이 많을 수밖에 없어서 에머슨에게는 놀랍도록 반복적인 작가라는 평이 뒤따른다.

에머슨의 사상과 표현 방식은 휘트먼에게도 많은 영향을 미쳤다. 휘트먼의 시에는 범우주적인 통일적 세계관이 보다 자유롭고 반복적으로 표현되어 있다. 문학적 표현 방식에 있어서, 시와 산문은 에머슨의 이원적 통일성의 중도적 사상을 표현하는 양 날개다. 많은 사람들이 에머슨을 산문작가로 알고 있지만, 정작 그 자신은 시인이기를 원했다. 그는

---

13 하나의 목록 안에 관련 맺고 있는 여러 가지 항목들이 있는 것처럼, 동일한 글에 그 주제에 관련된 여러 가지 예들이 반복적으로 나타나는 방식을 말한다.

시로 할 수 없는 것을 산문으로, 산문으로 할 수 없는 것을 시로 표현했을 뿐이다. 때문에 그가 시인이냐 산문작가냐 하는 논의는 부차적인 것이고, 중요한 것은 그가 시와 산문을 통해 전하고자 하는 본뜻이다. 비록 에머슨이 단지 두 권의 시집만을 출판했고 "그의 시적 이상과 그 자신의 시적 성취 사이의 간극"[14]이 존재하지만, 그의 시는 산문과 서로 상보적인 관계를 가지며 그의 글에 생명력을 주고 있다. 또한 그의 산문도 강연을 염두에 두고 쓰였기에 어조와 느낌에 있어서 청중을 압도하는 힘이 있다. 그리고 그 힘은 그의 글에 시적인 요소, 즉 워즈워스식의 '강한 감정의 자연 발생적 넘쳐흐름'을 주고 있다. 에머슨의 산문은 이른바 "산문의 시"[15]라 불릴 만하다.

생태주의

에머슨의 존재 의식은 당대와 현대의 미국 생태주의자들에게 풍부한 정신적 자양분을 공급하고 있다. 생태학의 출발점인 공동체의식은 바로 존재의 동일한 근원에 대한 자각에서 시작되는데, 에머슨이 말하는 창조의 윤리가 곧 존재의 근원적 통일성이기 때문이다. 그가 《자연》에서 표명한 자연과 인간의 원초적 관계, 즉 만물의 통일성에 대한 그의 이론의 단초는 에드워즈의 글에서 먼저 볼 수 있었다. 그는 《신성물의 이미지 혹은 그림자(Images or Shadows of Divine Things)》에서 외부적 자연과 내부적 영혼이 상응한다고 주장했다. 그는 자연현상의 종교적 의미

---

14 Hyatt H. Waggoner, *Emerson as Poet*(Princeton, New Jersey: Princeton UP, 1974), p.167.
15 *Ibid.*, p.161.

를 그 현상에 대한 합리적인 관찰을 통해 파악하려고 했다. 따라서 그의 저작에는 외부적 세계인 자연계가 내부적 세계인 영혼계의 그림자이며, 두 세계가 서로 기본적인 상응을 이루고 있다는 그의 견해가 잘 표현되어 있다. 에드워즈는 자연과학의 발달에 의한 과학기술의 개가를 모두 신의 은총으로 보았다. 따라서 그의 눈에 과학문명의 발전은 신의 영광이 멀지 않았음을 입증하는 예표로 보였다. 에드워즈의 사상은 기독교 정신과 18세기 합리주의적 계몽사상으로부터 동시에 영향받은 결과물이다. 또한 만물의 실재인 이데아와 그 모방인 지상의 모사물에 관한 고대 그리스 시대부터 내려온 서구의 플라톤적 관념론의 반영이라고 할 수 있다.

그러나 에머슨은 자연과 인간의 존재론적 통일성을 한층 더 발전시켜 미국 생태문학의 이론적 근거를 마련해 놓았다. 19세기 미국 문학에서 본격적이고 실제적인 생태주의 문학의 시작을 알린 소로우는 구체적인 생태적 삶의 원칙과 방법들에 관해서 이후의 생태주의 작가들에게 많은 영향을 미쳤다. 그러나 미국 생태주의 문학의 정신적 밑바탕을 이루고 있는 인간과 자연의 원초적 관계에 관한 생태적 통찰은 에머슨의 작품에서 보다 먼저 분명히 볼 수 있다. 소로우는 에머슨이 세운 유기적이고 생태적인 존재론의 바탕 위에서 모든 생명의 동등한 권리를 주장할 수 있었다.

나아가 에머슨은 보다 포괄적인 의미의 생태적 균형, 즉 자연의 생태학뿐만 아니라 삶의 생태학까지 이야기한다. 소로우 이후의 세계적인 환경운동가 존 뮤어(John Muir)도 에머슨의 자연관을 받아들여 야생지 보호를 주장했다. 뮤어는 자연물을 인간과 마찬가지로 지상의 동료로,

신에 의해 그리고 "다른 무엇보다 먼저 그 자신의 행복을 위해"[16] 창조된 것이라고 믿는다. 또 다른 주요 생태주의자 알도 레오폴드(Aldo Leopold)의 기본적인 관점도 "모든 형태의 생명이 상호 연관되어 있고 상호 의존적이다."[17]라는 점에서 에머슨의 자연관과 크게 다르지 않다. 또한 주목받는 현대 생태주의 시인 게리 스나이더(Gary Snyder)도 에머슨이 기초한 미국 생태주의 문학의 전통 속에 있다고 볼 수 있다.

미국 생태주의자들은 만물의 근원적 통일성에 대한 믿음으로 자연과 인간의 공동체적 삶과 그 삶의 공간으로서의 야생지에 대해 일관적으로 특별한 관심을 가져 왔다. 실제적인 공동체 삶의 공간으로서 야생지에 대한 관심은 에머슨보다는 소로우가 더 깊이 가지고 있었다. 소로우 이후 뮤어, 레오폴드, 그리고 스나이더는 보다 적극적으로 야생지 보호를 위해 힘썼다. 그들에게 야생지는 단순히 원시적 환경이 아니라 삶의 본질을 의미하는 것이다. 자율성과 무법성, 선과 악, 문명과 야생 등이 자연뿐만 아니라 인간 사회에도 존재한다. 따라서 야생지의 복원은 우리 삶의 전체성을 온전히 복원하는 것이라고 할 수 있다. 그런 점에서 스나이더가 밝히는 야생지 복원의 이유는 설득력을 갖는다.

에머슨에게도 자연과 사회는 전체성을 구현하는 곳이다. 에머슨의 야생지에 대한 관심은 모든 생물체가 호의적인 환경과 더불어 가질 수밖에 없는 배타적인 환경에 대한 것이다. 이는 또한 삶의 환경으로서 실

16 David Kinsley, *Ecology and Religion: Ecological Spirituality in Cross-Cultural Perspective*(Upper Saddle River, New Jersey: Prentice-Hall, 1995), p.149.
17 *Ibid.*, p.152.

제적 의미 못지않게 우리 모두가 돌아갈 수밖에 없는 자연이 갖는 상징적 의미가 크다. 바로 물리적 자연이 아닌 본성으로서 자연의 의미를 갖는 것이다. 이는 눈에 보이는 자연으로서의 물질과 눈에 보이지 않는 자연으로서의 영혼이라는 삶의 양극적 요소에 대한 그의 기본적인 의식과 관련이 깊다. 때문에 에머슨에게 있어서 자연은 실제적 의미보다 상징적 의미가 크다고 볼 수 있다. 그리고 에머슨의 이런 시각이 바로 동양 사상과의 접점을 이루는 점이다.

에머슨의 동양 사상에 대한 이해가 최근 들어서 주목을 끄는 가장 큰 이유 중의 하나는 그의 사상이 생태주의적 자연관과 밀접히 연관돼 있기 때문이다. 생태학적인 측면에서 동양 사상은 최근 많은 생태학자들과 생태시인들의 주된 관심을 끌고 있다. 전통적인 불교와 도교의 사상은 인간과 자연을 별개로 보지 않고 하나로 보고 있다. 이 점에서 지상의 모든 개체들은 거대한 관계의 망 속에서 상호 연관성을 갖게 된다. 이것은 현대 생태학이 인간을 특별한 존재로 보기보다는 생태계의 한 구성 요소로 보는 시각과 일치한다. 대표적인 생태시인인 스나이더가 동양 사상, 특히 불교에 매력을 느끼는 것은 바로 이러한 이유 때문이다. 19세기 미국 시인 중 동양 사상의 측면에서 에머슨의 영향을 받은 시인으로 소로우, 휘트먼 등을 꼽을 수 있다. 그들의 시와 산문에 동양 사상이 주요한 원리로 작용하고 있다. 물론 생태적인 요소들이 보다 두드러지게 나타나지만 말이다.

한편 미국의 생태학적 전통은 초기 식민지 이주민들의 신대륙 정착과 관련이 깊다. 뉴잉글랜드에 정착한 사람들이 마주한 신대륙은 그들이 상상했던 새로운 가나안도 아니었고 꿈에 그린 황금의 엘도라도도 아니었다. 그곳은 마치 황량한 동토(凍土)와 같았다. 이 모진 환경 속에서 그들은 자신들의 신대륙 이주를 정당화하고 새로운 사회 건설을 위해 어떤 강력한 종교적 신념을 위시하여 하나로 단결할 필요가 있었다.[18]

그러나 그 부작용도 만만치 않았다. 그들의 신교 윤리는 결과적으로 근대 자본주의의 윤리적 근거를 마련해 주었고 지나친 물질문명을 양산하게 되었다. 미국의 초기 청교주의는 세속적인 물질적 부를 신의 은총으로 간주했고, 청교주의를 뒤이은 계몽주의는 물질적 부를 보다 적극적으로 옹호했기 때문이다. 그러나 계몽주의는, 18세기의 대표적인 계몽주의자인 프랭클린에서 볼 수 있듯이 물질적 풍요를 가능케 하는 인간의 정신적 노력을 또한 그 풍요 못지않게 매우 중시하는 것이었다. 그렇지만 프랭클린의 합리주의 정신은 결과적으로 물질적 부를 중시하는 근대 자본주의가 발전할 수 있는 토대를 마련한 것이 되었다. 그 결과 산업혁명이 시작된 이후, 과정보다는 결과를 더 중시하는 풍조가 사회에 만연하게 되었다. 이에 대한 지적이 에머슨의 산문 〈자립(Self-Reliance)〉에 나타난다.

스스로에게서 눈을 돌려 물질을 너무 오랫동안 바라본 결과, 사람들은 종교 단체, 연구 기관, 시민 단체를 재산의 보호 수단으로 간주하게 되었다. 그리고 사람들은 이에 대한 공격을 비난한다. 왜냐하면 그 공격을 재산에 대한

---

18 따라서 초기 청교도들이 종교의 자유를 위해 신대륙으로 왔지만, 매사추세츠 식민지의 초대 지사 존 윈스롭이 《기독교 박애의 한 모범》에서 강조한 것은 종교의 자유를 확보하는 것이 아니라 엄격한 위계질서를 세우자는 것이었다. 이러한 합의하에 새로운 가나안을 건설하기 위해 선택된 인간인 '미국적 아담'이라는 소명의식으로 그들은 새로운 사회 건설에 매진할 수 있었다.

공격으로 느끼기 때문이다. 그들은 각자의 됨됨이보다는 각자 가진 것으로 서로의 존경을 가늠한다. 그러나 교양 있는 사람은 자연에 대해 새로이 관심을 가지게 되면서 자신의 재산을 부끄럽게 여긴다.〈자립〉

18세기 후반부터 시작된 산업혁명은 인간의 생활을 편리하게 개선하는 데 일대 혁명을 가져왔다. 하지만 동시에 생태계의 생태적 균형을 깨는 인위적, 반자연적, 반친화적 물질문명의 본격적인 시작을 의미하는 것이기도 했다. 과학기술의 발달은 의학기술의 발달을 촉진했다. 그러나 그것은 결국 자연과 인간의 생태적 불균형을 가속화하는 가장 큰 요인인 '인구수의 인위적 조절'을 가능하게 했다. 한편에선 과학기술의 발달에 고무되어 인류의 미래에 대한 막연한 낙관적인 기대가 있었으나 다른 한편에선 자연과 인간의 생태적 불균형을 경고하는 목소리가 산업혁명 이후 꾸준하게 제기되어 왔다. 그 경고의 가장 핵심적인 지적은 분명 인구와 환경의 불균형에 관한 것이었다.[19] 비록 19세기에 접어든 미국은 영국과 상황이 크게 달랐음에도, 미국의 밝은 미래에 대한 낙관적

---

19 1798년 익명으로 발표되었다가 1803년에 정식으로 출간된 맬서스의 《인구론》은 당시 고드윈의 《정치적 정의론》(1793)에 나타난 인류 사회의 완전성에 대한 순진한 믿음을 비판하고 있다. 고드윈의 낙관적인 기대는 인간이 도덕적이며 합리적인 존재로서 무한히 발전할 수 있는 능력을 가진 존재임을 전제로 하고 있다. 따라서 현 제도를 합리적인 이성에 의해 개혁한다면 평등 사회를 이룩할 수 있다고 주장했다. 이에 반해 맬서스는 인간 생존에 필요한 식량과 섹스를 전제로 인구 급증에 따라 사회 안전이 어려워질 수밖에 없다고 예측했다. 맬서스의 인구론은 당시 영국의 급진 개혁론자들을 상당히 곤혹스럽게 만들었으며, 자연과 인간의 생태적 균형에 대한 세간의 관심을 높이기에 충분했다. 사실 인구의 안정은 자연 환경과 인간 사회의 균형과 조화에 기여하지만, 산업화로 인해 개발이 인위적으로 빠르게 이루어지면 대지의 정화 능력을 앞지르면서 생태계의 균형이 깨질 수밖에 없다. 한정된 자원에 의존하는 인구가 급격한 도시화에 따라 상당 기간 폭발적으로 증가한다면 사회적 불균형으로 인한 갈등이 심화될 것은 불을 보듯 분명한 일이었다.

기대의 이면에 사회적 불균형으로 인한 비관적 물결이 요동치고 있었다.

에머슨의 이중 의식은 이러한 미국의 낙관주의와 회의주의를 동시에 바라보고 있다. 에머슨은 신대륙에 새로운 국가를 건설한다는 기대감이 있었기 때문에 물질문명 자체를 거부하지는 않았다. 그러나 한편으로 그는 물질주의적 생리가 인간에 미치는 부정적인 영향 또한 인식하고 있었다. 에머슨은 물질과 정신이 조화와 균형을 이루며 발전하길 기대한 것이다.

유기시론과 상상력

무엇보다 에머슨이 우리에게 중요한 것은 그가 우리에게 제시해 준 중도의 지혜다. 그에게 중도란 세상을 바로 보는 것이다. 우리가 진실한 삶을 살지 못하는 가장 근본적인 이유는 세상을 바로 볼 수 없기 때문이다. 세상은 각자의 관념 속에 투영된 모습으로 존재하며, 각자 보이는 만큼 볼 수 있기에 그만큼 행동할 수 있을 뿐이다. 따라서 우리가 진실한 삶을 살기 위해서는 무엇보다 바른 세계관을 가질 필요가 있다.

에머슨은 가장 이상적인 중도적 시각을 시인의 상상력이라고 보았다. 세상을 바로 꿰뚫어 볼 수 있는 상상력을 '투명한 눈동자'라고 표현하며, 이를 시인 고유의 능력으로 본 것이다. 이 '투명한 눈동자'는 세상의 모순 속에서 소통을 밝게 꿰뚫어 보는, 의식이 맑게 개어 있는 눈이다. 에머슨의 투명한 눈동자는 자연과 인간이 하나 되는 순간에 깨닫는 성령의 눈이다. 또한 인간이 모든 집착과 분별을 버린 상태에서 느낄 수 있는 지혜의 눈이다. 무엇보다 그것은 부분과 전체를 통합하는 시인의 눈이다. 따라서 투명한 눈동자로 상징되는 상상력은 에머슨에게 모순된 삶의 끝없는 변화 속에서 통일성을 지각하는 고도의 정신 능력이다.

에머슨은 자연 속에서 삶의 변화 원리를 깨우칠 수 있었다. 에머슨은 자연의 끊임없는 변용(metamorphosis), 즉 변화를 만물의 존재양상으로 파악하고 있다. 변용의 시적 지각은 상상력의 가장 큰 특징이다. 자연은 끝없이 변화하지만, 우리는 자연의 끊임없는 변용의 의미를 의식하지 못한다. 그러나 마음의 눈을 뜨고 시적 상상력으로 세상을 본다면 자연의 변용 속에 내재한 관계의 망을 주변에서 흔하게 지각할 수 있다. 우리 주변의 모든 것들은 보이지 않는 존재의 사슬로 연결되어 끊임없이 상호작용을 하며 순환하고 있다. 모든 생명은 서로 관계를 맺으며 변화하고 있는 것이다. 그의 시 〈자연과 인생에 관한 단편들(Fragments on Nature and Life)〉의 일부분인 〈변이(Transition)〉에서 볼 수 있듯이, 이 순환적 변용은 에머슨의 유기론적 세계관의 기본 개념이 된다.

> 저기 하늘을 향해 뻗어 있는 앙상한 나무들을 보라.
>
> 그들이 대기 속으로 뻗어 가는 모습을.
>
> 늘 세분돼 갈라지며,
>
> 큰 가지는 곁가지로, 곁가지는 잔가지로.
>
> 마치 그들은 원소를 사랑해서, 서둘러
>
> 그들의 존재를 흩뜨리는 듯하구나.〈변이〉

겨울에 들판에 나가 잎이 져 앙상한 나무를 보면 우리는 큰 가지, 곁가지, 그리고 잔가지로 세분화되어 갈라져 가는 나무의 변용을 쉽게 볼 수 있다. 보이지 않는 작은 뿌리에서 나와 큰 줄기를 거쳐 다시 점점 작은 가지로 뻗어 가는 나무의 모습은 자연의 변용을 단적으로 대변한다고 할 수 있다. 이처럼 자연은 하나의 원소가 여러 원소와 관계를 맺고 잠시 형태를 이루다가 다시 본래의 원소로 되돌아간다. 본질적으로 만물은 끊임없이 변하는 유기체다. 또한 자연의 변용은 지속 가능한 유기적 순환 구조를 이루고 있다. 인간이 천체가 순환하는 것을 인식하지 못하는 것일 뿐 자연은 반복되고 있다.

에머슨의 중도적 시각은 유기시론의 핵심이자 자연과 삶의 다양성 속에서 통일된 진실을 끊임없이 새롭게 구성하는 상상력의 개념 형성 과정에도 적용된다. 에머슨은 상상력의 이론적 토대를 콜리지에서 찾았다. 시의 기능과 더불어 시의 형성 원리로서 상상력의 작용에 대한 논의는 사실 영국 낭만주의 시대에 이르러 본격적으로 이루어진 것이었다. 이 논의는 당시 대서양 건너편에서 신대륙의 환경에 맞는 미국적인 새로운 예술 이론을 찾고 있던 에머슨에게 많은 영감을 줬다. 특히 콜리지의 유기적 생기론[20]과 상상력 이론은 에머슨이 유기시론을 발달시키는 데 큰 자양분이 되었다.

콜리지의 상상력에 대한 생각은 외견상 일관성 있는 전개를 보여 주지 않는다. 콜리지는 《문학평전(Biographia Literaria)》에서 상상력과 공상을 나누어 설명한다.[21] 문학에 대한 그의 독특한 비평적 규범을 서술

---

20 상상력의 작용은 유기체의 성장에 비유될 수 있다. 시인의 상상력은 시인이 보고 느끼고 생각한 모든 것을 통합하고 수정해서 새로운 유기체로 만든다. 따라서 시는 유기체처럼 생기를 지니게 된다.
21 Samuel Taylor Coleridge, *Biographia Literaria*, Eds. James Engell and W. Jackson Bate. 2 vols(Princeton: Princeton University Press, 1983), I : 304~305.
　cf. "이제 나는 상상력을 제1의 것 혹은 제2의 것으로 고려한다. 제1상상력이란 인간의 모든 인식을 움직이는 힘과 주인(主因)이며, 무한한 존재의 영원한 창조 행위의 유한한 마음속의 반복으로 나는

한 이 책에서 콜리지는 상상력과 공상을 정밀하게 분석함으로써 이후 시인과 문학 비평가에게 문학을 보는 하나의 비평적 기준을 세워 주었다. 그에게 '상상력'은 오관에 받아들인 심상들을 수정하여 새로운 통일체를 형성하는 생명력 있는 정신 작용이다. 반면 '공상'은 지각에 의해 기본적인 심상들을 받아들여, 부분은 변화시키지 않고 그것들이 본래 지각된 순서와 다른 공간적·시간적 순서로 재결합하는 하나의 기계적인 작용이다.[22] 인간의 상상력은 지각의 근본적인 작용자로서 우주상을 그릴 수 있다. 인간은 상상력의 작용을 통해 신의 창조적이고 형성적인 (plastic) 원리를 마음속에 반영시킬 수 있는 것이다.

콜리지는 '제2상상력'이 이데아의 세계와 비슷한 세계를 재창조하고자 하는 정신 능력이라고 보고 있다. '제1상상력'이 지각 작용을 가능케 하는 보편적인 인식 능력이라면, 제2상상력은 오관에 받아들인 심상들을 용해하여 하나의 새로운 통일체로 창조하는 예술적 창조 능력이라

생각한다. 제2상상력이란 전자(前者)의 메아리이며, 의식적 의지와 공존하지만, 그 동인(動因)의 **종류**에 있어서 제1상상력과 동일하고, 단지 그 작용의 **정도**와 **방식**에 있어서 다를 뿐인 것으로 나는 간주한다. 그것은 재창조하기 위해, 해체하고, 확산하고, 분산한다. 혹은 이 과정이 불가능한 경우에도, 여하튼 그것은 이상화하고 통합하려는 시도를 한다. (대상으로서) 모든 대상이 본질적으로 고정되고 죽은 상태라 할지라도, 그것은 본질적으로 **생명력 있는** 것이다. 공상은 반대로, 고정되고 한정된 것들 이외에 다른 상대할 대상이 없다. 공상은 실로 시간과 공간의 질서로부터 해방된 기억의 한 양식 밖의 다른 것은 아니다. 그리고 그것은 우리가 선택이라는 단어로 표현하는, 의지의 경험적 현상에 의해 수정되고 혼합된다. 그러나 통상적 기억과 동일하게 그것은 연상의 법칙으로부터 이미 만들어진 모든 자료들을 받아들인다."

22 *Ibid.*, I : 82. 콜리지는 스물네 살이 되던 1796년경 워즈워스의 자작시 낭송을 듣는 가운데, 처음으로 상상력에 대해 사색하게 되었다. 콜리지는 이 문제에 대한 끊임없는 사색 끝에 다음과 같은 생각을 갖게 되었음을 밝히고 있다. "반복된 사색으로 처음으로 나는 (……) 공상과 상상력이, 일반적 믿음에 따라, 한 가지 의미의 두 가지 이름이거나, 혹은 기껏해야 동일한 능력의 낮은 단계와 높은 단계를 지칭하는 것이 아니라, 두 개의 차별적이고 크게 다른 별개의 기능들임을 생각하게 되었다."

고 할 수 있다.[23] 콜리지의 제2상상력은 에머슨의 '건설적 지능'과 유사하다. 예술적 창조 능력이라는 점에서 콜리지의 상상력과 에머슨의 상상력은 모두 유기체론에 기반을 두고 있다. 상상력은 이질적인 요소들을 종합하고 동화하여 하나의 유기적 전체를 만든다. 새로 창조된 통일체는 각 부분들이 유기적으로 잘 조화를 이루고 있으므로 그 전체로부터 분리될 수 없다. 좋은 시는 내용과 형식을 분리할 수 없다. 마치 그것은 생명력과 몸체를 분리할 수 없는 유기체와 같다. 유기체가 자발적으로 성장하듯이, 유기시에서 형식이 내용으로부터 자발적으로 성장해 나오는 것이다. 이때 이 '자발성(spontaneity)'이 에머슨 유기시론의 핵심 개념이 된다. 유기시론의 기본적인 입장에서 에머슨과 콜리지는 의견을 같이한다. 그러나 생명체와 우주의 모든 면들이 근본적으로 하나의 통일을 이루고 있다는 생각은 에머슨에서 더욱 발전한다.

콜리지의 유기시론의 형성 원리로서 상상력은 에머슨에게는 단지 예술의 창조력이라는 한계를 벗어나 우주 자연의 창조 정신으로까지 승화하고 있다. 에머슨은 상상력의 작용에 관해 주로 콜리지의 영향을 직접적으로 받았지만 여기에서 그치지 않았다. 간접적으로 콜리지를 통해,

---

23 공상과 상상력 개념의 정의는 낭만주의자들 사이에서도 관점에 따라 상이하다. 콜리지의 상상력이 인간의 인식 작용과 관련이 깊다면, 워즈워스의 상상력은 외적인 자연과 밀접히 연관되어 있다. 워즈워스는 자연의 역할을 상상력의 기능과 동일시하기에 상상력에 관한 어휘도 자연에 관한 어휘와 비슷하게 나타난다. 워즈워스는 《시집》 서문, 1815(Preface to Poems, 1815))에서 1800년 제2판의 서문과 상당히 변모된 입장을 쓰고 있다. 그는 자기 나름대로 공상과 상상력을 구분하고 있는데, 여기서 그는 공상을 상상력에 버금가는 능력으로 취급한다. 그는 "공상도 능동적인 기능이기 때문에 그 자신의 법칙하에서 또한 그 자신의 정신 내에서 창조적인 기능이다."라고 말한다. 워즈워스의 상상력의 개념이 콜리지의 상상력처럼 정밀하지 않을 뿐만 아니라 상당히 다름을 알 수 있다. 콜리지는 《문학평전》에서 명백히 워즈워스의 견해에 이의를 표명함으로써 자신의 입장을 고수했다.

다른 낭만주의 시인들을 통해, 그리고 광범위한 독서를 통해, 유럽의 문학과 철학의 영향 또한 폭넓게 받았다. 이런 복잡한 영향 관계의 양상은 콜리지의 경우에도 해당한다. 에머슨의 상상력을 이해하는 데에는, 마찬가지로 다양한 사상에서 영향을 받은 콜리지에 대한 저명한 연구가 베이트(W. J. Bate)의 충고를 얻는 것이 적합할 듯하다. 베이트는 콜리지 해석의 어려움을 다음과 같이 지적한다.

젊은 시절에 그(콜리지)는 버클리, 스피노자, 플로티노스와 야콥 뵈메의 신플라톤주의, 그리고 그의 당대의 독일 철학, 특히 칸트와 셸링 철학의 영향을 받았다. 이들 철학자들과 다른 이들로부터 콜리지는 용어, 어구, 그리고 아이디어를 당혹스러울 정도로 자유롭게 차용했다. 그러나 만일 콜리지가, 예를 들어, 칸트로부터 특정한 용어나 아이디어를 이어받았을 때, 콜리지가 이 주제에 대해 무엇을 말하고자 하는지에 대한 설명을 듣기 위해 우리가 단지 칸트에게 의지하기만 하면 된다고 생각한다면 잘못된 생각이다. 실상 그는 다른 철학자들로부터 용어들이나 개념들을 차용하는 경향이 있었지만, 그것은 그것들이 당분간은 그 자신의 일반적 생각들, 어떤 경우에는 원작자와 상당히 다른 생각들을 채우거나 그것에 보다 잘 맞게 보이기 때문이었다. 그의 차용을 출발점으로 삼는 것은 부질없을 뿐만 아니라 잘못된 것이다.[24]

---

[24] W. J. Bate, ed., *Criticism: The Major Texts*(New York: Harcourt Brace Jovanovich, 1970), pp.358-359.

콜리지의 비평은 단편적이고 암시적인 데다, 베이트의 지적처럼 다양한 철학자, 문학이론가 등의 이론을 중구난방식으로 차용하고 자기 나름대로 결합하여 매우 난해하다. 따라서 차용된 용어나 개념을 콜리지 문학 이론의 기준으로 삼는 것은 잘못된 이해를 불러올 수 있다. 그러므로 베이트의 충고처럼, '가능한 한 직접적으로'[25] 콜리지가 말하고자 하는 본질에 접근하는 것이 무엇보다 중요하다. 문제는 콜리지의 글보다 에머슨의 글이 더 한층 복잡한 영향 관계를 갖고 있다는 것이다. 그 때문에 베이트의 충고가 에머슨의 이해에는 더욱 긴요하다고 볼 수 있다.

에머슨에게 상상력은 단순한 예술 이론의 한계를 넘어 세상을 바르게 관조하고 세상의 모순을 통합하여 자신의 통일된 세계관을 형성하는 통합적인 능력이다. 따라서 에머슨에게는 상상력이 삶의 모순을 중도적 관점에서 밝게 보는 바른 이성이기도 하다. 그러한 점에서 그의 상상력은 인식론적 관점을 취한다고 볼 수 있다. 세상을 보는 시각에 있어서 서양의 문학 이론과 종교 사상 등은 그에게 삶의 한 면을 보여 줬지만 그것으로는 온전하지 못했다. 에머슨의 상상력은 마침내 동양에서 삶의 신비를 풀 수 있는 나머지 실마리를 찾을 수 있었다.

동양 사상

동양 사상은 에머슨의 생태주의뿐만 아니라 그의 삶의 미학에도 큰 영향을 미쳤다. 에머슨에게 동양은 존재의 근원과 삶의 처세의 문제에 있

---

25 *Ibid.*, p.359.

어서 이전에는 알 수 없던 다른 이면을 보여 주었다. 에머슨의 동양에 대한 접근은 번역서를 통해 간접적으로 이루어졌다. 그가 동양 사상을 접하게 된 경로를 정확히 파악하기는 어렵다. 분명한 것은 그가 간접적으로나마 페르시아, 인도, 그리고 중국의 종교와 철학을 접했다는 것이다. 그런데 대체로 번역된 책을 통해 동양 사상을 접했던 만큼 동양 사상에 대한 에머슨의 이해가 완전한 것은 아니었다.

에머슨의 초기 저작에는 동양에 관한 직접적인 언급이 별로 없다. 에머슨은 자기 나름의 사상을 형성한 후인 1837년부터 힌두교, 이슬람교, 불교, 조로아스터교, 그리고 유교의 고전과 경전들을 읽는 독서 계획에 착수했다. 그리고 그때부터 그의 저널에 동양 사상에 관한 언급이 빈번하게 나오기 시작했다. 1843년에 초절주의자 레인(Charles Lane)이 동양 사상에 관련된 상당한 규모의 개인 장서를 가지고 콩코드에 도착했을 때 에머슨이 이 책들 대부분을 사들였다고도 전해진다.[26] 비록 1837년 이후 동양 사상이 그의 글에 구체적으로 보이지만, 1836년에 발표된 《자연》에는 이미 동양과 유사한 사상이 보인다. 그의 생각 속에 동서양을 통합할 수 있는 정신이 이미 있었기에 가능했던 것이다. 실제로 동양에 대한 그의 관심은 어린 시절로 거슬러 올라간다.

에머슨의 동양 사상 연구에 있어 큰 획을 그은 초기 연구 업적인 카펜터의 《에머슨과 아시아(Emerson and Asia)》와 크리스티(Arthur Christy)의 《미국 초절주의 속의 동양(The Orient in American Transcendentalism)》은

---

26 John McAleer, *Ralph Waldo Emerson: Days of Encounter*(Boston: Little, Brown and Company, 1984), pp.463~464.

공통적으로 어린 시절 에머슨의 동양에 대한 관심을 유발한 가장 중요한 인물로 에머슨의 고모 메리(Mary Moody Emerson)를 꼽고 있다. 일찍 아버지를 여읜 에머슨은 고모로부터 많은 교육을 받았다. 고모 메리는 당시로서는 보기 드문 신여성이었다. 평생 독신에 키가 130cm 정도로 신체적 조건이 좋지 않았고 줄곧 수의를 입고 지내는 등 기인의 풍모를 보였던 그녀는 문학, 철학, 종교 등 다방면에 걸친 지적 호기심을 뽐내며 당대 지식인들과 폭넓고 자유롭게 교류했다. 어린 시절 에머슨은 본디 동양에 대해 관심이 없었을 뿐만 아니라 일종의 거부감마저 있었지만, 고모의 자유로운 교육 방식은 에머슨의 편견을 깨기에 충분했다. 그녀의 '충고'[27]와 "열의 그리고 동양의 서적에 내재된 매력"[28] 덕분에 동양 사상에 대한 에머슨의 편견과 거부감은 사라졌다.

에머슨의 동양 사상은 힌두교, 불교, 도교, 유교, 수피즘 등의 사상이 한데 용해되어 있어서 그 일관성을 찾기 힘들다. 비록 수많은 동양 사상들이 그의 유기론적 세계관 속에 융합되어 있기에 제 모습을 찾기는 힘들지만, 그의 전체 사상의 주요 축을 이루고 있음을 부정할 수 없다. 따라서 그의 동양 사상에 대한 이 책의 접근 방식은 서지학적 관점에서 영향 관계를 추적하기보다는 전체적 관점에서 가능한 한 직접적으로 에머슨의 궁극적인 의도를 파악하는 것이다. 힌두교와 불교는 존재와 현상에 대한 그의 사유 방식에 큰 영향을 미치고 있다. 존재의 근원을 추

---

27 Frederic Ives Carpenter, *Emerson and Asia*(Cambridge: Harvard UP, 1930), p.4.

28 Arthur Christy, *The Orient in American Transcendentalism: A Study of Emerson, Thoreau, and Alcott*(New York: Columbia UP, 1932), p.66.

구하는 그는 모든 절대적 존재가 지상에 어떻게 발현되고 있는가에 특히 관심이 많았다. 여기서 그는 신적 존재의 근원을 통합하여 '대령'이라 하고 일상의 현상을 '환영(illusion)'이라 부른다. 이때 대령의 개념과 영원성을 암시하는 환영으로서 일상의 개념은 각각 힌두교의 창조의 신 브라흐마(Brahma)와 환영의 신 마야(Maya)로부터 큰 틀을 따 왔다. 브라흐마가 이상, 통일성, 불가시성 등을 상징한다면, 마야는 현실, 다양성, 가시성 등을 의미한다. 힌두교와 불교를 포함하는 인도의 종교는 에머슨에게 양극의 조화 속에 인간이 현재의 일상 속에서 영원을 구현할 수 있다는 믿음을 강화시키고 있다. 한편, 유교는 에머슨의 실제적 삶의 방식에 중요한 지침서 역할을 한다. 그는 유교의 중용(中庸)으로부터 인간의 한계를 깊이 성찰하면서, 삶의 모순을 헤쳐 나가는 실제적 지혜를 획득하고 있다. 특히 유교의 예(禮)와 선비의 정신은 에머슨에게 자립정신을 구현하는 신사의 정신으로 승화되고 있다. 유교가 지향하는 실제적 삶의 철학과 더불어 불교와 힌두교가 추구하는 초월적 신앙의 지혜가 그의 사상 속에 융합되어 그의 철학에 균형 감각을 준다. 나아가 영원한 신성을 추구하면서도 그의 '이중 의식'은 지나치게 인간의 삶이 신비화되는 것을 경계한다.

플로티노스-몽테뉴

에머슨은 이 세상(지상)과 저 세상(천국)을 나누는 기독교적 이원론에서 출발하여 신플라톤주의자인 플로티노스를 거쳐 동양적 일원론으로 나아가면서, 다양하고 이질적인 사상들을 유기적으로 통합했다. 그 과정 속에서 그는 플라톤의 사상 가운데서 동서양의 만남을 발견하고 서양적 물질세계와 동양적 정신세계의 조화를 찾을 수 있었다. 그의 체질적인 이중 의식은 획일성을 배격하고 이것도 저것도 모두 다 포용하는 개방적이고도 중립적인 태도를 취하고 있다. 즉 "이들 양극단의 화해"[29] 또는 "두 극단 사이의 태도의 균형"[30]을 추구한다고 볼 수 있다. 비록 겉보기에는 비일관성을 보이기도 하지만, 어떤 의미에서 그의 이중적 태도는 진실한 삶을 통해 최적의 상태를 추구하는 실용주의적 양키이즘을 잘 대변한다고 할 수 있다. 따라서 그의 철학은 "사상 체계가 아닌 삶의 방식"[31]을 띠며, 그의 "철학이 윤리를 수반하는 것처럼, 윤리는 철학을 함축하고 있다."[32]

19세기 미국문학을 어둠과 밝음의 문제로 대별하여 고려할 때, 흔히 허먼 멜빌, 너새니얼 호손, 에드거 앨런 포 등은 대표적인 어두운 쪽 작가로 분류된다. 반대로 에머슨, 휘트먼 등은 대표적인 밝은 쪽 작가로 분류된다. 하지만 좀 더 엄밀하게 한 작가의 생애를 전체적으로 고려해 본다면, 어둠과 밝음 중 어느 한 면으로만 그 작가를 바라볼 수 없을 것이다. 특히 에머슨은 어둠과 밝음의 어느 한쪽에 속하기보다는 양쪽 모

29 Henry David Gray, *Op.cit.*, p.62.
30 F.O. Matthiessen, *American Renaissance: Art and Expression in the Age of Emerson and Whitman*(London: Oxford UP, 1979), p.138.
31 Robert E. Spiller, *The Cycle of American Literature*(New York: The Free Press, 1967), p.37.
      cf. "젊은 에머슨은 바로 반항 정신 그 자체로서, 전통과 존경을 참지 못하고 선배들의 신념들에 도전하며 참을 수 없는 호기심에서 나온 분주함으로 자기 자신의 마음을 탐색했다. 그의 오랜 생애를 통해 그가 이룩하고 매우 성공적으로 유지했던 그 고요함은 계속적인 투쟁의 결과이고, 상반된 힘들의 균형이며, 어제 해결된 모든 것을 내일 다시 물을 수 있는 용기였다. 그의 철학은 사상 체계가 아닌, 삶의 방식이다. 그의 저작은 그 자신의 '생각하는 사람'의 기록이다."
32 Henry David Gray, *Op.cit.*, p.71.

두에 중도적인 입장을 취한 사람이었다. 그는 현실주의자이면서 동시에 이상주의자였다. 어쩌면 그는 호손이 말한 이상과 현실 사이의 '중립지대'[33]에서 세상을 관조하려고 했는지도 모른다. 어떤 미국 작가보다도 인간의 양면적 감정, 즉 낙관주의와 회의주의, 이상주의와 현실주의 등의 이중 의식이 가장 극명하게 그의 삶과 문학 속에 구현되어 있다.

이 양극성과 그 조화의 중도의 추구가 궁극적으로 그의 문학의 핵심 주제 중의 하나다. 물론 그것은 그의 인생 역정, 그의 체질적인 성격, 그리고 그의 끊임없는 자기 변신이 빚어낸 결과로 보인다. 비록 에머슨의 마음속에는 늘 균형을 이루고자 하는 중도의 이상이 있었지만, 객관적 진실을 유지하기 위해서 그는 불가피하게 언제나 극단적 현실에서 물러나 있을 수밖에 없었다. 그의 이런 양면적인 기질을 고려해 볼 때, 당대 미국 시인인 로웰(James Russell Lowell)이 시 〈에머슨(Emerson)〉에서 그를 노래하면서 '플로티노스-몽테뉴'[34]라 칭한 것은 상당히 통찰력 있는 판단이다.

곧은 양키의 두 어깨 위에 그리스의 머리, 그 영역

한쪽 극에는 올림포스가, 다른 쪽 극에는 교환처가 있고,

그는 아마도, 내 생각에(이미 오래전에,

---

33 Nathaniel Hawthorne, *The Scarlet Letter*(New York: The New American Library, 1959), p. 45. cf. "중립지대, 현실의 세계와 동화의 세계 사이의 어느 곳으로, 실제와 상상이 만나고, 서로 상대방의 본질이 스며 있는 곳."

34 플로티노스가 통일성의 세계를 지향한다면, 몽테뉴는 회의론에서 출발하여 사물에 대한 끝없는 비판의식을 유지하고 있다는 점에서 다양성의 세계를 지향한다고 말할 수 있다.

비교가 있었을 것이라 염려되지만),

플로티노스-몽테뉴 같은 사람, 그에게 고대 이집트의 고귀함과

가스코뉴의 빠른 기지가 나란히 공존한다[35]

한편, 무엇보다 에머슨의 중도는 자연의 중성(中性)에 기반을 두고 있다. 그의 중도는 크게 두 가지로 해석될 수 있다. 첫째, 자연의 조화와 균형의 상태인 중성의 상태를 지칭한다. 또한 같은 맥락에서 그것은 중성의 상태를 유지하는 자연의 생태적 균형의 방식을 의미한다. 둘째, 삶의 방식에 있어서 존재의 모순을 수용하고 초월하는 에머슨의 '이중 의식'과 관련된 중도적 삶의 방식이다. 따라서 이는 삶의 객관적 진실을 확보하기 위한 그의 태도의 균형을 말한다. 에머슨의 중도는 보다 관념적이고 철학적인 동양의 중도와는 달리 구체적이고 실질적인 삶의 기술을 이야기한다. 나아가 미국의 실용주의적 양키이즘의 전통과 맥을 같이하면서 동시에 동양적 통일성을 구현한다. 에머슨의 주된 관심은 모순을 수용하고 초월하는 이원적 통일성을 그의 문학과 삶에 구현하는 것이다. 삶의 양극적 모순 속에서 진실을 향한 그의 중도적 추구는 처세를 비롯한 인생 경영의 모든 문제에 있어서 우리에게 근본적인 원리와 방법을 보여 준다고 할 수 있다.

---

35 James Russell Lowell, "Emerson" in *Critical Essays on Ralph Waldo Emerson*, Eds. Robert E. Burkholder and Joel Myerson(Boston, Massachusetts: G.K. Hall, 1983), pp.131.

이 책의 논의 과정

삶의 모순성에 대한 에머슨의 초절적 통찰은 현실과 이상을 동시에 바라보는 양면적인 입장을 취하고 있다. 그의 양면성을 지칭하는 소위 '실제적 이상주의'는 삶의 모순을 총체적으로 바라보는 그의 이중 의식과 관련이 있다. 이 책은 자연과 인생의 상보적인 양극성에 대해 생태적인 관점에서 통찰하면서 시작된 에머슨의 이중 의식이 궁극적으로 지향하는 목적이 무엇인지 거시적인 관점에서 탐구할 것이다. 먼저 에머슨의 유기적 세계관의 시발점이 되는 자연에 대한 생태적 자각의 과정을 좇을 것이다. 동시에 에머슨의 초절주의의 기본 원리인 자연의 생태적 원리와 그의 양극적 통일성의 자연관이 생태적으로 어떤 의미를 갖는지 알아볼 것이다. 이어 에머슨 초절주의의 특징을 서양적 다양성의 세계와 동양적 통일성의 세계의 통합으로 보고, 이에 따라 동양 사상과의 관련성과 유사성 아래 삶의 철학과 지혜를 논할 것이다. 마지막으로 중도적 질서를 가장 이상적으로 구현하는 '균형자'로서 시인의 역할과 시의 기능을 통해 삶의 미학과 삶의 진실을 탐색할 것이다.

II

—

자연과 인간

1. 인간의 물화(物化)

18세기 중엽부터 시작된 영국의 산업혁명은 1765년 제임스 와트의 증기기관의 완성으로 급물결을 타기 시작하여, 영국의 사회 환경을 완전히 바꾸어 놓는 일대 변혁을 불러일으켰다.[1] 산업혁명의 영향은 신대륙 미국에도 그대로 파급되었다. 물론 상황은 크게 다르지만, 19세기 미국에서도 급격한 인구의 증가와 그에 따른 대규모 도시의 건설, 그리고 산업화가 미국의 생태계를 위협하는 가장 중요한 요인들이었다. 특히 17세기에 젖과 꿀이 흐르는 새로운 가나안을 꿈꾸며 또는 일확천금의 엘도라도를 찾아 세계 각지에서 여러 민족들이 아메리카 신대륙으로 밀려들

---

1 산업혁명이 가져온 가장 큰 변화는 땅이 필요치 않은 자본계급과 노동계급의 출현, 그리고 생태질서의 파괴였다. 산업혁명 이후 쏟아져 나오는 산업폐기물을 흡수하고 정화할 수 있는 생태계의 능력은 이미 19세기 영국의 일부 지역에선 한계에 도달해 있었다. 환경오염을 원상태로 복원하려는 자연 정화력이 이미 그 기능을 상실하기 시작한 것이다. 또한 영국의 산업혁명은 자연 생태계뿐만 아니라 인간 사회의 생태계에도 새로운 인위적인 사회 질서를 부여하기 시작했다. 자연히 그것은 영국인들의 강한 우려와 반발을 불러일으켰다.

어왔다. 이민의 빠른 유입으로 시작된 급격한 인구의 증가는 18세기를 거쳐 19세기의 산업문명 사회로 접어들면서 높은 출산율과 맞물려 더욱 가속화되었다. 이 인구의 증가가 아메리카 대륙의 인위적 변화를 주도하는 가장 근본적인 요인이었다. 대도시 건설을 촉진시킨 철도의 발달도 또한 미국의 변화에 지대한 영향을 미쳤다. 1769년부터 시작돼 100년이 지난 1869년에 이르러 마침내 최초의 대륙 횡단 철도의 준공 이후 미국의 변경은 급격히 사라져 갔다. 그리고 권위 있는 미국문학사 연구자 스필러(Robert Spiller)가 말한 것처럼, 1890년대에는 영토 확장과 산업화에 의해 아메리카 대륙에서의 변경은 사실상 사라지고 말았다.

> 19세기가 끝나기 전에 산업주의는 변경 개척의 마지막 파도로서 오대호 지역으로 밀려와, 대륙 국가는 완성되고 금융 자본주의가 주도권을 장악했다. (……) 철도, 공장, 도시의 등장은 변경 이동의 마지막 단계였다. 트랙터와 불도저가 농장에 들어오자, 버몬트, 오클라호마, 또는 샌워킨 강 유역이건 간에 황야는 경작되었다. 백악관에 이르는 도로가 오두막이 아닌 뉴욕의 인도에서 시작되었을 때, 산업혁명의 과정은 미국에서 완성되었다.[2]

철도는 도시와 농촌을 이어 주며 동시에 갈라 놓는 문명의 수문 역할을 하고 있었다. 그러나 그것은 이전까지는 상상도 할 수 없었던 새롭고 인위적인 물질문명의 세계로, 인간의 의지와 상관없이 그리고 통제할

---

2 Robert E. Spiller, *Op.cit.*, p.105.

수 없는 속도로 안내하고 있었다. 이는 필연적으로 전통적인 생활양식에 근본적인 변화를 가져왔다. 미국 사회에서 목가적 이상과 공업기술의 관계를 연구한 것으로 유명한 리오 막스(Leo Marx)는 그의 저서 《정원 속의 기계(The Machine in the Garden)》에서 미국 사회에 미친 철도의 영향을 다음과 같이 지적하고 있다. 철도의 건설은 19세기 미국 근대화의 가장 대표적인 상징이라고 할 수 있다.

그러나 1844년 콩코드 숲에서 기차의 소리는 전통적인 생활양식에 있어서 근본적인 변화를 의미한다. 이제 거대한 세계가 대지를 침략하며, 전원생활의 감각적 특성을 변화시키고 (……) 사실상 전원생활에 새롭고 보다 완벽한 지배를 가하려 하고 있다.[3]

물론 미국의 산업화는 국토 개발이라는 기대가 있었기 때문에, 영국의 산업화와는 달리 어떤 낭만적인 요소가 내재해 있었다. 따라서 철도나 기관차를 바라보는 미국의 시각도 영국과 상당히 차이가 있다. 에머슨과 동시대에 영국에서 활동한 칼라일은 증기기관을 '무생명'과 '무관심'의 대표적인 상징으로 바라보고 있었다.[4] 반면에 소로우와 에머슨은 콩코드 숲을 지나가는 기차 소리를 들으며 정반대로 어떤 생명력을 느

---

3 Leo Marx, *The Machine in the Garden: Technology and Pastoral Ideal in America*(Oxford: Oxford UP, 1967), pp.31~32.
4 Thomas Carlyle, *The Complete Works of Thomas Carlyle*(New York: Kelmscott Society Pub., [between 1900 and 1960]), p.126.
    cf. "내게 있어서는 우주는 생명도, 목적도, 의지도, 심지어 적의도 없었다. 그것은 하나의 거대한, 생명이 없는 증기기관이어서, 무생명의 무관심 속에서 돌고 돌며 내 사지를 갈아뜨리고 있었다."

졌다. 에머슨은 철도로부터 미국인이 얻는 은혜가 "어떤 의도적인 박애를 기록적으로 크게 앞지르며" 철도가 신대륙 미국의 "대지와 강의 잠자는 에너지를 깨우는 힘"을 가진 것으로 보았다. 또한 소로우는 그의 오두막집 근처 호숫가를 달리는 피츠버그행 '철마'의 "우레와 같은 거센 콧바람 소리"를 들으며 그것을 지상의 새로운 '종족'으로 맞이하고 있었다.[5] 물질문명을 바라보는 두 나라의 시각의 차이가 상당함을 알 수 있다.[6] 어찌됐든 영국의 산업화의 전개 방식은 미국과 상당히 다르다. 영국의 산업화는 기존 질서를 파괴하면서 시작된 반면, 미국의 경우에는 새로운 질서를 건설하면서 시작됐다고 볼 수 있다.

아직 변경이 사라지기 전인 미국의 경우, 새로운 국가 건설이라는 어떤 기대감이 사회 저변에 팽배해 있었기 때문에 새로운 사회 질서에 대한 우려감이 상당히 불식되었다. 그러나 국가 건설의 기대감이 컸던 만큼 미국도 산업화가 빠르게 진행되면서 변경이 급속도로 사라지기 시작했기에, 그에 따른 사회적 병폐는 필연적이었다. 에머슨은 물질문명에 대해 이중적인 시각을 갖고 있다. 물질문명의 발전을 인정하면서 동시에 물질에 대한 인간의 소유욕을 문제 삼은 것이다. 시 〈송시(頌詩), W. H. 채닝에 바침(Ode, Inscribed to W. H. Channing)〉에서 중반부까지는 당대 미국의 물질문명이 지닌 속성과 국토 개발에 대한 에머슨의 기대감

---

5 Henry David Thoreau, *The Portable Thoreau*, Ed. Carl Bode(New York: The Viking Press, 1957), p.368.
6 물론 모든 영국 시인들이 물질문명에 부정적인 것은 아니었다. 대표적인 영국의 낭만시인인 워즈워스의 경우는 좀 다르다. 대부분의 영국 낭만시인들과 반대로, 그는 〈증기선, 고가도, 그리고 철도〉에서 표명하듯이, 산업 물질문명에 의한 그의 시적 자연(poetic nature)의 훼손에도 불구하고 과학기술에 의한 물질 혁명을 인간 사회의 진보의 증거로 받아들였다.

을 동시에 보여 주고 있다.

무엇이 발길질을 하느냐?
오 열렬한 친구여,
북부와 남부를
분연히 찢어 놓을
그대의 열정에.
무엇 때문에? 무슨 목적으로?
보스턴 베이와 벙커 힐은
여전히 물질을 섬기노라.
물질은 뱀에게서 왔다.

마부는 말을 섬기고
소 치는 사람은 소를 섬기며,
상인은 금전을 섬기고,
먹는 자는 그의 고기를 섬긴다.
천을 짜고, 옥수수를 가는,
지금은 노예의 시대.
물질이 말안장에 앉아,
인간을 몰고 있노라.

인간을 위한 법과 물질을 위한 법,
화해될 수 없는,

두 개의 별개의 법이 있다.

후자는 마을과 함대를 건설하지만,

그것은 멋대로 날뛰며,

인간을 하인으로 만드노라.

이것은 마땅한 일이다. 숲이 무너지고,

비탈이 깎이고,

산에 터널이 생기고,

모래가 덮이고,

과수가 심어지고,

땅이 개간되고,

목초지가 불하되고,

증기선이 건조되는 일은.〈송시, W. H. 채닝에 바침〉

　　에덴동산에서 아담과 이브의 타락을 이끈 뱀의 이미지가 물질에 내
재해 있다. 물질은 인간의 탐심과 그릇된 분별심을 자아내고 결국 인간
을 노예로 만든다. 보다 새로운 국가 건설에 대한 기대감으로 에머슨은
국토 개발과 더불어 '새로운 공장 체제'를 환영하고 있다.[7] 그러나 에머
슨의 기대와는 반대로 과학기술의 발달은 인간의 욕구를 한없이 충족해
줄 것만 같은 문명의 이기를 대량으로 생산하는 것과 더불어 그것들을

---

7 Leo Marx, *Op.cit.*, p.231.

소비해 줄 대규모의 도시 개발을 연쇄적으로 촉발했다. 결국 점차 땅과 인간의 최적의 균형 상태가 깨지기 시작했다. 이는 필연적으로 생태적 불균형의 가속화로 이어질 수밖에 없었다. 영국과 미국의 산업화의 진행 방식이나 그에 대한 각국의 사회적인 반응에는 차이가 있었지만, 결국 생태계의 파괴는 돌이킬 수 없었다. 환경 파괴는 본질적으로 인간의 지나친 물질주의적 욕구의 산물이라고 말할 수 있다. 에머슨, 소로우 등 당대 미국의 환경 친화적 시인들이 우려한 것은 물질 자체보다는 그 이면이었다. 이는 곧 물질주의적 이기심이 갖고 있는 본질적인 허망함과 그것이 야기할지도 모를 어떤 재앙이었다.

에머슨은 물질과 정신이 주객전도된 상황을 개탄하였다. 그는 마르크스주의까지는 아니지만, 산업사회의 분업화 과정 속에서 인간의 총체성을 상실한 개인 노동자들이 '기계적인 기능공'[8]으로 전락하고 있음을 보고 문제의식을 느꼈다. 하지만 칼라일처럼 보통 사람들의 인간성에 대한 극단적인 불신을 갖고 가부장적 군주제도를 옹호한 것은 아니었다. 칼라일에 비하면 인간성에 대한 훨씬 더 깊은 믿음을 유지했다고 볼 수 있다. 또한 그는 산업자본이 만들어 내는 물질문명의 발전에 대해 마르크스에 비해 매우 순진한 기대를 갖고 있기도 했다. 에머슨은 중도적 입장에서 당시 미국의 노예제도를 통렬하게 비난했다. 그는 물질주의에 지배되는 상황에서는 자유인으로서의 인간이 노예와 별반 다를 게 없다는 사실을 우리에게 하나의 경고로서 이야기해 주고 있다. '인간을 위한

---

8 Jeffrey L. Duncan, *The Power and Form of Emerson's Thought*(Charlottesville: UP of Virginia, 1973), p.33.

법과 물질을 위한 법'은 사실상 화해될 수 없는 별개의 법이다. 왜냐하면 인간의 편의를 위해 만든 물질은 자연물이 아니라 인간의 욕망이 만들어 낸 인위적 합성물이기 때문이다. 이는 자연의 변화에 역행하는 것이다. 그러나 인간은 자연의 일부로서 자연의 변화에 순응할 수밖에 없다. 문명은 본질적으로 인간과 자연 사이에 인공의 장막을 치고 생명의 흐름을 막기 때문에 오히려 인간에게 해롭다.

에머슨은 산업혁명에 의해 가속화된 물질문명이 인간의 진보를 지나치게 물질적인 측면에서 바라보게 만든다고 보고 있다. 나아가 물질의 발달에 상응하는 정신의 발달이 이루지지 않는 것을 몹시 한탄한다. 실상 인간은 물질적 진보가 진행될수록 자연과 인간 자신부터가 소외되는 기현상을 맞이하고 있다. 물질의 주인이 되어야 할 인간이 지나친 탐욕으로 물질의 노예가 되고 있는 셈이다. 《자연》이 발표되고 다음 해에 하버드대학의 파이 베타 카파회(the Phi Beta Kappa Society) 앞에서 에머슨은 자연과 영혼의 생명력을 회복할 것을 역설했다. '미국의 지적 독립선언'이라고 불리는 이때의 연설문 〈미국의 학자(The American Scholar)〉에서 에머슨은 인간의 물화(物化)를 개탄하고 있다.

인간은 이렇게 사물로, 많은 사물들로 변하고 있습니다. 씨 뿌리는 농부는 곡식을 거두기 위해 밭에 보내어진 사람입니다만, 결코 그의 일의 진정한 존엄성에 대한 어떠한 생각에 의해서도 힘을 얻지 못하고 있습니다. 그는 그의 됫박과 손수레를 보지만 그 이상을 보지 못하며, 농장의 인간 대신에 농부로 전락하고 말았습니다. 상인은 결코 그의 일에 진정한 가치를 주지 못하고, 그의 상투적인 상술에 의해 지배되고 있으며, 그 영혼은 돈에 종속되어 있습니다. 성직자는 하나의 형식이 되었고, 변호사는 법령집으로, 기계 공은 기계로, 선원은 배의 밧줄이 되었습니다.〈미국의 학자〉

에머슨은 이 연설에서 물질에 대한 집착을 결국 인간의 자주적 삶을 가로막는 가장 큰 적으로 간주하고 있다. 이처럼 그의 물질주의에 대한 경고는 환경 파괴에 대한 우려보다는 인간성 파괴에 대한 우려를 담고 있다. 그러한 측면에서 그의 생태주의적 사고는 자연과 인간의 조화로운 공존을 말한다. 그 공존은 인간의 자주적 삶의 토대가 되는 인간성이 먼저 회복되어야만 가능한 것이다. 인간은 땅에 대한 공유의 개념을 떠나 소유의 개념을 갖기 시작하면서부터 점차 땅으로부터 소외되기 시작했다. 또한 인간은 땅에 근간해서 완전한 소비와 재순환을 이루던 자급자족의 생활방식을 버림으로써, 자립(Self-Reliance)을 잃어버렸다. 자주적 삶의 토대를 상실하면서 인간은 소외를 경험하기 시작한 것이다. 그로부터 인간은 자연과 자신의 문명 모두로부터 소외되고 있는 셈이다. 산업 물질문명의 발전은 인간을 분업화로 내몰고, 엔트로피의 증가를 가중하고만 있다. 결국 산업문명의 악순환의 고리가 생태계의 순환을 가로막고 있다.

인간의 행복이라는 측면에서 가장 실제적으로 자연 친화적이며 '자주적인 생활방식'으로 인간 본연의 삶을 실험한 미국 작가로 단연 소로우를 꼽을 수 있다. 소로우는 여러 가지 면에서 자연과 인간의 원초적 관계를 주장한 에머슨의 초절주의 사상을 몸소 실증해 보인 사람이라고 말할 수 있다. 1844년 9월 에머슨은 월든 호수 북쪽 기슭의 땅을 사들였다. 이전에 에머슨의 집에 약 2년간 머문 적이 있던 소로우는 1845년

7월부터 이 에머슨 소유의 월든 호숫가 땅에 작은 오두막을 짓고 홀로 생활하기 시작했다. 그는 이 실험적인 생활을 통해 그의 인생에서 가장 행복한 순간을 맞이하며 자연 친화적인 '소박한 삶'이 인간성 회복의 가장 중요한 요소임을 입증했다. 소로우는 인간의 지나친 물질주의적 욕망과 그것이 빚어낸 소유의 불균형이 소박하지 않은 삶으로부터 비롯된 결과라고 보았다.[9] 의식주를 기본으로 하는 인간의 기본적인 욕구 말고는 시대에 따라 생겨난 다른 욕구들은 부차적인 것이라 할 수 있다. 물질문명에 물든 인간은 필요 이상으로 생산하고 소유하고자 하면서 스스로 노예가 되고[10] 자연과 멀어지면서 자기 자신으로부터도 소외되는 지경에 이르렀기에, 다시 자연으로 돌아가 인간성을 회복해야만 한다. 경제적인 이득을 찾아 자연을 등지고 물질문명 속으로 빠져든 인간이 사실은 원초적인 삶의 행복이라는 관점에서 봤을 때 가장 비경제적인 삶을 살게 되었다. 이에 소로우가 월든 호숫가에서의 삶과 깨달음을 그린 《월든(Walden)》은 자연과 인간이 하나가 되어 자급자족하는 단순한 삶이 인간의 행복이라는 측면에서 가장 자주적이고 경제적인 삶임을 실증해 주는 보고서인 셈이다. 이 점에서 소로우는 에머슨의 자립정신을 몸소 실천했다고 볼 수 있다.

---

9 Henry David Thoreau, *Op.cit.*, p.421.

cf. "만일 모든 사람들이 내가 산 것처럼 소박한 삶을 산다면, 절도와 강도는 존재하지 않을 것이라고 나는 확신한다. 이것들은 어떤 사람들이 충분한 정도 이상으로 소유한 반면 다른 사람들이 충분히 갖고 있지 못한 사회에서만 발생한다."

10 *Ibid.*, p.292.

cf. "보라! 인간은 자신의 도구의 도구가 되었다. 배고플 때 독립적으로 과일을 따던 인간은 이제 농부가 되었고, 피난처를 찾아 나무 밑에 서 있던 인간은 가옥 관리인이 되었다. 우리는 이제 더 이상 밤에 야영을 하지 않으며, 땅에 정착해 하늘을 잊어버렸다."

그러나 에머슨의 생태적 시각은 소로우와 다르다. 에머슨은 자연보다는 사회적인 측면에서 생태주의적 입장을 견지한다. 그는 인간의 진보를 양면에서 바라보고 있다. 진보를 물질적 측면과 더불어 정신적, 생태적 측면을 동시에 고려하며 바라봐야 한다고 본 것이다. 나아가 인간의 진정한 진보를 위해서는 자연의 생태적 조화와 더불어 물질문명의 발전이 자연과 인간이 공존할 수 있는 토대에서 이루어져야 함을 강조하고 있다. 〈송시, W. H. 채닝에 바침〉에는 삶의 환경이 인간에게 미치는 이중적인 영향 아래에서 인간이 지녀야 할 조화의 정신을 통찰하는 대목이 등장한다.

인간을 위한 법을 섬기게 하소서.
우정을 위해, 사랑을 위해 살게 하소서.
진리를 위해, 그리고 조화를 위해.
나라는 그 가능한 법도를 따르게 하소서.
마치 올림포스가 제우스를 따르듯이.

하지만 난 애원하지 않는다.
주름진 점원이 내 굉장한 숲에 와 주기를.
또한 내켜 하지 않는 상원의원에게 간청하지 않는다.
숲 속에 외로이 있는 티티새의 투표를 부탁하기를.
모든 사람은 자신의 선택된 일에—
어리석은 손이 혼합하고 망칠지 모르지만,
그 결말들은 현명하고 분명하다.

그것들은 둥글게 돌아, 마침내 어둠이 밝음이 되고,

남성이 여성으로, 그리고 우수가 기수로 변한다——〈송시, W. H. 채닝에 바침〉

에머슨은 소로우처럼 물질문명을 거부하고 자연으로 돌아갈 것을 권하지 않는다. 오히려 그는 물질과 정신의 화해를 촉구한다. 지나친 정신주의나 지나친 물질주의 모두가 인간의 행복에 장애가 된다고 보았던 것이다. 물질과 정신을 바라보는 그의 관점은 유기론적 세계관이다. 정신과 물질이 서로 적절한 상보적 관계를 유지할 때 인간과 자연의 생태적 균형이 가장 잘 유지된다. 또한 진보는 인간의 행복이라는 대전제에서 시작되어야 한다. 인간의 우정과 사랑 그리고 자연과 인간의 조화를 위해 물질적 진보를 고려한다면, 인간의 미래가 결코 산업화 한 가지로만 나아가서는 안 됨을 알 수 있다. 현대의 많은 인류학적, 생태학적 보고서들은 산업화가 인류의 유일한 선택이 아님을 실증적으로 보여 준다. 과학이 발전할수록 문명과 자연이 공존할 수 있는 토대가 마련되어, 미래에는 생태적인 환경을 고려한 발전도 가능할 것이라며 말이다.

에머슨의 생태적 인식은 신, 자연, 그리고 인간의 관계를 근원적이면서 동시에 실제적인 관점에서 통찰한다. 무엇보다 에머슨은 물질주의가 환경에 미치는 생태학적 피해 못지않게 인간의 본성에 끼치는 해악을 인식하고 있다. 그는 이에 대한 경고의 메시지와 함께 자연 속에서 생태적 질서를 찾을 것을 권한다.

2. 생태적 자각

에머슨에게 자연은 넓은 의미에서 인간의 육신을 포함한 눈에 보이는 모든 물질적, 외부적 자연을 의미한다. 우리 인간은 보통 스스로를 자연과 별개의 존재로 생각하는 경향이 있지만, 인간 역시 자연의 일부로서 자연의 질서를 따를 수밖에 없다. 외부적 자연의 내부에는 영혼이 있다. 에머슨에게 영혼은 인간의 육신에 내재된 영혼을 포함해 눈에 보이지 않지만 자연의 삼라만상에 깃들어 있는 정신적, 내부적 자연, 즉 본성을 가리킨다. 이때 영혼은 주체이고 자연은 객체가 된다. 초절주의적 세계관을 알린 《자연》을 보면 그가 세상을 크게 자연과 영혼으로 구분하고 있음을 알 수 있다.

철학적인 관점에서 우주는 '자연'과 '영혼'으로 구성되어 있다. 그러므로 엄밀히 말해 우리에게서 분리된 모든 것, 철학이 객체로 구별하는 모든 것, 즉 자연뿐만 아니라 인공적인 것, 다른 모든 사람들과 나 자신의 육신은 '자연'

이라는 명칭 아래 분류되어야 한다.〈자연〉

다시 말해서, 주체는 본성이고 객체는 물질이다. 에머슨의 생태적 인식은 물질과 본성, 객체와 주체, 자연과 영혼의 조화와 균형을 중시한다. 그에게 자연의 생태적 균형은 이처럼 자연의 양극성에 기반하며, 대칭적 존재 간의 상호 관계 속에 이루어진다. 따라서 자연의 어느 한 극단적 요소만으로 자연의 생태적 균형이 이루어지지는 않는다. 에머슨의 생태적 자각은 자연과 영혼에 대한 새로운 인식으로부터 출발해서 자연과 영혼의 통일성에 대한 깨달음으로 나아간다.

에머슨은 소로우처럼 직접 자연으로 돌아가 살지는 않았지만 생태적 균형자로서 누구보다 자연의 필요성을 느꼈다. 그의 시 〈사월(April)〉에서, 그는 보다 직접적으로 자연 회귀의 필요성을 노래하고 있다.

너의 슬픈 문제들은 집어치우고,
햇살 깃든 개울에 구애하라.
남풍은 재치 있고,
학교는 우울하고 느리며,
선생님은 너무 생략하는구나.
우리가 알고 싶은 지식을.〈사월〉

자연은 인간 만대의 학문보다 많은 것을 알고 있다. 인간이 진정 알고자 하는 생태적 지식을 학교의 선생님은 가르쳐 주지 못한다. 이 말은 에머슨의 교육에 대한 어떤 실망감을 드러내고 있다. 그리고 동시에 피상적인 교육만으로는 자연과 우주의 법칙을 알 수 없다는 그의 신념을 대변한다. 그의 글에는 반(反)지적 전통과 지적 전통이 공존하여 나타나는데, 이 시에서는 특히 반지적 전통의 경향이 강하게 나타나고 있다. 실제로 19세기 미국 문학에서 반지적 전통에 서서 성공한 작가들이 많다. 당시 미국의 공교육이 걸음마 단계였던 까닭에 많은 작가들이 독학으로 작가가 되었던 것이다. 미국의 자연과 새로운 국가의 형성 과정 자체가 당시 많은 작가들의 교육의 장이었고, 수많은 경험과 독서가 그들의 선생이었다. 대표적인 예로 초등학교를 중단했지만 인쇄소의 식자공으로 일하며 문학의 세계로 빠져든 휘트먼을 들 수 있다.

에머슨은 어려운 경제 여건에도 불구하고 하버드대학에서 공부할 수 있었지만, 그가 유럽의 문학과 철학의 소개에 불과했던 대학 교육에 만족한 것은 아니었다. 그는 끊임없는 자연과의 정신적 교류, 자기 성찰 그리고 광범위한 독서를 통해 비로소 삶의 지혜를 얻을 수 있었다. 산문 〈독서(Books)〉에서 에머슨은 '독서의 최상의 규칙'이 '자연의 방법'이라고 이야기한다. 그에게 인간사의 슬픈 문제들은 자연 속에서 해결될 수 있는 것이었다. 햇살 깃든 개울과 재치 있는 남풍으로 대표되는 자연은 무한한 생명의 비밀을 담고 있다. 인류 역사상 위대한 발견은 자연현상에 내재되어 있는 눈에 보이지 않는 자연법칙의 재발견이라고 해도 과언이 아닐 것이다. 앞서 언급한 연설문 〈미국의 학자〉에서 에머슨은 자연과 인간을 동일시했다. 이 글에서 그가 부르짖은 미국의 지적 독립은 결국 자연과 인간의 관계 회복에 의한 인간성의 재발견을 통해 자주적 삶의 토대를 마련하는 것이라고 할 수 있다. 그에게 학자의 의무는 인간의 '영혼의 법칙'인 '자연의 법칙'을 발견하는 것이다.

자연의 생태적 지혜는 지혜롭고 순결한 자연의 이미지를 통해서 분명하게 드러난다. 자연의 이러한 이미지와 생태적 깨우침은 그의 시 〈뒝벌(The Humble-Bee)〉에 잘 나타나고 있다. 뒝벌은 더럽고 추한 것을 볼 일이 없다. 비록 인간의 눈에는 비천한 존재처럼 보이지만, 인간보다 더 지혜롭다.

인간보다 지혜로운,

노란 바지의 철학자!

오직 아름다운 것만 보고,

달콤한 것만 마시며

그대는 운명과 근심을 조롱하고,

찌꺼기는 버리고 알맹이는 취하는구나.

사나운 북서풍의 돌풍이

바다와 대지를 저 멀리 아주 빠르게 식힐 때,

그대는 이미 깊이 잠이 든다.

슬픔과 곤궁을 넘어 그대는 잠을 잔다.

우리를 괴롭히는, 슬픔과 곤궁을

그대의 잠은 조롱하는구나.〈뒝벌〉

버릴 것과 취할 것을 잘 아는 벌은 인간보다 지혜로운 자연의 철학자다. 그러나 인간은 어리석게도 불쾌하거나 불결한 것을 보고, 듣고, 취하고 있다. 물질적 욕망에 사로잡힌 인간은 알맹이와 찌꺼기를 구별할 수 있는 심미안을 상실했기 때문이다. 한편 삶의 환경은 그곳에 사는 존재의 속성을 잘 보여 준다. 환경을 놓고 볼 때 인간은 자연의 질서를 역행하는 삶의 조건을 만들고 있다. 자연의 순수함을 잃어버려서는 결과적으로 깨끗하지 못한 환경 조건을 스스로 만들고 있는 셈이다. 곧 인간은 하찮은 벌만도 못한 어리석은 존재가 되고 만다. 그런 의미에서 이 시는 "자연과 여름에 대한 모든 목가적인 찬미"[11]라는 제재에도 불구하고 기본적인 분위기가 냉소적이다. 에머슨은 자연의 순리와 인간의 인위적 환경이 서로 너무 유리되어 있음을 통감하며, 이를 인간의 운명으로 받아들이고 있다. 사물에 대해 지나치게 집착하고 분별하는 인간은 자연의 법칙에 순응하지 않기 때문에 걱정이 많을 수밖에 없다. 고뇌와 곤궁은 집착과 분별의식의 산물이다. 슬픔과 고통 같은 인간의 걱정은 기실 실체가 없는 부질없는 환영이다.

하지만 집착과 분별이 없는 벌은 자연의 실체와 그 이치에 순응해서 살기 때문에 돌풍이 불어와도 걱정이 없다. 그 사나운 북서풍이 불어오면 슬픔과 곤궁을 초월하여 깊이 잠을 자면 그뿐이다. 자연에 순응함으로써 고통을 이겨내고 자유롭게 사는 본능적인 지혜를 갖고 있는 것이다. 이 시를 통해 자연에 순응하며 사는 것이 반드시 자연에 예속되는 것이 아니라, 자연과 함께 조화를 유지하며 동행하는 조화로운 삶임을 알 수 있다. 벌과 같이 지혜롭고 순결한 삶이야말로 인간이 자연에서 배울 수 있고 진리에 가장 가깝게 살 수 있는, 가장 생태적인 생활철학이라고 할 수 있다.

---

11 Stephen E. Whicher, *Freedom and Fate: An Inner Life of Ralph Waldo Emerson* (Philadelphia: U of Pennsylvania P, 1957), p.110.

한편 에머슨에게 자연이 늘 아름답게 묘사되는 것만은 아니다. 그에게 자연은 인간뿐 아니라 모든 존재에게 긍정과 부정 양면으로 존재한다. 자연은 인간에 호의적이지만은 않다. 자연의 법칙은 인간의 인위적인 질서의 개념을 무너뜨린다. 인간만이 따르지 않을 뿐, 자연의 동식물들이 순응하는 엄격한 자연법칙은 모든 존재에게 예외 없이 동일하게 적용되고 있다. 산문 〈경험(Experience)〉에서 에머슨이 "자연은 우리가 아는 한 성자가 아니다. 교회의 선각자들, 금욕주의자들, 힌두교도들, 인디언들을 어떤 호의로 구별하진 않는다."라고 말하고 있듯이, 자연은 결코 온화하지만도 않고 어느 부류라고 해서 특별히 어떤 호의를 베풀지도 않는다. 에머슨은 〈운명(Fate)〉에서 보다 분명하게 자연법칙의 무자비성을 이야기하고 있다. 우리는 보통 자연을 감상적으로 생각하지만,

그러나 자연은 감상주의자가 아니다. 자연은 우리에게 응석 부리거나 마음대로 하게 내버려 두지 않는다. 세상이 거칠고 험악한 데다 남자나 여자를 익사시키는 데 조금도 개의치 않으며, 그대의 배를 티끌처럼 집어삼킨다는 것을 알아야 한다. 냉기는 사람들을 고려하지 않으며, 그대의 피를 얼얼하게 만들고, 그대의 발을 마비시키며, 사과처럼 인간을 얼게 만든다. 질병, 원소, 운, 중력, 번개 역시 사람들을 고려하지 않는다.〈경험〉

자연의 "섭리의 방식은 다소 거칠다." '압제적인 환경'으로서 자연은 아름답지만, 동시에 보통의 인간이 가까이하기 힘든 대상이기도 하다. 후일 미국의 국민시인 프로스트(Robert Frost)가 자신의 시 〈눈 오는 저녁 숲가에 서서(Stopping by Woods on a Snowy Evening)〉에서 자연은 "아

름다우면서, 어둡고, 그리고 깊다"[12]며 자연의 양면성을 노래한 것과 같은 맥락이다. 에머슨의 시 속 자연 또한 거칠고도 부드러운 양면을 지니고 있다. 그러나 에머슨에게 자연은 주어진 운명으로, 우리가 기꺼이 수용하고 가까이해야 하지만 동시에 조심해야 할 대상이기도 하다. 그런 점에서, 에머슨의 자연관은 생태주의자 스나이더가 그의 산문《야성의 삶(The Practice of the Wild)》에 도입한 '야성'의 개념과 비슷하다. 스나이더의 자연도 에머슨의 자연처럼 긍정과 부정, 자율성과 무법성을 동시에 수용하는 곳이다.

비록 **자연**이 그 말 자체로는 위협적인 용어가 아니지만, '야성'의 개념은 문명사회에서 ─유럽과 아시아 모두에서─ 종종 무법, 무질서, 그리고 폭력과 연관된다. 자연에 대한 중국어 **自然**(일본어 しぜん)은 "스스로 그러하다"를 의미한다.

(……) 소로우는 "어떤 문명도 견딜 수 없는 야성을 내게 주시오."라고 말한다. 그것은 분명 찾기 어려운 일이 아니다. 야성이 견딜 수 있는 문명을 상상하는 것이 더 힘들지만, 이것이 바로 우리가 하려는 것이다. 야성의 상태는 단지 '세상의 보존'만은 아니며, 그것이 **바로** 세상이다.[13]

자연에 대한 바른 인식을 위해 에머슨은 생태적 자세를 권하고 있다.

---

12 Robert Frost, *Complete Poems of Robert Frost*(New York: Holt, Rinehart and Winston, 1965), p.275.

13 Gary Snyder, *The Practice of the Wild*(San Francisco: North Point Press, 1990), pp.5~6.

보통 사람들의 투명하지 못한 눈은 자연이 끝없는 변용 속에서 만물의 통일성을 암시적으로 상징하고 있음을 알 수 없다. 오직 '투명한 눈동자', 즉 영혼의 순수한 눈만이 자연과 신과 인간이 하나임을 알 수 있고, 이 모두를 관류하는 보편적 우주 영혼을 볼 수 있다. '파산 상태'에 있는 불쌍한 인간의 눈을 가리는 것은 교만과 집착이다. 교만과 집착을 버릴 때만이 인간은 자연과 자아의 참모습을 볼 수 있다. 교만과 집착은 진실한 삶을 가리는 인위적인 장막들이다. 인간의 생태적 삶을 위해선 개울에 흐르고, 바람에 속삭이는 자연의 원초적 정신이면 족하다. 모든 현학적인 지식을 비우고 제2의 자연인 우리의 마음을 들여다봐야 한다. 그러나 여기에는 집착을 버리는 적극적인 포기의 자세가 필요하다. 자연은 모든 것을 비운 자들에게 모든 것을 준다. 집착하는 모든 것으로부터 자유로울 때 비로소 우리는 완전한 자유인이 될 수 있고, 모든 것을 완전히 비울 때 모든 생명의 흐름과 법칙을 깨닫게 된다. 그 깨달음으로부터 우리는 모든 생명과 관계를 맺으면서 스스로 자립할 수 있는 지혜를 얻게 되는 것이다.

에머슨은 〈자립〉에서 "재산에 대한 의존은 그것을 보호하는 정부에 대한 의존을 포함하며 자립의 부족을 뜻한다"며, 부차적이고 인위적인 물질과 그것에 대한 인간의 집착과 의존이 인간의 자립을 막고 있다고 지적한다. 일차적이고 정신적인 것, 즉 자신의 영혼에 대한 자립을 강조한 것이다. 자신을 믿고 자신의 내부에 깃들어 있는 신성을 따르는 것이 생태적 자각의 출발점이다.

3. 관계의 망과 끝없는 변화

생명의 사슬은 19세기 독일의 수학자 뫼비우스가 발견한 뫼비우스의 띠처럼 안과 밖이 없이 연결되어 시작과 끝이 모호한 존재의 비밀을 담고 있다. 이 비밀에 대한 에머슨의 시각은 양면적이다. 그는 모든 생물이 진화해 왔다는 과학적인 사고방식과 더불어 과학적 사고만으로는 존재의 근원적인 실체를 알 수 없다는 생각을 동시에 갖고 있었던 것이다.

광대무변의 우주는 놀랍게도 아주 단순한 요소로 이루어져 있다. 생명의 근본 현상은 관계와 변화다. 그리스의 철학자 엠페도클레스는 만물의 근원을 흙, 물, 불, 그리고 공기로 인식했다. 그는 이 네 가지 근원적 요소들이 혼합되고 분리되면서 끊임없이 만물이 생성되고 소멸된다고 보았다. 불교에서 물질을 보는 관점도 이와 비슷하다.[14] 이처럼 모든

---

14 불교에 따르면 만물은 지(地), 수(水), 화(火), 그리고 풍(風)의 사대(四大)로 형성되는데, 이때 '대'는 이들 원소가 우주에 채워진 무한한 원소임을 강조하는 의미에서 붙은 것이다. 불교와 엠페도클레

생물과 무생물은 이 단순한 요소들로 구성되어, 이 요소들이 새로운 관계를 이루며 다양하게 조합됨으로써 무수한 변화를 일으키고 있다. 하등 생물에서부터 고등 생물에 이르기까지 모든 생명체는 동일한 기본 요소로 이루어진 생명의 띠로 연결되어 존재의 사슬을 이룬다. 모든 생명이 관계의 망으로 연결된 하나의 동체(同體)인 셈이다. 생물학적으로 다윈(Charles Darwin)과 같은 시기에 활동한 독일의 박물학자인 헤켈(Ernst Haeckel)은 개체발생은 계통발생을 반복한다고 주장했다. 그는 수정란에서 세포가 분화 발전하여 개체가 완성되어 가는 과정이 마치 단세포생물로부터 각종 다세포생물이 진화해 나가면서 이루어지는 계통발생과 유사하다고 본 것이다. 에머슨은 산문 〈보상(Compensation)〉에서 이와 같은 의미의 진술을 하고 있다.

각각의 새로운 형태는 그 형(型)의 주요 특성을 반복할 뿐만 아니라, 부분적으로 모든 세부 항목, 모든 목적, 촉진, 장애, 활기, 그리고 나머지 전체 시스템을 모두 되풀이한다.〈보상〉

현대에는 생물학자들 대부분이 헤켈의 주장을 거부하지만,[15] 당대에

스 사이에 차이가 있다면 표현 방식뿐, 흙은 지(地)로, 공기를 풍(風)으로 보면 똑같다. 물론 불교의 우주관은 물질과 정신을 통합하여 보다 정밀하고 거대하다. 이 사대에 모든 것을 포용하고 생장의 원인이 되는 공대(空大)를 더해 오대(五大)를 이루고, 오대에 결단과 판단 작용을 의미하는 식대(識大)를 더하면 육대(六大)에 이르며 이를 우주 만물을 구성하는 전체로 보았다.

15 Ricki Lewis, *Life*(Boston, Massachusetts: WCB/ McGraw-Hill, 1999), p.210.
　　cf. "오늘날 대부분의 생물학자들은 헤켈의 견해라고 불리는 생물 기원의 법칙을 거부하고 있다. 초기 태아의 구조들은 아마도 서로 비슷한데, 이는 단순히 그것들이 발달 초기에 아직 분화되지 않았고 세포가 조직과 기관으로 발달되어 가면서 상이한 종들이 유사한 단계들을 거치기 때문이다."

살았던 에머슨만 하더라도 헤켈의 입장을 대변하고 있다. 비록 단편적이지만 에머슨은 생물의 진화론에 관한 상당한 과학적 지식을 보여 준다. 이미 희랍시대로부터 기원하는 자연에 대한 진화론적인 시각은 에머슨 당대에 이르러 점차 과학적 근거를 갖고 활발히 논의되고 있었다. 최초의 완전한 진화론이 라마르크(Jean-Baptiste Lamarck)에 의해 대두된 이래, 진화론은 다윈의《종의 기원(The Origin of Species)》(1859)에서 마침내 완성된다.[16] 에머슨의 진화론적 시각은 시기상 다윈보다는 라마르크의 영향을 먼저 받았다고 볼 수 있다. 다윈의《종의 기원》이 1860년 미국에 출간되었을 때 에머슨은 이미 미국 최초의 대중강연가로서 순회강연 중이었다. 인디애나 주 라파예트(Lafayette)에서의 강연을 준비하던 에머슨은 다윈의《종의 기원》의 사본을 몹시 구하고 싶어 했다. 강연의 내용은 정확히 알려지지 않지만 순회강연에서 에머슨은 아마도 진화론적 관점을 얘기하고 싶었던 것 같다. 이 점에서 볼 때 에머슨은 적어도 이 무렵 이후에 그 책을 구한 것으로 추정된다.[17]《종의 기원》이 발표된 1859년에 쓰인 에머슨의 시 〈자연의 노래(Song of Nature)〉는 다윈의 진화론이 발표되기 전에 이미 갖고 있던 진화론에 대한 자신의 생각을 시화한 것이다. 이 시에서는 자연이 화자다. 수억겁 년 동안 자연은 '생명

---

16 라마르크는 환경에 의한 변형이 일정하게 지속적으로 나타난다면, 그 형질이 유전되며 새로운 유형을 창출한다고 믿었다. 그러나 진화론의 완성자인 다윈의 시각은 라마르크의 시각과 사뭇 다르다. 다윈은 생존경쟁에서 생존 가치를 가지고 있는 변이가 그것을 갖고 있지 못한 개체들을 제거함으로써 널리 퍼져, 결국 새로운 변종 혹은 새로운 종이 확립될 수 있다는 자연선택을 주장한다. 비록 다윈 자신은 라마르크의 이론을 완전히 배제하지 않는 온건한 입장을 취했지만, 그의 진화론은 당시까지의 종교관과 세계관을 뒤집어엎는 일대 사건이었다.

17 Edward Wagenknecht, *Ralph Waldo Emerson: Portrait of a Balanced Soul*(New York: Oxford UP, 1974), p.60.

의 샘'에서 엄청난 양의 생명들을 퍼내고 있다.

> 어떤 수도 나를 계산할 수 없고,
>
> 어떤 부족도 나의 집을 채울 수 없지.
>
> 나는 빛나는 생명의 샘터에 앉아
>
> 아직도 큰물을 쏟아붓지.
>
> (······)
>
> 나는 산고의 고통 속에서 그를 기다리고,
>
> 나의 창조물들은 진통을 겪으며 기다리지.
>
> 그의 급사들은 떼 지어 오지만,
>
> 그는 문에 이르지 않았다네.〈자연의 노래〉

새로운 생명들은 어떤 수로도 계산할 수 없을 만큼 많기 때문에 큰물에 비유된다. 빛나는 생명의 샘은 생명의 신비와 풍요를 암시하는 동시에, 그 신비한 생명의 탄생이 지금도 엄청나게 계속되고 있음을 나타낸다. 에머슨은 진화가 완성된 것이 아니라 지금도 신의 손에 의해 계속되고 있다고 보았던 것이다. 그는 종교와 과학의 중간적 입장에서 양측의 갈등적 요소를 모두 포용하고 있다. 진화론적 입장에서 보면, 생명체는 수많은 세월 동안 진화하며 세상을 새롭게 만들어 왔다. 진화는 자연과 인간 모두에게 본질적인 것으로 어느 정도 발전적인 내용을 담고 있다.

하지만 〈자연의 노래〉는 "모든 것의 정점"인 인간이 진화해 나오기까지 장구한 세월과 산고의 고통이 필요하다고 말한다. 진화의 과정은 "너무 오래고" "너무 느려서" 그 기간을 산정하기 힘들다. 인간의 출현을 알리는 급사들이 떼를 지어 왔지만, 인간이 세상의 문에 나타나는 것은 엄청난 시간이 지난 후의 일이다. 모두가 알다시피 지구는 약 45억 년 전에 탄생했다. 이후 생물학적으로 원핵생물이 지구상에 등장하고 또 영장류까지 진화하는 데에 약 35억 년 정도가 소요되었다. 영장류의 출현은 고작 6천만 년 정도밖에 되지 않았음을 고려할 때, 자연이 그 장구한 세월에 걸쳐 수없이 많은 모습으로 바뀐 "지구와 종족들"에 지칠 만도 하다.

에머슨의 사상은 기본적으로 세상 만물이 거대한 존재의 사슬에 의해 연결돼 있다는 유기체론에 바탕을 두고 있다. 이 유기체론은 이미 고대 그리스 시대의 플라톤과 아리스토텔레스에서 싹튼 '존재의 대연쇄설(The Great Chain of Being)'과 직결된다. 20세기 미국의 저명한 철학자 러브조이(Arthur O. Lovejoy)는 그의 저서 《존재의 대연쇄(The Great Chain of Being)》에서 존재의 대연쇄설을 세 가지 원칙, 즉 플라톤에서 볼 수 있는 '충만성의 원칙', 아리스토텔레스에서 보이는 '연속성의 원칙' 그리고 '등급성의 원칙'으로 분류했다. 그러고는 "플라톤의 충만성의 원칙에서 연속성의 원칙이 바로 추론될 수 있었다"고 지적한다.[18] 탄생과 죽음을 반복하며 생명은 끊임없이 세상을 가득 채워 충만성을 이루고, 이로써 존재의 사슬은 계속 이어져 연속성을 이룬다는 것이다. 한편 등급성의 원칙은 존재의 연쇄가 직선적으로 연결된 것이 아닌 '단선적

---

[18] Arthur O. Lovejoy, *The Great Chain of Being: A Study of the History of an Idea*(Cambridge, Massachusetts: Harvard UP, 1978), pp.52~59.

인(unilinear)’ 것이며, 만물이 ‘계층적 질서’[19]로 이루어져 있다는 원리다. 단세포생물이 바로 인간으로 진화할 수 없듯이, 생명의 근본 현상인 변화와 관계는 직선적인 전개가 아니라 지루한 일련의 과정을 거쳐 마치 계단함수(step function)와 같은 변화 양상을 보인다는 것이다.

《자연》의 첫머리에 쓰인 시에는 러브조이가 분류한 존재 대연쇄설의 세 가지 개념이 짧고 분명하게 묘사되어 있다.

> 셀 수 없는 고리들의 미묘한 사슬은
> 끝없이 이어진다.
> 눈은 가닿을 곳을 예감하고
> 장미는 모든 언어를 말하지.
> 그리고 인간이 되려고 애쓰는 벌레는
> 모든 나선형의 탑들을 기어오르는구나.(자연)

진화의 과정은 수직적 상승 과정이 아닌 나선형의 순환적 상승 과정을 거친다. 이 시에 바로 아리스토텔레스의 ‘단선적인 등급성의 원칙’[20]이 반영되어 있다고 볼 수 있다. 또한 ‘셀 수 없는 고리들’이 암시하듯이 존재의 사슬은 충만성과 연속성을 동시에 내포하고 있다. 이와 같은 에머슨의 순환론적 우주관은 휘트먼의 시에서도 강하게 나타나고 있다. 에머슨과 마찬가지로 세상 만물이 거대한 존재의 사슬에 의해 연결되어

---

19 *Ibid.*, p.59.
20 *Ibid.*, p.59.

있다고 본 휘트먼의 시를 보면 에머슨의 진화론적 시각을 이해하는 데에 도움이 된다. 휘트먼의 시 〈나 자신의 노래(Song of Myself)〉는 에머슨의 우주관을 확대한 것이라고도 볼 수 있다. 이 시에서 '나'는 에머슨의 〈자연의 노래〉에서의 '그'처럼 진화의 정점에 있다.

난 완성된 모든 것의 극치이고, 존재할 모든 것의 포괄자다.
　(……)
내가 어머니로부터 태어나기 전에 수 세대가 날 인도했고,
태아는 늘 생동하며, 어떤 것도 그것을 압도할 수 없었네.

그것을 위해 성운은 하나의 천체로 응축했고,
오래도록 느리게 지층이 쌓여 그것을 받치고 있네,
거대한 식물들은 그것에 자양분을 주었고,
엄청난 도마뱀들은 그것을 입으로 옮겨, 조심스레 놓았네.

모든 힘이 꾸준히 사용되어 나를 완성하고 기쁘게 하네,
오늘에 이르러 이 자리에 난 강건한 영혼으로 서 있노라.[21]

휘트먼의 시 〈나 자신의 노래〉의 '나'는 결국 자연이고 '하나의 우주'[22]

21 Walt Whitman, *Leaves of Grass*, Ed. Sculley Bradley and Harold W. Blodgett(New York: W. W. Norton, 1973), pp.80~81.
22 *Ibid.*, p.52.

라고 할 수 있다. 포괄적 의미에서 '자아'란 삼라만상을 포괄하는 보편적 자아가 되는 셈이다. 휘트먼은 존재론적 관점에서 자연과 인간의 원초적 관계에 관한 에머슨의 시적 이상을 가장 성공적으로 구현한 시인이라고 할 수 있다. 휘트먼의 시에서 보이는 만물의 변화와 그 변화가 만들어 내는 관계의 망을 에머슨은 생명의 가장 큰 특징으로 본다.

에머슨에게 자연은 변화가 없는 정적인 상태가 아니라 끊임없이 변화하는 동적인 과정이다. 산문 〈원(Circles)〉에서 그는 이 점을 보다 분명히 말하고 있다. "따라서 어떤 잠도, 정지도, 보존도 존재하지 않으며, 만물은 새로워지고 싹트고 솟아오른다." 그러므로 자연에 고정되어 있는 생물체는 존재하지 않는다. 어떤 의미에서 고정되어 있는 것은 죽음과 같다. 그런데 죽음과 같은 상태도 천문학적인 시간으로 보면 또 다른 생명체로의 변용이 경과되는 기간이라고 할 수 있다. 에머슨은 〈원〉을 통해 유동성이 자연의 기본적인 성질이라고 말하고 있다. "자연에는 고정된 것이 없다. 우주는 유동적이고 변하기 쉽다. 영속성은 단지 정도를 가리키는 말이다." 영원히 변화한다는 관점에서 보면 만물은 '중간적인' 속성을 지니게 된다. 때문에 자연은 연속과 불연속이 동시에 공존하는 곳이라고 말할 수 있다.

총 24연으로 구성된 〈오월제(May-Day)〉는 시작 부분에서 에머슨이 오후에 숲 속을 거닐며 자연의 깊은 변화를 보고 느낀 점을 잘 보여 준다. 이 시의 배경이 되는 봄철은 사계절 중에서 특히 가장 변화가 많은 계절로 우리 주변의 가까운 곳에서 우리는 자연의 변화를 쉽게 느낄 수 있다.

천국과 지상의 딸, 수줍은 봄은

갑작스러운 열정의 위축을 가지고,

메마른 황무지를 미소 짓게 하며,

사방에 그림을 그리고,

연기 없는 방향이 풍겨 나오는

앵초 화관으로 꽃받침을 지탱하고 있구나.

대기는 감미로운 소리들로 가득하다.

안개 낀 지역에서

내가 들은 것이 무엇인가?

바람의 하프 선율, 새의 노래,

배회하는 대기의 울음소리,

혹은 낮에 떨어진 유성의 목소리?

그런 천계의 소식들을

이 탄력적인 대기는 전할 수 있다네.〈오월제〉

깊은 겨울잠에서 막 깨어나 활동을 준비하는 봄은 수줍은 처녀와 같다. 봄의 생기는 아직 미약하지만 생명의 열정을 갖고 있다. 드넓고 메마른 황무지는 "연기 없는 방향"처럼 소리 없는 변화들을 내포하고 있다. 또한 하늘은 분명한 근원을 알 순 없지만 변화를 알리는 감미로운 소리들로 충만하다. 봄의 이런 징후들은 생명의 탄력적인 파동을 암시하며 신의 창조의 소식들을 전하는 듯하다. 초봄의 자연은 겉으로 보기에 변화가 없는 듯하나, 표면 밑의 보이지 않는 생명력의 움직임은 황폐한 자연에 다시 생기를 불어넣는다. 에머슨은 이 보이지 않는 생명력이 퍼져 나가는 광경을 응시한다. 봄의 변화는 자연의 내부에서 벌어지고 있는 생명의 깊은 변화다. 그런 의미에서 〈오월제〉 1연의 마지막 부분에서 느낄 수 있는 초봄의 보이지 않는 변화는 죽음과 같은 겨울을 깨우는 신호다.

  그것은 소리, 그것은 징후다.
  대리석 같은 잠이 깨어지고,
  변화가 만물에 임하고 있는 것이다.〈오월제〉

  한편 〈오월제〉의 2연에는 《자연》의 첫머리에 쓰인 시가 순서만 바뀌어 거의 똑같이 다시 등장한다. 때문에 에머슨의 진화론적 시각과 존재 연쇄설의 개념이 잘 표현되어 있다. 자연이 만들어 내는 변화는 예외 없이 만물에 무차별적으로 임한다. 또한 이 변화는 무한하기도 하다. 자연은 '풍부한 형태들, 색조의 홍수'를 만들어 내는 다산(多産)의 조각가이자 화가다. 존재의 충만성은 이 시에서도 기본 개념으로 작용하고 있는 것이다. 한편, 〈오월제〉의 11연에서는 자연의 아름다운 창조의 모습을 볼 수 있다.

  극묘한 싹과 꽃무리들을
  무수한 손의 조각가는 성형하고,
  오팔색과 자줏빛 물감을
  무수한 손의 화가는 쏟아 낸다.
  진달래는 섬 바닥을 붉게 물들이며,

천국의 색조는 이에 답한다.〈오월제〉

"무수한 손"이 암시하듯, 자연의 창조는 변화무쌍하면서 동시에 동일하지 않다. 같은 무리의 어떤 것도 같지 않다.《자연》에서 말하듯, "자연은 근본적으로 같으면서도 독특한 형태의 바다이다." 그럼에도 불구하고, 한결같지 않은 형태와 색조들이 오히려 천국의 색조를 만들어 내고 있다. 신의 창조의 정신이 모든 만물에 스며 있기 때문에 우리는 자연에서 천국의 숨결을 느낄 수 있다.

자연의 변화는 단순한 형태의 변화는 아니다. 그 외형적 변화 속에는 만물의 생명의 본질이 있다. 자연의 변화의 본질을 잘 보여 주는 다른 시로 〈숲의 노래(Woodnotes)〉가 있다. 〈숲의 노래〉는 총 두 편의 시로 이루어져 있는데, 그중 〈숲의 노래Ⅱ(WoodnotesⅡ)〉에서는 자연의 순환적 변용의 의미를 볼 수 있다. 자연은 시인의 '열린 귀'에 '자연물의 기원'을 노래한다.

쇄도하는 변용은
고정된 모든 것을 용해하며
존재하는 것들을 녹여 존재할 듯한 것들로 만들고
고형의 자연을 하나의 꿈으로 변화시킨다.〈숲의 노래Ⅱ〉

자연의 쇄도하는 변용은 모든 존재하는 것들을 녹여, 있을 법한 것들로 만듦으로써 고형의 자연을 무형의 꿈같은 이상향으로 변용시킨다. 이때 자연의 생명력은 시인의 정신과 비슷하다. 에머슨의 초절적 시각은 보이는 것과 보이지 않는 것을 동시에 보고 양자의 본질적 관계를 파악하고 있다. 또한 창조자의 생명력을 상징하는 자연은 늘 새롭게 모습을 바꾼다. 따라서 자연에는 '늘 새로운 광대한 창조'가 있을 뿐이다.

〈숲의 노래Ⅱ〉에서 우리는 창조자 판 신을 만날 수 있다.

> 앞으로 계속해서, 영원한 판 신은
>
> 세계의 끝임없는 계획을 세우며,
>
> 결코 하나의 모습으로 멈추지 않고,
>
> 영구히 변용한다.
>
> 파도나 불꽃처럼, 새로운 형태의
>
> 보석, 공기, 식물, 벌레의 모습으로.〈숲의 노래Ⅱ〉

에머슨은 그리스신화의 목양신(牧羊神)인 판(Pan)의 이미지를 빌어 자연의 변용의 모습을 잘 그리고 있다. 이 판 신의 이미지 속에는 에머슨의 양면성이 그대로 투영돼 있다. 판 신을 통해 구현된 자연의 이미지는 그의 시 곳곳에서 나타난다. 우선 그의 산문 〈지능의 자연사(Natural History of Intellect)〉를 통해 에머슨이 판 신을 어떻게 정의했는지 살펴보자.

판은, 곧 만상이다. 그는 산에 거주하며, 땅에 누워, 양지에서 귀뚜라미처럼 피리를 불며, 말하지 않으려 하고, 거인의 방식을 고수하는 습성이 있다. 그는 양치기의 피리 가락으로 도취시킬 수 있다―대부분은 조용하다. 왜냐하면 그의 피리는 천계의 음악을 만들지만, 그것은 영원히 들리기 때문에, 우둔한 사람은 전혀 들을 수 없고 오직 지성인만이 들을 수 있기 때문이다. 그는 표범의 얼룩이나 별 문양의 외투를 입는다. 그는 공포라 불리는 지상의 두려움에 의해 무섭게 할 수 있다. 그렇지만 그는 자연의 신비 속에 있으며 전후를 동시에 볼 수 있다. 그는 위장하에 보일 뿐이고, 외부적인 이미지에 의해 표현되지 않는다. 때로는 두려운 존재, 다른 때에는 평온한 전능의 신이다.〈지능의 자연사〉

에머슨의 판 신의 이미지는 복잡하다. 목양신과 범신(凡神)의 개념이 혼재되어 있기 때문이다. 범신으로서 판 신은 대령의 화신이라고 할 수 있다. 대령의 화신으로서의 판 신의 이미지 속에는 에머슨의 '이중 의식'이 들어 있다. 판 신은 우리가 늘 보고 느끼는 자연이지만, 맑은 정신의 눈인 '투명한 눈동자'가 없으면 그 존재의 의미를 볼 수 없다. 오직 깨어 있는 자만이 판 신을 느낄 수 있다. 자연의 신비 속에 거주하며 앞과 뒤를 동시에 볼 수 있고 무수한 자연의 형상들로 위장하고 있는 판 신은 하나의 이미지로 표현되지 않는다. 판 신은 공포와 평온의 양면적 특성을 모두 지니고 있기에 그를 보기 위해선 자연의 양극성을 동시에 바라볼 수 있는 시인의 눈이 있어야 한다. 〈자연과 인생에 관한 단편들(Fragments on Nature and Life)〉의 첫 부분에는 판 신에 대한 묘사가 다음과 같이 시화되어 나타난다.

인내심 강한 판 신은
감로(甘露)에 취해,
잠을 자거나 잠을 가장하며,
졸린 듯 콧노래를 부른다.

시간의 행진곡에 맞춰 음악을.

볼품없이 찌르르, 귀뚤귀뚤 소리 내며 움직이는

판 신은, 반쯤 잠이 들어,

그의 거대한 몸을 풀에서 뒹굴며

찌르르, 귀뚤귀뚤

잠을 가장하지만, 결코 잠들지 않는다.〈자연과 인생에 관한 단편들〉

이 시에서의 판 신은 범신보다는 목양신의 이미지가 강하다. 목양신으로서 판 신은 시인의 예술정신을 주재하는 신이다. 시인은 그의 사도로서 신의 감로(甘露)에 취한 사람이다. 그 감로는 '불멸의 영액'으로 시인에게 '신과 같은 본성'을 지니게 하는 것이다. 에머슨의 시 중에서 대령의 화신으로서 판 신의 모습을 가장 역동적으로 그리고 있는 것은 〈판 신〉이다.

영웅, 예언자, 인간이 무엇이냐,

단지 피리를 통해 판 신의 숨결만이 부르노라.

순간의 음악을. 존재의 물결은

이쪽으로 솟아오르고, 무수한 형상들은

미(美)의 옷을 입고, 햇빛에 채색되어, 살아 있노라.

그들의 육신은, 신의 기운이 스며들어,

압도적인 활기로 생동하노라.

전지전능하게. 썰물 되어 빠져나가며, 그들은

황량한 해변 위에 하얀 빈 조가비 되어 누워 있노라.

하지만 그래도 영원한 파도는 굽이치며

새로운 수백만의 형상들에게 생명을 주고,

그 매혹된 포말 같은 종족과 행성을 뿜어내노라.〈판 신〉

판 신이 그의 피리를 통해 신의 음악을 전하면 그 속에 깃들어 있는 성령의 물결이 모든 자연물에 흘러넘치게 된다. 이 점에서, 이 시는 신플라톤주의의 창시자 플로티노스의 '유출 이론'[23]에서 볼 수 있는 우주 영혼의 넘쳐흐름을 보여 주고 있다. 자연의 무수한 형상들의 육신은 신의 기운을 받아 전지전능의 압도적인 활기로 생동한다. 또한 존재의 물결은 계속해서 썰물처럼 밀려 나가지만 그 영원한 파도는 새로운 수백만의 형상들에게 생명을 주기 위해 끊임없이 굽이치고 있다. 이 시의 판 신은 목양신과 범신의 이미지를 둘 다 띠지만, 무엇보다 창조신의 화신인 자연의 모습이 더 강하게 그려져 있다고 볼 수 있다. 무수한 형상을 이룬 존재의 물결이 생명의 활기로 가득하다는 점에서, 생명력의 상징으로서 자연의 모습과 동시에 러브조이가 지적한 존재의 충만성과 연속성을 이 시에서도 모두 볼 수 있다.

한편 이 시에 보이는 정령의 순환성은 바로 에머슨의 대령의 개념과 직결된다. 에머슨의 대령은 창조주 하나님의 다른 표현이고 일자(the

---

23 플로티노스에 따르면, 근원적인 일자(the One)로부터 최초로 유출되어 나온 것이 세계영혼이다. 이 세계영혼과 물질세계의 양극 사이에서 그 둘을 연결하는 매개자로서 개별 영혼이 존재한다. 총체적인 세계영혼은 개별 영혼을 통하여 현현되며, 개별 영혼은 전 우주를 자체 내에 담고 있다. 만물은 신적 존재로부터 점차적으로 흘러나온 유출물이자 동시에 인간정신에 깃들인 신적 근원에서 도출된 것이다. 인간이 신과 하나가 되기 위해서는 외면적인 방법이 아닌 내면적인 정신적 노력을 기울여야 한다.

One)이며 힌두교의 창조신 브라흐마이기도 하다. 이 점에서 에머슨의 대령의 개념은 존재의 근원에 대한 그의 동양적 사고와 연결된다. 그 가교 역할을 한 것은 플로티노스다. 신과의 직접적인 합일을 지향하는 플로티노스의 신비주의 이론은 브라흐마와 만물유전의 사상을 연상시킨다. 존재의 연쇄설의 기본 개념들은 이미 플라톤과 아리스토텔레스의 생각 속에서 싹튼 것이었다. 이후 이들의 생각이 일반적으로 체계화되어 널리 알려진 것이 플로티노스의 유출 이론이다. 유출 이론은 모든 만물이 신의 중심으로부터 나왔다는 에머슨의 기본 생각에 있어 이론적인 배경이 되기에, 에머슨의 변용과 중요한 관계를 갖는다. 또한 유출 이론의 논리 체계에 존재 연쇄설의 세 가지 기본 개념인 충만성, 연속성, 그리고 등급성의 개념들이 용해되어 있어서 에머슨의 변용에도 충실히 반영된다. 에머슨의 연설문 〈자연의 방식(The Method of Nature)〉을 보면 자연의 유출 방식이 다음과 같이 설명되어 있다.

> 세상의 질서 속에서 우리가 찬미하는 완전성은 무한한 유포(流布)의 결과입니다. (……) 그것의 영속성은 영원한 시작입니다. 모든 자연적 사실은 유출이고, 그것이 퍼져 나와 생긴 것 또한 유출이며, 모든 유출로부터 새로운 유출이 나옵니다.〈자연의 방식〉

시인은 만물을 통일성을 지각하는 '투명한 눈동자'를 통해 동심원처럼 퍼져 나가는 생명의 원환적 흐름을 볼 수 있다. 동일한 생명력의 근원으로부터 연못의 동그란 파문처럼 수없이 많은 '객체'의 형상들이 나타난다. 에머슨은 자연세계를 '동심원적 순환의 체계'로 보고 있다. 이 존재의 동심원적 체계는 에머슨이 산문 〈원〉에서 인용한 성(聖) 아우구스티누스의 신의 본질에 대한 묘사처럼 "중심이 모든 곳이고 그 주위가 없는 원"과 같은 것이다. 인간과 자연 모두 진화론적 관점에서 보면 동일한 생명의 원천으로부터 파문을 그리며 끝없이 순환하며 퍼져 나왔다. 그런 의미에서 존재의 사슬은 통일성 속의 다양성을 근원적으로 보여 준다.

이처럼 만물은 생성, 활동, 그리고 소멸이 끝없이 반복되며 순환하고 있다. 비록 영원한 판 신은 끝없이 변용하는 자연의 화신으로서 늘 새로운 형태로 모습을 바꾸지만 그 본질은 바뀌지 않는다. 에머슨은 이 본질을 시작과 끝이 없고 "중심도 없고 가장자리도 없는" 순환적인 힘이라고 말하고 있다.

> 신이 짜 놓은 불가해한 영속성에는 시작도 없고, 끝도 없으며, 언제나 그 자체로 돌아가는 순환적인 힘이 존재할 뿐입니다. 이 점에서 자연은 그 자신의 정신을 닮았으며, 너무나 완전하고 너무나 무한하여 그 시작과 그 끝을 결코 발견할 수 없습니다. 자연의 광휘는, 위로 아래로, 중심도 없고 가장자리도 없이, 저 멀리 겹겹의 세계에 빛을 뿌리고 있습니다. 물질 덩어리로, 분자로, 자연은 인간에게 자신을 설명하고자 서두르고 있습니다.(미국의 학자)

에머슨의 순환론적 자연관은 플로티노스의 신플라톤주의로부터 많은 자양분을 얻고 있지만, 에머슨의 이중 의식은 플로티노스에게 전적으로 경도되는 것을 경계했다. 플로티노스의 유출 이론은 일자로부터 넘쳐흐르는 신성에 대한 개별 영혼의 수용성을 강조한다. 에머슨은 이를 부분적으로 받아들였을 뿐이다. 플로티노스가 이야기한 넘쳐흐르는 우주 영혼의 하강은 에머슨의 중립적 사고 안에서 플라톤의 정반합(正反合)에 의한 개별 영혼의 변증법적 상승과 대치하며 공존하고 있다.[24] 그런 의미에서 에머슨 연구자 앤더슨(John Q. Anderson)은 "이중적인 마음을 가지고, 에머슨은 양면에서—보다 높은 영적인 단계와 보다 낮은 물질적 영역을 동시에 바라본다."[25]라고 평하고 있다.

---

24 Philp L. Nicoloff, *Emerson on Race and History: An Examination of ENGLISH TRAITS*(New York: Columbia UP, 1961), p.57.
    cf. "그것(신플라톤적 수용성의 원칙)은 에머슨의 지식에 대한 플라톤의 변증법적 접근 방법의 빈번한 사용, 즉 어떤 정신적인 유입보다는 자발적인 노력에 의한 특수한 것에서부터 보편적인 것으로의 마음의 상승과 대치되었다."
25 John Q. Anderson, *The Liberating Gods: Emerson on Poets and Poetry*(Coral Gables, Florida: U of Miami P, 1971), p.34.

4. 생태적 원리

에머슨의 초절주의는 자연에 대한 새로운 자각으로부터 비롯된 것이다. 따라서 그의 초절주의의 본질을 파악하려면 먼저 에머슨이 자연의 생태적 원리를 어떻게 보고 있는지를 알아야 한다. 에머슨은 자연이 양극성의 보상 과정을 통해 변화하며 조화와 균형을 유지하고 있다는 보상의 원리에 대해 일찍부터 관심을 갖고 있었음을 그의 산문 〈보상〉의 서두에서 밝히고 있다.

나는 어려서부터 보상에 관한 글을 쓰고 싶었다. 왜냐하면 매우 어릴 적 내 눈에는 이 주제에 관해서는 삶이 신학에 앞서고, 사람들이 설교자들이 가르치는 것 이상으로 알고 있는 것으로 생각되었기 때문이다.〈보상〉

그는 자연 속에서 양극성의 보상을 통해 중성의 상태를 이루는 자연의 역동적인 모습을 볼 수 있었다. 자연의 양극성은 먼저 대칭적 구조에 있다. 이는 자연 만물 전체뿐만 아니라 자연물 개개에서도 나타난다. 구조상으로 전체 자연과 그 부분을 이루고 있는 개개의 모든 것이 다 이원적 구조를 지니고 있다. 그는 다음과 같이 좀 더 구체적으로 자연의 양극성을 설명한다.

> 불가피한 이원론은 자연을 둘로 나눈다. 그러므로 각각은 반쪽이며 전체를 이루기 위해서는 다른 반쪽이 필요함을 암시한다. 정신과 물질, 남자와 여자, 짝수와 홀수, 주관과 객관, 안과 밖, 위와 아래, 움직임과 정지, 긍정과 부정 등에서 그 예를 볼 수 있다.(보상)

자연은 구조뿐만 아니라 움직임에 있어서도 이원적 경향을 보이고 있다. 자연의 모든 부분에서 에머슨은 '양극성, 즉 작용과 반작용'을 인식하고 있다. 그는 이 움직임에도 이원적 '경향'이 있다고 본다. 〈경험〉에서 그는 자연의 "모든 것은 극단으로 흐르기 마련"이라고 말한 반면, 〈운명〉에서는 반대로 "자연은 낭비가가 아니며, 그 목적에 이르는 최단의 길을 택한다"고 말한다. 사실 자연에는 양극적인 요소의 상반된 경향이 엄연히 존재한다. 자연의 이원적 구조와 상반된 경향이 자아내는 모순과 갈등, 작용과 반작용이 오히려 자연의 생태적 균형을 유지하는 힘의 원천이다. 에머슨은 〈운명〉에서 동물들 사이의 생태적 균형을 예로 들고 있다.

> 모든 지역은 그 자체의 동물상을 갖는다. 동물과 그것의 먹이, 기생동물, 적 사이에는 조정이 존재한다. 균형은 계속 유지된다. 개체수가 감소하거나 초

과하는 것은 허락되지 않는다.^(운명)

조화와 균형은 자연의 절대법칙이다. 이 '우주의 완전한 보상'은 '주고 받음의 절대적인 균형'을 의미한다. 그런 의미에서 에머슨에게 양극성의 보상은 완전하지 않은 두 쪽이 만나 '새로운 초절적 전체'를 만들어 가는 과정이다. 따라서 그의 '불가피한 이원론'은 일원론을 지향한다. 자연의 양극적 요소들이 양극성의 보상을 통해 새로운 중립적 질서를 찾아 가는 보상의 원리는 〈보상〉의 첫머리에 쓰인 시에 시화되어 있다.

시간의 날개들은 검고 하얗고,
아침과 저녁으로 다채롭다.
산은 높고 대양은 깊고
전율하면서 균형은 적당히 유지된다.
변화하는 달 속에, 조수의 물결 속에,
부족과 풍족의 불화가 자란다.
많음과 적음의 척도가 우주를 가로질러
감동적인 불꽃과 빛다발을 만들어 낸다.
외로운 지구는 천체 사이에서
영원한 우주 공간을 가로질러 바삐 가고,
평형추는 허공 속으로 날아가며,
보충의 소행성,
혹은 보상의 불꽃이
중립의 어둠 속을 날아간다.^(보상)

아침과 저녁으로 밝고 어두운 시간의 날개, 높은 산과 깊은 대양 등 자연 만상은 양극성의 대칭으로 구성되어 있다. 이에 에머슨은 〈보상〉에서 뒤이어 모든 대칭들 사이에 '평균화하는 상황'이 존재한다고 밝힌다. 비록 그것들은 균형을 찾아가는 과정에서 필연적으로 역동적인 '전율'의 모습을 보이지만, 보상의 과정을 통해 균형이 적당히 유지되는 법이다. 변화하는 달, 조수의 물결 등 하나의 연속적인 자연현상 속에서도 역시 균형은 유지된다. 또한 인간 사회에서도 균형의 평형추는 대립과 반목의 중립의 지점에서 부족과 풍족의 불화를 해소하는 보상의 불꽃을 태운다. 하얀 것이 변해 검은 것이 되고, 아침이 가면 저녁이 오고, 높은 것이 있으면 낮은 것이 있듯이, 양극적 대칭쌍들은 서로 상보적 순환 관계를 이루면서 보상을 통해 중립성을 유지하고 있다.

생명의 순환을 통해 자연의 생태계는 유지된다. 만약 이 순환이 깨진다면, 더 이상의 생명도 생태적 균형도 있을 수 없다. 보상의 과정은 동적인 순환 과정이다. 자연의 변용은 끝없이 순환하며 한곳에 머물지 않는다. 시 〈숲의 노래Ⅱ〉에서, 에머슨은 이러한 자연의 상보적 순환을 노래하고 있다.

비는 바람이 불면 오고,

강은 바다로 가는 길을 알며,

안내인 없이도 흐르고 떨어지며,

그 자애로움으로 모든 대지에 축복을 내린다.

바다는 굽이치고 포말을 일으키며

구름과 바람으로 올라가는 길을 알고 있다.〈숲의 노래Ⅱ〉

이 시에 등장하는 자연물인 강, 구름, 바람, 비는 '강↔구름↔바람↔
비'와 같은 형태로 서로 상보적인 관계를 이룬다. 모든 것이 조화롭게
상호적인 작용을 하며 순환할 때 비로소 자연의 균형이 이루어진다. 자
연은 가야 할 곳을 안다. 또한 자연은 때가 되면, 지체 없이 변용을 한다.
비는 바람이 불면 오고, 강은 바다로 흘러가고, 종국에는 구름으로 그리
고 다시 바람으로 되돌아가는 법을 안다. 이는 고여 있지 않으며, 따라
서 썩지 않음을 의미한다. 자연의 이러한 상보적 순환성은 결국 전체 자
연의 생태적 균형을 유지해 주는 힘으로 작용하고 있다.

　에머슨의 보상 원리는 자연 생태학적 균형뿐만 아니라 사회 생태학적
균형을 담고 있다. 자연 속에서 모든 존재는 순환적인 관계와 지위를 갖
는다. 높고 낮음이 서로 순환하기 때문에 결국 모든 존재가 평등해지는
것이다.

　거칠고 수염 덥수룩한 삼림인은

　영주보다 낫다.

　신(神)은 보따리와 수통을 채우고,

　죄는 잔뜩 차려진 식탁을 가득케 한다.

　주인은 과거의 소작농이고,

　소작농은 미래의 주인.

　주인은 건초, 소작농은 풀.

　하나는 마른 나무, 하나는 살아 있는 나무.〈숲의 노래 II〉

　오늘의 주인이 어제의 소작농이고, 오늘의 소작농이 내일의 주인이

될 수 있다. 주인과 소작농, 그리고 건초와 풀의 순환적인 관계는 휘트먼의 풀잎의 변용을 연상시킨다. 또한 이 순환적인 관계로 힌두교와 불교에서의 윤회사상에 영향을 받은 것으로도 볼 수 있다. 실제로 힌두교의 창조신 브라흐마로부터 이름을 따온 시 〈브라흐마〉를 쓴 데서 볼 수 있듯이, 힌두교와 불교의 사상은 에머슨에게 큰 영향을 끼쳤다. 이는 크리스티가 지적하듯 에머슨이 영혼의 영원성에 대해 확신하고 영혼이 죽음에 이르러 소멸한다는 물질주의적 견해를 받아들이지 못하게끔 했다. 따라서 에머슨에게 신의 일부분이자 불멸의 영혼이 투영된 자연은 지위의 높고 낮음이 본래 없는 것이었다.

인간의 인위적 질서인 계급과 지위는 오히려 자연의 평등적 질서를 보지 못하게 어지럽힌다. 자연은 평등하다. 지위의 고하, 힘의 강약에 관계없이 자연은 같은 지역 안에 있는 모든 생명체에게 똑같은 자연환경을 제공한다. 누구에게나 평등한 조건을 제공한다는 점에서 자연은 민주주의의 이상을 잘 보여 준다고 할 수 있다. 그러나 인간은 권력이 많고 가진 것이 많을수록 집착과 편견이 많아지며 죄의 유혹을 벗어나기 힘들다. 오히려 지위가 낮은 이에게 자연이 더 가깝다고 할 수 있다. 가진 것이 없을수록 집착에서 자유로우며 진리에 가깝게 살 수 있기 때문이다. 잔뜩 차려진 식탁은 풍부한 물질의 이면에 있는 영혼의 불결함을 암시한다. 반면 비록 거지의 빈 보따리와 수통은 육체적인 곤궁을 암시하지만, 신의 성령을 담을 수 있는 정신적 순결함을 갖게 해 준다.

에머슨의 시 중에서 자연의 상보적 구조와 대칭쌍들이 만들어 내는 완벽한 조화와 균형을 율동적으로 노래한 것 중의 하나로 〈멀린 Ⅱ (Merlin Ⅱ)〉를 들 수 있다.

균형을 좋아하는 자연은

만물을 쌍으로 만들었다.

모든 발치에 정반대의 것.

각 색조는 그 반대의 것과 빛나고,

모든 음조는 상응하는 음조로 생동한다.

보다 높이 또는 보다 낮게.

향기는 향기와 기꺼이 어우러지고,

나뭇잎은 가지 위의 나뭇잎과 화합하며,

쌍을 이룬 자엽(子葉)들은 조화된다.

손과 손, 발과 발,

한 몸 안에 신랑과 신부.

최고(最古)의 의식, 결혼한 양측

모든 인간에서 만난다.

   (……)

동물들은 사랑을 희구하고,

운(韻)을 갈망하며,

각자 좋은 시절을 만나

합창을 이룬다.〈멀린Ⅱ〉

자연은 균형을 좋아하지만, 그것은 의식적인 노력이라기보다는 자연의 총체적인 현상일 뿐이다. 그러나 그 생명현상 속에는 우리가 간과할 수 없는 중요한 사실이 있다. 바로 대립적인 요소들의 반목과 모순을 넘어서 생명을 균형 있게 유지하려는 몸부림이 있다는 것이다. 변화를 통해 조화와 균형을 새롭게 찾는 과정에는 고통이 따르는 법이다. 색조, 음조, 향기, 나뭇잎 등 유형과 무형의 모든 생명현상들이 상반된 대칭 구조로 이루어져 있다. 그런데 이 대칭 구조는 생명의 고통을 넘어 오히려 생명력의 조화로운 어우러짐을 만들어 내고 있다. 이러한 현상에 있어서 인간도 예외일 수 없다. 사람의 신체는 사지가 균형을 이루며, 생물의 자웅동형의 특성이 인간의 몸에서도 잘 나타난다. 신부와 신랑의 만남은 자웅동형의 모습을 지닌 인간의 가장 오래된 의식으로, 이들이 이루는 음(陰)과 양(陽)의 조화는 인류의 종족을 유지하는 가장 중요한 근간이다. 양극성을 띠고 있는 음과 양은 서로 대립적이면서 동시에 서로 운(韻)을 갈망하며 조화로운 한 몸이 되고자 한다. 동양의 음양 사상에서 보이는 상생상극(相生相剋)과 동일한 원리가 에머슨의 자연관 속에서 작용하고 있다.

분명히 〈멀린 II〉는 에머슨의 성적 생명력에 대한 찬양을 가장 분명하게 확장해 담아내고 있다.[26] 이 점에서 에머슨은 분명히 휘트먼의 전조를 보이고 있다. 휘트먼의 〈나 자신의 노래〉에는 감각적 경험을 중시하는 시인의 신비 체험은 성적인 이미지와 결부되어 강한 감동과 희열이 나타난다. 나아가 성적인 이미지와 결부된 신비 체험은 자연의 생명력과 융화력을 보였다. 그런 의미에서 우주의 생명력을 나눠 가진 모든 인간은 우열의 차이나 지위 고하의 차이를 갖고 있지 않는 형제자매라고 볼 수 있다. 비록 에머슨의 시에는 휘트먼의 시에서처럼 강렬히 육화

---

26 Albert Gelpi, *The Tenth Muse: The Psyche of the American Poet*(Cambridge: Cambridge UP, 1991), p.88.

된 이미지는 나타나지 않지만, 모든 인간의 근원적 동질성에 대한 암시
는 그의 시 곳곳에 나타난다. 그의 시 중에서도 비교적 강한 성적인 이
미지 속에 자연과 인간이 하나가 되는 시로 〈아름다움에 대한 송가(Ode
to Beauty)〉가 있다.

오 아름다움이여, 누가 그대에게 주었는가.

축복 받고 받지 않은

너무 잘 믿는 연인의

마음의 열쇠들을?

그래, 무상한 세월 속에 언제

내 그대가 늙을 줄 알았겠는가?

혹은 내 인생을 팔아먹을 정도의

그 일이 무엇이었나?

내 두 눈이 그대를 처음 봤을 때,

마법의 그림으로,

나는 나 자신이 그대의 속박된 몸임을 알았지.

모든 것의 달콤한 압제자여!

나는 그대의 연못에서

갈증으로 잘못된 물을 마셨지.

그대 친밀한 낯선 이,

그대 마지막이자 첫 번째 사람!

그대의 위험한 시선은

남자를 여자로 만든다.

새롭게 태어나, 우리는 함께 용해되어

다시 자연 속으로 돌아간다.〈아름다움에 대한 송가〉

　이 시에서 아름다움은 주체와 객체, 남자와 여자의 구분을 허물며, 자연의 마술적 융화력은 모든 생명을 하나로 결합시키고 있다. 이 단계에 이르면 모든 갈등과 모순은 '용해되어 다시 자연 속으로' 회귀한다. 휘트먼의 시에서 보이는 성적 오르가슴에 버금가는 느낌을 주고 있는 것이다.

　에머슨의 유기론적 세계관의 출발점은 미국의 자연이다. 그가 매일 보는 대자연에서 그는 양극성의 갈등을 통해 조화를 이루고 자연의 중성을 이루는 총체적 흐름을 보았다. 우리는 그의 저작에서 자연의 변용에 대한 그의 자각에서부터 그의 유기철학이 순환적 우주론으로 발전하는 과정, 그리고 변용의 생태적 의미를 볼 수 있다. 변화와 관계가 자아내는 생명의 순환은 에머슨의 생태주의적 자연관의 가장 핵심적인 내용 중 하나다. 생태적 측면에서 관계 속 변화는 생명의 원동력이다. 만물이 끝없이 변화하면서 관계를 맺는다는 관점에서 보면, 생(生)과 사(死)는 하나다. 이러한 생명의 상보적 순환을 통해 자연은 정화되며, 그 순환이 끊임없이 반복되면서 상승과 하강, 조화와 부조화, 통일성과 다양성 등의 양극성들이 상보적인 관계를 이루며 자연의 전체적인 균형을 유지하게 된다.

5. 자연 치유

생태적 자각을 통해 깨어난 에머슨의 의식은 자연의 생태적 원리가 지
니는 자연 치유에 관한 통찰로 발전한다. 〈오월제〉에는 조화와 균형을
회복해 주는 자연 치유력이 잘 나타나 있다.

> 모든 귀에 거슬리는 불협화음들은 용해되고,
>
> 화음만이 다루어지며,
>
> 쇠줄을 강철에 갈듯,
>
> 그대의 목소리 날카로울지라도,
>
> 그러함은 대기의 성질이오.
>
> 메아리는 공과 주의를 들여 기다리며,
>
> 노래의 잘못들을 치료한다.〈오월제〉

자연에 존재하는 모든 귀에 거슬리는 불협화음들은 자연의 양극적 성

질에 의해 생긴다. 자연의 이원적 구조와 작용 때문에 일시적으로 나타나는 불협화음의 긴장은 피할 수 없는 현상이다. 자연은 총체적으로 그 긴장을 해결하는 자연 치유력을 갖고 있다. 자연 치유력은 일시적인 작용이 아니고 전체적인 과정이다. 메아리는 자연의 치유 방식을 암시한다고 볼 수 있다. 메아리의 특성은 일시적으로는 작용에 대한 반작용이고, 전체적으로는 조화와 부조화의 상호작용이기 때문이다. 그 과정에서 필연적으로 시간과 더불어 공(功)과 주의를 필요로 한다. 이처럼 불협화음과 메아리는 인고의 상호작용을 통해 부조화의 잘못들을 고쳐 나간다. 이어서 다음 연에 그 결과가 나타난다.

대기의 예술은 분리하는 법
거슬리는 모든 소리들 하나하나.
신의 말씀 이외 모든 것을
넓은 가슴속에서 막아,
행복한 귀에 전한다.
오직 정화된 화음들만을.〈오월제〉

대기의 예술은 거슬리는 모든 소리들을 하나하나 가려내고 자연의 넓은 가슴속에서 순화해 인간의 행복한 귀에 정화된 화음들을 전한다. 불협화음이 화음으로 정화되는 일련의 과정은 변화와 보상의 과정이다. 이때 보상은 변화에 균형을 주려는 힘이라고 할 수 있고, 생태적 균형을 이루기 위해서는 이런 보상적 과정은 필수적이다.

에머슨의 자연 치유력에 대한 믿음은 자연 자체의 생태 정화 능력과 동시에 그것이 인간의 정서에 미치는 치료 효과에 있다. 일차적으로 자연은 환경 정화에 중요한 기능을 한다. 자연이 자체로 갖고 있는 정화 능력은 자연의 상보적 순환과 양극성의 보상 원리에 의해 가능하다. 대표적인 순환의 이미지인 물은 정화뿐 아니라 순환 과정 속에서 생명 유지, 영양 공급, 환경 정화, 정서 순화, 치료 등 생태적으로 복합적인 기능을 담당하고 있다. 그런데 물은 인간이 어떻게 관리하느냐에 따라 순기능만이 아니라 역기능도 갖는다. 이에 대해 에머슨의 시 〈자연과 인생에 관한 단편들〉의 일부분인 〈물(Water)〉에서 중요한 메시지를 던지고 있다.

> 잘 사용되면, 그것은 기쁨을 장식하고,
>
> 기쁨을 꾸미고, 두 배로 만든다.
>
> 잘못 사용되면, 그것은 파괴한다.
>
> 완벽한 시간과 방법으로
>
> 지극한 만족감의 얼굴로
>
> 우아하게 파괴한다.〈물〉

그리스의 철학자 탈레스는 만물의 근원을 물이라고 보았다. 물은 생명의 근원으로서 잘 사용되면 우리에게 한없는 생명의 기쁨을 주지만, 잘못 사용되면 그것은 완벽한 방법으로 전혀 서두르지 않고도 아주 우아하게 인간을 파괴한다. 인간이 지나치게 인위적으로 개입하여 물의 생태적 순환이 깨지면, 환경오염은 물의 속성처럼 인간이 의식하지 못하는 사이에 서서히 진행되어서, 어느 한순간에 인간을 파멸시킬 수 있다. 그런 의미에서 이 시는 자연의 법칙이 인과의 법칙임을 잘 보여 주고 있다.

에머슨의 시 중에서 순환에 따른 물의 복합적 생태 기능을 잘 보여 주
는 시로 〈바닷가(Seashore)〉가 있다. 자연의 생태적 균형은 환경적 측면
에서의 기능 못지않게 인간의 정서적 순화에도 기여한다.

바다를 보라.

단백석같이, 풍요하고 강한 것.

하지만 유월의 장미처럼 아름답고,

칠월의 드문 무지개처럼 신선하다.

식량으로 가득 찬 바다, 각종 영양 공급원,

지구의 정화자이며, 인간의 의약.

나의 숨결로 감미로운 기후를 만들고,

불행과 슬픔의 기억을 씻겨 주며,

정확한 썰물과 밀물로

변하지 않는 것에 대한 암시를 준다.〈바닷가〉

바다의 이미지는 물과 마찬가지로 복합적이다. 그것은 부드러움과 강
함의 양면적 특성을 갖고 있다. 바다는 부드럽고 넉넉하지만 반대로 강
한 어머니의 모습을 하고 있다. 또한 "유월의 장미" 그리고 "칠월의 드문
무지개"처럼 아름답고 신선하다. 생태적 측면에서 바다는 식량으로 가
득 찬 영양 공급원이고 지구의 정화자다. 또한 바다는 생태적 균형 못
지않게 인간의 불행과 슬픔을 치료하는 정서의 순화 기능도 하고 있다.
이 점에서 바다는 인간의 의약이다. 바다는 생태적 균형자로서 총체적

인 역할을 보여 주고 있다. 궁극적으로 바다는 영원한 것에 대한 암시를 우리에게 준다. 그러나 보다 중요한 것은, "정확한 썰물과 밀물"이 함축하듯이 그 영원한 진리가 불변하는 정체성이 아니라 일정한 리듬을 가지고 변화하며 지속하는 항상성을 의미한다는 것이다. 이 부분은 〈오월제〉에 나오는 "정확히 회귀하는,/ 믿을 만한 달력"과 같은 의미를 갖는다. 한마디로, 에머슨이 보는 자연은 순환적 변용과 그것이 가져오는 지속 가능한 조화와 균형의 상태라고 말할 수 있다. 자연은 계속적인 변화의 반복을 보이지만 정체되어 있지는 않다. 그런 의미에서 그는 근원적 본질의 지속성을 매우 중시한다고 볼 수 있다.

에머슨의 시 〈세계영혼(The World-Soul)〉은 물질문명의 병폐를 바라보는 에머슨의 다소 낙관적인 시각을 보여 주고 있다. 비록 근대 공업기술에 의한 도시 문명의 발달과 반비례해서 인간의 도덕적 해이, 정치적 비열, 문학의 저속화 등이 증가하고 있지만, 근원적 본질이 되는 일자가 발현한 세계영혼은 세상을 다시 생기 있게 만들 것이다.

낡은 세상이 메마르고
시대가 쇠약해질 때,
그는 잔해와 앙금으로부터
보다 아름다운 세상을 완성할 것이다.
그는 절망을 허락지 않는다.
그의 억제는 환희로 덮이고,
상상되지 않는 인간의 선은
태어나고 있다.〈세계영혼〉

이 세상이 불모의 생산력 없는 낡은 세상이 되어도, 잔해와 앙금으로부터 보다 아름다운 세상이 나온다. 절망이 없는 세계영혼은 끝없는 순환적 창조 속에서 만물의 개별 영혼들을 정화하는 영원한 긍정이다. 그 속에서 상상되지 않는 인간의 선, 즉 신성과 만물은 합일을 이룬다. 에머슨의 자연 치유력은 외부적 자연인 물질과 내부적 자연인 영혼에 동시에 작용함으로써 가능한 것이다. 생태적 균형은 결국 인간과 자연 모두에 대한 양면적 시각에 의해 총체적으로 이루어야 할 문제이다.

〈오월제〉의 23연은 〈바닷가〉에서의 바다의 이미지와 같이 자연의 복합적인 생태적 역할을 보여 준다. 봄은 외부적 자연뿐만 아니라 인간 내부의 마음에 활력을 주고 있다.

> 그대의 새, 노래, 강풍,
>
> 그대의 꽃, 종족,
>
> 황야의 그대의 메아리들은
>
> 고통, 나이, 그리고 사랑의 비애를 달래 주고,
>
> 쇠약한 의지에 불을 붙이며, 영웅심을 고취시킨다.〈오월제〉

황야의 새, 노래, 강풍, 꽃, 그리고 메아리 등의 자연물은 인간의 고통과 비애를 달래 주고 쇠약한 의지에 힘을 주며 영웅심을 고취하고 있다. 그리고 봄의 숲은 일상에 지치고 낙담한 인간들에게 새로운 생기와 힘을 주고 그들의 정서적 균형을 유지해 주고 있다. 그 결과 자연은 전체 인간 사회의 생태적 균형에 기여한다. 자연은 인간의 정신적인 고통과 이기적인 마음을 치료할 수 있다. 에머슨은 자연의 여러 가지 역할 중에서 치유 기능을 주요한 작용으로 보고 있는 것이다.

> 숲 속에서 우리는 이성과 신앙으로 돌아간다. 그곳에서 나는 우리의 삶 속
> 에서 자연이 치료할 수 없는 것은 (두 눈이 있는 한) 그 무엇도—어떤 치욕
> 도, 어떤 불행도—없음을 느낀다. 적나라한 대지 위에 서면—나의 머리는
> 상쾌한 대기에 씻기고 무한한 공간 속으로 올라가며—하찮은 자기중심주
> 의는 모두 사라진다.〈자연〉

숲은 대기의 오염을 정화할 뿐만 아니라 인간의 정서도 순화하는 생
태적 기능을 갖고 있다. 사회가 도시화될수록 숲의 필요성은 높아져 간
다. 물질문명으로 인한 고통과 소외로 찌든 인간은 숲으로부터 마음의
안정과 인생의 활력을 다시 찾을 수 있다. 자연이 치료할 수 없는 인간
의 불행은 없다. 물질에 대한 인간의 헛된 욕망과 그로 인한 분별심이
인간의 하찮은 자기중심주의를 낳고 있을 뿐이다. 숲 속에서는 너와 나
의 분별이 사라지고 물질과 영혼의 만남을 이룰 수 있다. 물질문명과 종
교, 물질과 영혼, 인간과 신이 자연 속에서 생태적 균형을 이룰 수 있는
것이다.

에머슨의 시 〈오월제〉의 마지막 연은 다시 한 번 더 총체적으로 지구
전체의 생태적 균형을 유지시키기 위한 봄의 노력을 보여 주고 있다. 자
연의 모든 것이 양극성의 보상의 원리에 의해 전체를 구현하는 것처럼,
자연의 치유력도 어느 특정한 부분에 국한하지 않고 언제나 전체성을
구현하고 있다고 볼 수 있다.

오 봄이여! 사실 그대는 새롭게 고칠 수 있지

높은 신이 최초로 창조하신 모든 것을.

아직도 신의 팔과 건축가로서,

폐허를 재건하고, 결점을 수선하지.

묵은 세계를 새 세계로 바꾸는 화학자로서,

바다와 하늘을 보다 천국적인 푸른색으로 칠하고,

새의 깃털을 새롭게 칠하며,

풀 뜯는 소 떼에서 허물을 벗기며,

가파른 산에서 폐허를 일소하고,

샘의 급류를 정화하며,

도시에 의해 더러워진 대기를 정화하고,

깨끗한 어머니에게 더 깨끗한 아이를 데려가며,

감성과 이성 또한 새롭게 하며

나태를 쫓아 버리고, 얼룩을 벗겨 내며,

늙은 눈을 밝게 만들고,

떠나가는 영혼에 장엄함을 가까이 가져다주노라.〈오월제〉

봄은 생명의 순환이 가장 왕성하게 이루어지는 계절이다. 봄의 창조력은 신이 창조한 모든 것을 새롭게 고친다. 이때의 봄은 창조신의 화신이 된다. 신의 건축가로서 봄은 신의 팔이 되어 폐허를 재건하고 오래된 결점을 고친다. 봄을 맞아 자연은 새로 집을 단장하듯이 묵은 것을 새 것으로 바꾼다.

그러나 자연의 형태는 변해도 그 본질들은 지속되는 법이다. 자연의 순환적 변용을 통해 지속 가능한 조화와 균형의 상태가 유지되는 일상의 세상 속에 보다 천국적인 봄이 재현되고 있다. 생태적 측면에서 봄은 인간의 도시에 의해 더러워진 대기를 정화하고 지난겨울 동안 쌓인 나태와 묵은 얼룩을 일소하는 역할을 하고 있다. 그러나 무엇보다 봄은 자연에서 나서 다시 자연으로 돌아가는 노년의 늙은 눈을 밝게 만들고 임종을 맞이하여 떠나가는 영혼에게 자연의 장엄함을 가까이 가져다준다.

자연은 늘 변하지만 그 변화 속에는 변하지 않는 본질이 숨어 있다. 우리가 느끼지는 못하지만 자연은 우리에게 언제나 영원한 진실을 가리키며 생성하고, 지속하고, 그리고 사멸한다. 진리를 내포한 자연의 모습은 아름다우면서도, 우리가 가까이 다가가기 힘든 경외감을 불러일으키고 있다. 자연은 끝없는 변용 속에 내재한 영원성의 암시를 통해 우리에게 진리를 예시하고 있다. 우리가 그 예시를 느끼는 단계에 이르면 자연은 '일종의 소외된 장엄함'이 아닌 '우리 뒤의 태양을 언제나 가리키는 위대한 그림자'와 같은 익숙한 존재가 된다. 자연과 같은 본연의 상태에 이르러 인간은 결국 잃어버린 생명력과 존엄성을 회복할 수 있다.

6. 원초적 관계

에머슨은 무상한 자연 속에서 영원불멸의 신성을 보고자 한다. 무상과 불멸의 이원적 양극성이 그의 유기적 세계관에 따라 무상함 속에서 불멸성을 암시하는 일원적 통일성으로 융합되고 있다. 에머슨의 초절주의는 기독교적인 관점에서 보면 예수의 신성을 인간의 삶 속에서 적극적으로 해석한 것이라고 볼 수 있다. 이 점에서 에머슨에겐 예수의 신성 못지않게 인간으로서의 예수의 인격성이 중요하게 되었다. 인간 예수의 도덕성을 에머슨은 자연에서 찾았다. 자연의 법칙이 신의 섭리가 투영된 우주의 질서로 그에게 다가온 것이다. 에머슨의 자연에 대한 초절적 인식은 기본적으로 미국의 자연과 문명에 대한 자긍심에서 출발한다. 보다 근본적으로는 인간, 특히 범세계인으로서의 미국인에 대한 강한 믿음을 전제로 한다. 그는 미국의 대자연과 그곳에 사는 미국인을 동일시했다. 인간이 만물의 유일한 영장류인 것이 아니라 자연 만물이 신성을 공유하고 있다고 보았으며, 과거의 위대한 인간이나 현재의 인간

또한 다를 게 없다고 본 것이다. 자연 만물의 원초적 관계에 대한 근본적인 인식에서 그의 초절주의는 시작하고 있다.

물론 이와 같은 인식의 대전환을 이룰 수 있었던 것은 제1차 유럽 여행에서 경험한 그의 개인적인 체험과 관련이 있다. 바로 파리 식물원에서의 경험으로, 그의 인생 행로에 새로운 전기가 된 이 경험으로 그는 "새로운 비전으로 도약하는 것 같았다."[27] 에머슨은 그 식물원에서 수많은 동식물들의 표본을 보고 '기묘한 감응'을 받았다. 인간과 생물의 어떤 보이지 않는 연결 고리를 발견하여 만물이 근본적으로 하나의 통일성을 이루고 있다는 깨달음을 얻은 것이다. 그는 그 경험을 《일기(The Journals)》에 다음과 같이 기록하고 있다.

이 당혹스러운 일련의 생물들―흐릿한 나비들, 조각된 조가비들, 새들, 짐승들, 물고기들, 곤충들, 뱀들, 그리고 유기체를 흉내 내는 바위에서도 존재하는, 모든 최초의 생명의 융기 법칙―을 바라볼 때, 우주는 전보다 더 놀라운 수수께끼와 같다. 매우 기괴한, 매우 사나운, 혹은 매우 아름다운 어떤 형태도 관찰자 인간에 내재한 어떤 성질의 표현이 아닌 것은 없다―바로 전갈과 인간 사이의 신비한 관계. 나는 내 속에서 지네―큰 악어, 잉어, 독수리, 그리고 여우를 느낀다. 나는 기묘한 감응으로 감동한다. 나는 계속해서 "나는 박물학자가 되겠다"고 말하고 있다.[28] 《일기》

27 Ralph. L. Rusk, *The Life of Ralph Waldo Emerson*(New York and London: Columbia UP, 1964), p.187.
28 Ralph Waldo Emerson, *The Journals and Miscellaneous Notebooks of Ralph Waldo Emerson*. Ed. William H. Gilman et al. 16 vols(Cambridge, Mass.: Harvard UP, 1960~1982), IV:

무수한 자연물들은 서로 상이한 것으로 보이지만 동일한 성질을 내포하고 있다. 전갈과 인간은 아무 관련이 없어 보이지만 그 둘 사이에는 신비한 관계가 존재한다. 에머슨이 파리 식물원에서 경험한 자연 만물의 유사성에 대한 자각은 자연의 질서 체계에 대한 새로운 인식을 반영하고 있다. 이는 모든 존재가 보이지 않는 거대한 사슬로 연결되어 있는 통일체라는 존재의 대연쇄설 개념과 유사한 것이다.

파리 식물원에 전시되었던 것은 프랑스 과학자 쥐시외(Jussieu)의 감독 아래 자연적 질서와 통일성을 보여 주려는 의도로 진열된 동식물들이었다. 당시 이 식물원은 단순한 동식물 전시장이 아니라 주요 연구 기관으로서 농업과 식량 등에 관한 각종 선구적인 연구를 하고 있었으며, 무엇보다 각 동식물을 연구하고 각 종(種)을 대표하는 표본들을 분류하여 생물의 과학적 체계를 확립하는 업적을 쌓고 있었다. 에머슨은 쥐시외의 이런 의도를 바로 이해하고 깨달음을 얻었던 것이다.

에머슨이 이를 인식할 수 있었던 것은 그의 합리주의적 종교관과 더불어 과학과 과학적 사고방식에 대해 이미 깊은 이해를 갖고 있었던 덕분이었다. 에머슨은 방대한 독서를 통해 당대의 첨단 물리학과 생물학 등에서 논의되던 이론들을 잘 알고 있었다. 그런데 물질과 정신을 동시에 바라보던 그의 양면적 특성으로 인해, 과학은 차츰 궁극적 진리인 우주 만물의 근원적 통일성을 설명하는 이론적 수단에 불과하게 되었다. 제1차 유럽 여행에서 돌아온 직후에 있었던 일련의 강연들에서 우리는

199~200. 이하 이 책에서 인용한 것은《일기》로 표기함.

과학에 에머슨의 대한 태도가 변화해 가는 과정을 엿볼 수 있다.

첫 번째 강연은 1833년 11월 5일에 〈박물학의 효용(The Uses of Natural History)〉이라는 제목으로 치러졌다. 이 강연에서 그는 파리 식물원에서의 놀라운 발견과 과학적 연구의 유용함을 이야기했다. 과학적 지식이 존재의 체계에서의 진정한 인간의 위치를 알려 준다는 점에서 효용성을 가진다고 보았던 것이다. 바로 다음 해 1월에 있었던 두 번의 강연인 〈인간과 지구의 관계(The Relation of Man to the Globe)〉와 〈물(Water)〉에서도 같은 논조로 우주의 질서와 자연의 법칙을 탐구하는 데에 과학적 연구 방법의 중요성을 계속 이야기했다. 〈인간과 지구의 관계〉에서는 인간의 위치를 '전체의 총체적 조화'를 지각할 수 있는 곳에 두었고, 〈물〉에서는 자연의 유동적 특성, 즉 자연이 '정적인 실체가 아닌, 과정'임을 강조했다.[29]

그러나 이 일련의 마지막 강연인 1834년 5월 7일 보스턴 박물학협회 앞에서 낭독한 〈박물학자(The Naturalist)〉에서, 그는 과학에 대한 회의적 시각을 드러내기에 이른다.

우리는 과학의 도움을 받아야 할 뿐만 아니라, 우리를 과학의 해악으로부터 벗어나도록 인도하는 자연으로 되돌아가야 합니다.[30] 〈박물학자〉

---

29 Ralph Waldo Emerson, *The Early Lectures of Ralph Waldo Emerson*, Ed. Stephen Whicher et al. 3 vols(Cambridge, Massachusetts : Harvard University Press, 1959~1972), I: 23.
30 *Ibid.*, I:76.

따라서 에머슨은 과학을 "'창조의 윤리'를 향한 그의 탐구의 주요 도구"[31]로 삼을 뿐이다. 그의 회의주의는 과학에 대한 전적인 믿음을 경계하고 있다. 과학에 대한 회의적 시각은 에머슨의 영향을 받은 휘트먼의 시 〈박식한 천문학자의 강연을 들었을 때(When I Heard the Learn'd Astronomer)〉에도 잘 나타나고 있다.

내가 박식한 천문학자의 강연을 들었을 때,

증명들, 숫자들이 내 앞에 일렬로 나열되었을 때,

더하고 나누고 측정하는 도표와 도형이 내게 보였을 때,

큰 박수 받고 강연하는 곳에서 천문학자의 강의를 앉아서 들었을 때,

얼마나 빨리 무수하게 지루하고 신물이 났던가.

마침내 나는 일어나 소리 없이 밖으로 나와 홀로 배회하며,

신비한 습기가 어린 밤공기 속에서, 때때로

완전한 고요 속의 별들을 올려다보았다네.[32]

증명과 숫자로 단순히 도식화하여 과학적으로 분류하는 것은 단지 눈에 보이는 매우 제한된 일부 현상들을 일반화한 것일 뿐이다. 에머슨과 휘트먼은 좀 더 포괄적인 '보편적 자아'를 꿈꾸고 있다. 진화론적 관점에서 모든 생물의 연결성에 눈뜨게 한 파리 식물원에서의 에머슨의 체

---

31 David Robinson, "Emerson's Natural Theology and the Paris Naturalists: Toward a Theory of Animated Nature" in *Critical Essays on Ralph Waldo Emerson*, Eds. Robert E. Burkholder and Joel Myerson(Boston, Massachusetts: G.K. Hall, 1983), p.511.
32 Walt Whitman, *Op.cit.*, p.271.

험은 결국 신비한 종교적 체험 그리고 과학적 발견과 결합하여 예술혼으로 승화했다. 그가 느낀 깨달음의 환희는 종교와 과학, 영성과 지성의 경계를 허물고 그의 양면적 의식 세계를 통합하는 것이었다. 마침내, 에머슨의 진화론은 생물학의 한계를 뛰어넘어 전 우주 만물의 통일성에 관한 시적 통찰로 확대되었다.

에머슨에 따르면 '투명한 눈동자'를 지닌 시인은 시적 통찰을 통해 자연환경을 새롭게 봄으로써 자연과 인간의 '원초적 관계'에 대한 생태적 인식을 하게 된다. 인간과 자연의 존재론적 의미와 양자의 근원적 통일성은 에머슨의 시 〈로도라(The Rhodora)〉에 잘 나타나 있다.

오월, 바닷바람에 우리의 고독이 사무칠 때,

나는 발견했노라. 갓 피어난 로도라가 숲 속에서,

습기 찬 외딴 곳에 잎이 없는 꽃을 펼치고,

황량하고 굼뜬 개울을 즐겁게 해주는 모습을.

자줏빛 꽃잎들은, 연못에 떨어져,

그 아름다움으로 어두운 물을 기쁘게 해 주었다네.

여기에 어쩌면 홍관조가 깃털을 시원하게 하려고 와서,

그의 성장(盛裝)을 볼품없게 만든 그 꽃에 구애할지도 모르리.

이 매력을 대지와 하늘에 허비하는 이유를

로도라여! 성인들이 그대에게 묻는다면,

그대여, 그들에게 말하라. 눈이 보기 위해 있다면,

아름다움은 그 자체가 존재의 이유임을.

왜 그대가 그곳에 존재했던가. 오 장미의 호적수여!

나는 결코 물어볼 생각도 없었고, 결코 알지도 못했노라.

그러나 내 단순한 무지로서는, 생각건대

나를 그곳에 데리고 온 동일한 힘이 그대를 데려왔으리.〈로도라〉

만물이 생동하는 오월, 시인은 뜻밖에 황량하고 외진 곳에서 홍관조
의 성장을 초라하게 만들 정도로 자줏빛 꽃잎의 아름다움을 발산하는
로도라를 발견한다. 로도라가 이 삭막한 대지에서 천상의 매력을 소진
하는 이유는 무엇인가? "눈이 보기 위해 있다면,/ 아름다움은 그 자체가
존재의 이유"다. 시인의 상상력은 현상과 본질을 통합하는 초절적 시각
으로 아름다움과 존재가 같음을 통찰한다. 아름다움을 지각하는 시인의
마음이 있기에 아름다움이 존재하며, 결국 아름다움과 그것을 인식하는
시인의 마음은 하나가 된다.

집착과 분별로 가려진 시각으로는 존재의 통일성을 지각할 수 없지
만, 맑고 순수한 '투명한 눈동자'를 지닌 시인의 시각을 통해 모든 생명
은 하나가 되고 있다. 결국 시인은 자신과 로도라가 동일한 힘의 근원에
서 나온 같은 존재임을 자각하는 것이다. 정신과 물질, 즉 인식과 대상
의 유기적 통합 속에서 시인의 근원적 지혜인 '직관'이 발현된다. 산문
〈자립〉에서 에머슨이 설명하고 있듯이, 이 직관을 통해 시인은 만물의
현상과 실재의 근원적 통일성을 통찰할 수 있다.

그 심오한 힘, 분석할 수 없는 그 최후의 사실 속에서 모든 만물은 공통의 근
원을 찾는다. 사실 어떤 연유인지는 알 수 없지만 조용한 시간에 영혼 속에
서 일어나는 존재의 의식은 물(物), 공간, 빛, 시간, 인간과 별개가 아니라 하

나이며, 분명히 그것들의 생명과 존재가 기인한 동일한 근원으로부터 나온 것이다.(자립)

인간은 절대적인 존재와의 합일, 즉 깨달음을 원하지만, 형식적인 논리로는 불가능하다. 분별과 집착을 떨쳐 버린 동양적 직관으로만 가능한 것이다. 에머슨은 인간이 자연을 통해서 절대적인 존재와 완전한 합일을 이룰 수 있다고 본다. 우리가 자연의 본질에 접하게 되면 물아일체를 느끼게 되고, 주관과 객관의 장벽이 허물어지면 모든 존재의 원초적 관계를 깨달을 수 있다. 모든 존재가 원래 하나임을 깨달으면서 우리는 잃어버린 신성과 전설, 그리고 무엇보다 우리의 인간성을 회복할 수 있다.

생태학의 근간이 되는 존재의 근원과 총체적 삶 그리고 그 삶의 공간에 대한 생태적 자각을 통해서 우리는 자연의 '다양성 속의 통일성'을 깨달을 수 있다. 다양한 자연현상들은 우리에게 동일한 인상을 주며 존재의 근원적 통일성을 늘 암시한다. 이 세상 자체가 인간 존재의 수수께끼에 대한 열쇠인 셈이다. 자연은 존재의 수수께끼이며 동시에 해답이 된다.

자연과 인간의 원초적 관계 속에서 자신의 진정한 자아를 찾으려는 경향은 에머슨의 시 못지않게 휘트먼의 시에서도 강하게 나타나고 있다. 휘트먼 역시 존재의 수수께끼를, 자연의 '동일한 상형문자'[33] 속에서 찾은 바 있다. 그의 시 〈끝없이 흔들리는 요람으로부터(Out of the Cradle

---

33 *Ibid.*, p.34.

Endlessly Rocking)〉에서는 생명의 근원인 바다 앞에서 주체와 객체의 존
재의 구별을 허무는 신비 체험을 통해 시인의 자아를 찾는다.

영창은 가라앉고,

나머지 모든 것은 계속되고, 별은 빛나며,

바람은 불고, 새의 노래는 계속적으로 울리고,

화난 흐느낌으로 성난 늙은 어머니는 끊임없이 울고,

포마눅 해변의 모래 위로 잿빛으로 넘실거리며,

반쯤 커진 노란 달은, 고개를 수그리고 내려앉아 바다의 얼굴과 거의 닿을
정도이고,

소년은 무아경에 빠져, 맨발은 파도와, 머리카락은 대기와 희롱하고,

가슴속에 오랫동안 갇혔던 사랑은, 이제야 자유로워져, 이제야 마침내 요란
하게 터져 나와,

영창의 의미, 청각, 영혼을 빠르게 사라지게 하며,

알 수 없는 눈물이 양 볼 밑으로 흐르고,

그곳에 대화, 삼인조, 각각 소리를 내고,

낮은 목소리로, 그 사나운 늙은 어머니는 끊임없이 울며,

소년의 영혼의 질문에 느리게 맞춰, 익사된 비밀을 소리 내어 알린다.

길 떠나는 시인에게.[34]

---

[34] *Ibid.*, p.251.

이 시는 에머슨의 산문 〈경험〉에 대한 휘트먼의 해석[35]으로, 모든 생명의 회귀를 노래하고 있다. 생명의 근원으로 회귀하려는 현상은 모든 생명체의 원초적 본능이다. 이 원초적 본능에 원초적 정신이 내재해 있다고 할 수 있는데, 에머슨은 모든 인간이 결국 돌아갈 수밖에 없는 고독 속에서 이 원초적 정신을 찾을 수 있다고 말했다.

우리는 정원을 가꾸고, 저녁을 먹고, 아내와 집안일을 의논하지만, 이런 일들은 아무 감명도 주지 못하며 다음 주면 기억에서 사라지게 된다. 그러나 모든 인간이 언제나 돌아가는 고독 속에서, 인간은 새로운 세계로 가는 길목에 함께 가져갈 계시와 바른 정신을 갖게 되는 법이다.〈경험〉

우리는 스스로를 알기 위해 우리가 돌아갈 수밖에 없는 자연을 알 필요가 있다. 자연은 에머슨에게 진리의 보고였다. 때문에 에머슨은 박물학자를 최고의 시인으로 간주했다. 더불어 스스로도 기꺼이 박물학자가 되어 이 지상에서 생명의 진리를 캐내고 싶었다. 과거의 자연이나 지금의 자연이나, 에머슨의 눈에는 조금도 다를 바 없는 동일한 자연이었다. 에머슨은 《자연》을 통해, 그가 살던 19세기 미국의 자연이 심지어 신이 있던 시대와도 다를 것이 없다고 말하고 있다.

앞선 세대들은 신과 자연을 마주 바라보았다. 반면 우리는 그들의 눈을 통

---

35 Jerome Loving, *Emerson, Whitman, and the American Muse*(Chapel Hill and London: U of North Carolina P, 1982), pp.167~168.

해서 보고 있다. 왜 우리는 우주와의 원초적 관계를 누릴 수 없는가? 왜 우리는 전통이 아닌 통찰에 의한 시와 철학, 그리고 그들의 종교의 역사가 아니라 우리에게 계시된 종교를 가질 수 없는가? 자연의 계절에 둘러싸인 채 생명의 도도한 물줄기들이 우리 주변을 휘감고 우리를 관통하여 흐르며, 그것들이 공급하는 힘에 의해 자연과 조화된 행위를 하도록 이끄는데, 왜 우리는 과거의 생기 없는 유골들을 더듬거나, 혹은 현세대를 과거의 빛바랜 의상을 걸친 가장무도회에 참가시키고 있는가? 태양은 오늘날도 역시 빛나고 있다. 들판에는 더 많은 양털과 아마(亞麻)가 있다.(자연)

오히려, 어떤 의미에서, 에머슨이 보는 미국의 자연은 선조들이 바라보던 자연보다 생명의 빛이 훨씬 더 넘치는 곳이었다. 과거의 선조들이 자연 속에서 신을 마주 대하여 바라보고 '우주와의 원초적 관계'를 유지했듯이, 그 자신도 그렇게 하지 못할 이유가 없었다. 에머슨은 눈에 보이는 자연을 눈에 보이지 않는 세계의 상징으로 파악하고 있다. "눈에 보이는 세계와 그 부분들의 관계는, 눈에 보이지 않는 세계의 문자판이다." 그에게 영혼의 통일성은 자연 만물의 통일성으로 확장되고 있다. 결국 자연물들은 보편적 정신을 상징한다.

각각의 창조물은 단지 다른 창조물의 변용에 불과하다. 그것들 속의 유사함은 차이보다 크며, 그 근본 법칙은 동일하다. 한 예술 분야의 법칙, 혹은 한 조직의 규칙은 모든 자연을 통해 유효하다. 이 통일성은 매우 친밀한 것이어서 쉽게 눈에 띄며, 그것은 자연의 가장 낮은 의상 밑에 놓여 있고, 보편적 정신 속에 그 존재의 근원을 두고 있음을 드러낸다.(자연)

에머슨의 생태적 자각은 인간의 자주적 삶인 자립에 근거한다. 그리고 그 자립은, 그의 입장에선, 인간과 자연의 올바른 관계 정립을 통해 이룩될 수 있다. 그런 의미에서 그는 자연과 인간의 원초적 관계의 회복을 촉구했다. 그 원초적 관계에 대한 그의 생태적 자각은 그의 시적 통찰에 의해 모든 존재의 통일성에 대한 깨달음으로 발전하고 있다. 대자연은 그 자체로 그에게는 모든 것을 관조하고 통합하는 '대령'이다. 그러한 시각을 에머슨의 산문 〈대령(The Over-Soul)〉에서 찾아볼 수 있다.

과거와 현재의 잘못들에 대한 지고의 비판자이며 반드시 일어날 일에 대한 유일한 예언자는 대자연이다. 그 속에서 우리는 지구가 대기의 부드러운 팔에 안기듯이 편안히 머물고 있다. 이것은 또한 개별 인간의 독특한 존재를 포용하면서 그와 다른 모든 존재가 하나가 되게 하는 통일성이고 대령이다. (……) 우리는 연속해서, 또는 나누어져, 또는 부분으로, 혹은 분자로 살고 있다. 동시에 인간의 내면에는 전체의 영혼, 고요한 지혜, 모든 부분과 분자가 똑같이 연결되어 있는 보편적 미(美), 또는 영원한 일자가 존재한다. 그리고 우리가 존재하고 있고 우리가 모든 지복을 얻을 수 있는 이 심원한 힘은 매 순간 자족적이고 완전할 뿐만 아니라, 보는 행위와 보이는 것, 보는 자와 광경, 주체와 객체가 하나가 된 것이다.〈대령〉

에머슨의 시적 상상력은 종교와 과학, 영혼과 물질을 통합한다. 그 통합된 상상력이 일상과 기적을 하나로 인식하고 만물의 원초적 관계를 통찰한다고 말할 수 있다. 나아가 자연의 생태적, 정서적 치유를 통해서 자연, 인간, 그리고 신이 원초적 관계를 이루고 있다는 자각은 인간의 존엄성에 대한 깨달음으로 이어진다. 이러한 깨달음은 에머슨이 동양 사상을 접하면서 보다 분명하게 삶의 현실 안에서 느낄 수 있었던 것이다. 또한 존재와 현상, 이상과 현실, 긍정과 부정 등의 양극성의 보상과 조화에 대한 에머슨의 기본적인 생각은 동양의 상보주의(相補主義)에 입각하고 있다.

III

다양성의 세계와 통일성의 세계

1. 동서양의 근본적 통일성

통일성의 세계인 동양과 다양성의 세계인 서양을 구분 짓는 기준은 모호하다. 지구가 평면이 아니라 둥근 원구이기 때문에, 어느 한 곳에 섰을 때 기준으로 동쪽의 끝과 서쪽의 끝은 결국 같은 지점일 수밖에 없다. 지리적 조건이 이 두 세계를 구분 짓는 가장 확실한 방법이겠지만, 그것도 결국 상대적일 수밖에 없다. 어찌 됐든 인류사는 쉼 없는 동서 문명의 교류 속에 발전해 왔고, 현대에 이르러 이러한 문명의 순환적 교류는 보다 급격해졌다. 이제는 동서양이 하나의 공동체의 운명을 갖는다고 말할 수 있다. 동서양의 상호 보완성을 역설한 노스롭(F. S. C. Northrop)이 그의 저서《동서의 만남(The Meeting of East and West)》을 통해 다음과 같이 지적한 바는 이제는 이미 일반화된 상식이다.

동양과 서양은 성격상 동양적이며 그만큼 서양적인 하나의 세계적인 움직임 속에 있다. 동양과 서양은 만나고 융합하고 있다. 키플링이 너무 쉽게 묘사했지만 지나치게 잘못 예언했던 시대는 끝났다. 지금은 우리가 우리 자신을 이해하려면 동양을 이해해야 하는 시대이며, 더 이상의 비극, 슬픔, 그리고 유혈이 계속 일어나지 않으려면 동양적 가치와 서양적 가치를 하나로 결합하는 법을 배워야 하는 시대이다.[1]

한때 영국의 시인 키플링은 동서양이 절대 만나지 않을 것이라 예언했었다. "오, 동양은 동양이고, 그리고 서양은 서양이지,/ 결코 둘은 만나지 않으리."[2] 그러나 사실 동서의 교류는 실크로드가 증명하듯이 기원전으로 거슬러 올라간다. 여러 번 문명의 흐름이 단절되어서 동서양이 별개처럼 보이는 것일 뿐이며, 그러한 간헐적인 단절의 시대도 이제는 끝났다. 미국은 동서 문명의 융합이 만들어낸 결과물이다. 에머슨에게 동양은 서양적 다양성의 세계를 보완해 줄 통일성의 세계였다.

에머슨은 1823년 10월 16일, 동양 사상을 접하는 데 큰 영향을 끼친 메리 고모에게 쓴 편지에서 지금까지 자신이 배운 서양의 지식으로는 세상의 미스터리를 해결할 수 없음을 토로하고 있다.

고모님께 묻고 싶은 의문들의 목록이 오랫동안 쌓여 있습니다. 고모님은 매일 드러내고 있는 모든 불가사의한 도덕 현상들에 관한 이 세상과 다음 세상 사이의 관계들에 대해 무관심한 구경꾼은 결코 아니셨습니다. 매일

1 F. S. C. Northrop, *The Meeting of East and West*(New York: Macmillan Company, 1952), p.4.
2 Rudyard Kipling, *Rudyard Kipling: The Complete Verse*, Ed. M. M. Kaye(London: Kyle Cathie 1990), p.190.

(……) 나는 내 이성으로는 도저히 해결이 안 되는 의심들 사이에서 정처 없이 헤매고 있습니다.[3]

에머슨에게 서양은 관념적 논리의 세계였다. 끊임없이 개념화하여 논리적 언어로 세계를 설명하는 그의 서양적 사고로는 도저히 알 수 없는 통일성의 세계가 있었다. 이 편지 이후에 에머슨은 본격적으로 동양 사상에 관심을 갖기 시작했다.[4] 고모의 자유로운 교육 방식에 의해 촉발된 동양에 대한 에머슨의 관심은 일생 동안 지속되었다. 그에게 동양과 서양은 보다 거대한 통일성으로 만나고 융합하고 있었다. 산문 〈독서〉에서 밝히듯 에머슨이 주의 깊게 읽은 동양의 고전은 페르시아, 인도, 중국의 경전들이었으며, 인도 경전 《베다(Véda)》, 《우파니샤드(Upanisad)》, 《비슈누 푸라나(Visnu Purāna)》, 《바가바드 기타(Bhagavad Gītā)》, 불경, 중국 경전 《사서(四書)》 등이 특히 그의 사상을 완성하는 데에 막대한 영향을 미쳤다고 할 수 있다. 이 책의 관심도 인도와 중국의 고전들이 그의 사상에 속에 투영되고 흡수되어 있는 모습에 있다.

그런데 그가 단편적으로 읽은 번역본들에 대해 오역이 있었다는 문제가 제기되곤 한다. 당시 서양에 소개된 동양의 주요 경전들은 그 번역 수준이 역자마다 달라서 어떤 번역본을 읽느냐에 따라 이해의 수준 차이가 심했다. 에머슨도 원문이 아닌 번역서를 통해 동양 사상을 접

3 Ralph Waldo Emerson, *The Letters of Ralph Waldo Emerson*, Ed. Ralph L. Rusk. 6 vols(New York: Columbia UP, 1939), I : 137.
4 Frederic Ives Carpenter, *Emerson and Asia*, *Op.cit.*, pp.63~66.

했기 때문에 예외가 아니었다. 예를 들어, 에머슨이 읽은 유교의 경전은 조슈아 마슈먼(Joshua Marshman)의 《공자의 저작(The Works of Confucius)》(1809), 데이비드 콜리(David Collie)의 《중국 고전, 사서(The Chinese Classical Work, Commonly Called the Four Books)》(1828), 그리고 제임스 레게(James Legge)의 《중국 고전(The Chinese Classics)》(1861)이다.[5] 이 중에 레게의 번역은 상당히 권위 있는 것이지만, 나머지 것들은 권위가 다소 떨어진다. 에머슨이 종종 인용하는 콜리의 번역은 전체적인 문맥에는 문제가 없지만, 오역의 여지가 있고 문장이 매끄럽지 못하다.

하지만 신기하게도 에머슨의 해석은 유교의 뜻을 크게 벗어나지 않고 있다. 이는 지엽적인 것이라기보다는 전체적인 핵심을 바로 보는 에머슨의 독서 경향 덕분이라고 볼 수 있다. 에머슨이 동양을 접하게 된 것은 그의 독서 방식과 관계가 있다. 에머슨의 독서 방식은 그의 사상 형성에 가장 큰 영향을 끼친 것으로, 그의 관심이 끝없이 변화함을 보이고 있다. 이에 대해 에머슨은 산문 〈경험〉에서 다음과 같이 말한다.

한때 나는 다른 어떤 책도 필요하지 않을 것이라 생각할 만큼 기쁨에 가득 차서 몽테뉴의 저작을 즐겨 읽은 적이 있었다. 그전에는 셰익스피어에, 그다음에는 플루타르코스에, 뒤이어서 플로티노스에, 한번은 베이컨에, 그 후로는 괴테, 심지어 베티나에도 탐닉했었다. 그러나 비록 아직도 그들의 천재성을 소중히 여기기는 하지만, 이제 나는 그들 중 누구의 책도 흥미를 가지고

---

5 Arthur Christy, *Op.cit.*, p.348.

펴 보지 못한다.〈경험〉

비록 이들의 책에서 그는 새로운 사실에 대한 막연한 짐작을 느낄 수 있었지만, 에머슨은 결코 그 지성과 사물 사이의 영원한 관계를 볼 수 없었다. 이러한 자신의 생각에 대해 그는 우리의 삶이 '전체'이고 그들의 이야기는 '특수한 것'이기 때문이라고 스스로 위로하고 있다. 그가 궁극적으로 찾는 균형은 부분적인 것이 아니라 전체적인 것이라고 할 수 있다. 결국 그가 찾는 진리의 신은 모든 곳에 있지만 결코 한곳에만 머물지 않는 새와 같다.

어떤 곳에도 앉지 않고 영원히 이리저리 가지를 옮겨 다니는 새처럼, 권능의 신은 어떤 남자에게도 어떤 여자에게도 머물지 않으며 어느 순간에는 이 사람에게 다른 순간에는 저 사람에게 말을 하는 법이다. 또한 진실을 추구하는 입장에서는 동서양의 구분이 없기 때문에 비록 진실을 표현하는 방식과 깊이는 다르지만 에머슨은 유사한 결과를 가져올 수 있었다.〈경험〉

에머슨이 추구하는 생의 진리는 부분적인 것이 아니라 부분과 전체가 통합된 총체적인 것이다. 마치 자연이 양극성의 보상적 결합에 의해 완전한 전체를 이루듯이, 만상을 포괄하는 그의 초절적 통찰력의 완성을 위해 그는 동서양의 모든 사상들을 그의 생각이 머물 수 있는 '가지'로 이용하고 있다. 동서고금의 양서들은 상보적으로 그의 사상을 폭넓게 하고 있다. 이질적인 다양한 사상들 덕분에 그의 사상에는 불가피하게 비일관성이 보이지만, 진리 추구의 과정에서 그가 보이는 양면적 의식은 오히려 에머슨 초절주의의 주된 흐름인 '다양성 속의 통일성'을 구현하게끔 한다. 에머슨의 이런 모습에서 과거 모든 성현들의 모습을 엿볼 수 있다. 에머슨은 자신의 이러한 모습을 산문 〈역사(History)〉의 첫머리에 쓰인 시에서 다음과 같이 시적으로 표현하고 있다.

나는 천체의 주인이며,

일곱 별과 태양년(太陽年),

시저의 손과 플라톤의 두뇌,

주 예수의 마음, 그리고 셰익스피어의 시의 주인이노라.〈역사〉

자연에서 볼 수 있는 양극성과 보상의 원리가 동양과 서양에도 그대로 작용한다. 상보성은 자연의 본질적인 현상이면서 동시에 동서양의 순환적 관계의 특성을 잘 설명해 준다. 산문 〈철학자, 플라톤(Plato; or, the Philosopher)〉을 보면, 에머슨이 플라톤에게서 동서양의 만남을 발견할 수 있었음을 알 수 있다.

플라톤은, 이집트와 동방의 순례 여행에서, 만물이 흡수되어 있는 일신(一神)의 개념을 받아들였다. 아시아의 통일성과 유럽의 지엽성. 무한한 영혼의 아시아와, 규정하고 결과 지향적이고 기계 생산적이고 외면 추구적이며 오페라 관람하는 식의 유럽을 플라톤은 하나로 통합하고, 연결을 통해 각자의 힘을 높이게 되었다. 유럽과 아시아의 장점이 그의 머릿속에 있다. 형이상학과 자연 철학은 유럽의 정신을 표현했고, 그는 아시아의 종교를 기본 토대로 삼는다.〈철학자, 플라톤〉

플라톤에게서 영감을 받은 에머슨의 사상 속에는 동서양의 사상들이 서로를 배척하지 않고 상보적인 관계를 유지하며 융합되어 있다. 그의 사상은 한마디로 전체적 관점을 견지한다고 할 수 있다. 그는 철학의 근본적인 문제로 '통일성'과 '다양성'을 들고, 모든 정신적 행위는 사물의 차이, 즉 '단일성'과 '타자성'을 인지하는 것이라고 보고 있다.

철학은 인간이 세상의 구성 그 자체에 대해 하는 이야기이다. 두 가지 기본적인 사실들이 영원히 밑바닥에 깔려 있다. 일자(一者) 그리고 이자(二者)— 1. 통일성, 즉 동일성 2. 다양성. 우리는 모든 것들에 스며 있는 법칙을 지각함으로써, 표면적인 차이들과 깊은 유사점들을 지각함으로써 그들을 통합할 수 있다. 그러나 모든 정신적 행위—동일성 또는 단일성에 대한 바로 이 지각은 사물의 차이를 인지하는 것이다. 단일성과 타자성. 양자를 동시에 포괄하지 않고 말하거나 사고하는 것은 불가능하다.(철학자, 플라톤)

에머슨은 단일성과 타자성을 동시에 고려하는 총체적인 시각을 유지한다. 사물의 본질과 정체성을 파악하기 위해서는 무엇보다 전체적 관점에서 사물의 양면을 동시에 볼 필요가 있듯이, 에머슨은 동양과 서양에 대해서도 이러한 관점을 유지한다.

에머슨의 총체적 시각은 그의 자연관과 밀접히 연관되어 있다. 인간의 인위적 개입이 이루지지 않은 자연은 무의식적으로, 즉 자발적으로 '총체성'을 구현한다. 자연의 만물은 모두 전체와의 연관성을 맺어서 '전체의 완성'에 관여한다. 그러므로 "각각의 분자는 소우주이며, 충실하게 세계의 유사성을 표현하고 있다."(자연) 그러나 자연의 총체성은 인간의 분별적 사고에 의해 깨지고 있다. 그의 시 〈우화(Fable)〉는 인간의 어리석은 분별심을 우화적으로 빗대어 꼬집는다.

산과 다람쥐는

싸움을 했다.

전자는 후자를 '작은 좀도둑'이라 불렀다.

다람쥐는 대답했다.

'넌 확실히 너무 커.

하지만 모든 종류의 것들과 날씨가

천체와

한 해를 이루기 위해선

함께 고려돼야만 하지.

그리고 내 위치를 차지하는 것이

어떤 치욕도 아니라고 난 생각해.

내가 너처럼 크지 않고,

네가 나처럼 작지도

반쯤도 민활하지 않다면.

난 부정하지 않아. 네가 만든

참 예쁜 다람쥐 길을.

재능은 달라. 모든 것은 좋고 현명하게 놓여 있지.

내가 등에 숲을 질 수 없다면,

너는 도토리를 깔 수 없어.'〈우화〉

온전한 천체를 이루기 위해선 존재의 가장 낮은 단계에서 가장 높은 단계에 이르는 일체가 필요하다. 모든 존재의 사슬에 있는 각 개별 존재에 부여된 재능과 역할은 다르지만, 이들이 모두 전체 우주를 구현하고 있는 것이다. 자연은 총체적으로 늘 양극성의 조화, 즉 중립성을 향한 움직임을 보인다. 그러나 "우리는 부분적으로 행동하고 나누며 사유하고자 한다."⟨보상⟩ 에머슨은 자연의 총체적 중화(中和)를 중시하고 인간의 자기 본위의 사고에 의한 인간성의 분열을 경계한 것이다. 그는 산문 ⟨희극성(The Comic)⟩에서 인간을 제외한 지상의 모든 것들이 전체성을 구현하고 있는 것으로 보고 있다.

약간의 짐승들과 새들의 책략의 사소한 예외를 제외하고, 인간의 출현 전까지, 자연에는 어떤 허울도, 어떤 불완전도 없다. 무의식적인 피조물들은 전체 의지의 지혜를 쓰고 있다. 떡갈나무나 밤나무는 할 수 없는 기능을 수행하지 않는다.⟨희극성⟩

에머슨의 총체성에 대한 희구는 분열된 자아를 다시 완전한 자아로 회복하려는 시도이자 총체적 세계에 대한 향수다. 많은 작가들이 현실을 떠나 예술 속에서 인간의 상실된 총체성을 찾아보려는 시도를 했다. 루카치는 영혼과 행동의 분열이 없는 그리스의 총체성을 예술로 구현하고자 했고,[6] 예이츠는 육신의 세계를 버리고 비잔티움의 예술의 세

---

6 Georg Luckács, *The Theory of the Novel*, trans. Anna Bostock(Cambridge, Massachusetts: M.I.T. P, 1971), p.29. 루카치는 그의 《소설의 이론》에서 고대 그리스 시대를 총체성이 구현된 세계로 본다.

계로 가고 싶은 심정을 그의 시 〈비잔티움으로의 항해(Sailing to Byzan-tium)〉를 통해 피력했다.[7] 하지만 이들이 현실을 초월한 이상세계에서 총체성을 찾으려 한 것과 달리, 에머슨은 모순과 갈등이 항시 존재하는 이 세계가 바로 총체성이 구현된 곳이라고 보았다. 총체성이 신과 자연을 직접 마주 보며 '우주와의 원초적 관계'를 유지했던 시대에만 존재한 것은 아니라고 생각한 것이다. 인간이 인식하고 있지는 못하지만 지금 여기에 총체적 통일성이 구현된다. 그의 시 〈개체와 전체(Each and All)〉는 이 세상의 유기적 통일성을 시적으로 잘 묘사하고 있다. 이 시는 관계없어 보이는 사실들을 열거하면서 시작한다.

> 들판의, 저 빨간 외투의 시골뜨기는 거의 생각지 않노라.
>
> 언덕 꼭대기에서 내려다보는 그대를.
>
> 고지대 농장에서 우는 어린 암소는
>
> 멀리 들리지만, 그대의 귀를 즐겁게 하려고 우는 것은 아니다.
>
> 정오에 종을 치는 교회지기는
>
> 생각지 않노라. 위대한 나폴레옹이

그는 인간의 내적 자아와 외부적 세계 사이의 이원적 통일성을 불과 빛의 관계로 설명하고 있다. "세계와 자아, 빛과 불은 뚜렷하게 다르지만, 서로에게 결코 영원한 이방인이 되지 않는다. 왜냐하면 불은 모든 빛의 영혼이고 모든 불은 빛 속에 싸여 있기 때문이다. 따라서 영혼의 모든 행위는 이 이원론 속에서 의미가 있고 완성된다."

7 W. B. Yeats, *The Collected Poems of W. B. Yeats*(London: Macmillan, 1961), p.218.
　　cf. "내 가슴을 다 소진하소서. 욕망에 병들고
　　　　죽어 가는 짐승에 얽매여
　　　　그것은 스스로를 모르네. 나를
　　　　영원한 예술 속으로 거두어 주소서."

말을 멈추고, 기쁘게 귀 기울이는 동안,

그의 군대가 저 알프스 산을 휘돌아 가는 모습을.

그대 또한 모르리라. 어떤 논거를

그대의 삶이 이웃의 신조에 제공했는지.

모든 것은 개체에 의해 필요하다네.

어떤 것도 홀로 좋거나 아름답지 못하리.〈개체와 전체〉

언덕 꼭대기의 시골뜨기, 고지 농장에서 우는 어린 암소, 정오에 종을 치는 교회지기, 알프스 산을 진군하는 나폴레옹 등은 언뜻 볼 때 아무런 관련이 없어 보인다. 그러나 존재론적 관점에서 보면 존재의 커다란 사슬은 살아 있는 모든 것들을 하나로 묶는다. 우리의 삶의 철학과 이웃의 신조 또한, 서로 완전히 동떨어져 보이지만 이 동서양의 상이한 두 정신 세계도 보이지 않는 사슬에 의해 연결되어 있다. 자연과 인간 세상에 있어서 총체성이 상실된 것은 어떤 것이든 진실하지도 아름답지도 않다. 에머슨은 뒤이어 몇 가지 구체적인 예를 들어 총체성의 의미를 설명하고 있다.

새벽녘에 오리나무 가지 위에서 우는

참새의 노래를 나는 천상의 소리로 생각했다.

저녁에, 둥지에서, 나는 새를 집으로 데려왔지.

새는 노래하지만, 이제는 즐거움을 주지 못한다네.

강과 하늘을 집으로 가져오지 못했기 때문이지—

새는 내 귀에 노래했고—그것들은 내 눈에 노래했다네.

우아한 조가비가 해변에 놓여 있었지.

마지막 파도의 포말들이 윤기 있는 진줏빛 광택을 주었다네.

사나운 바다의 노호하는 파도 소리는 내게로의 도피를 환영했지.

난 해초와 거품을 닦아 내고,

바다에서 태어난 보물들을 집으로 가져왔지.

하지만 초라하고, 볼품없고, 역겨운 그것들은

태양과 모래사장과 거친 파도 소리와 함께

아름다움을 해변에 두고 왔어.

사랑하는 자는 아름다운 여인을 지켜보았다네.

처녀들 사이를 누비는 그녀를.

몰랐지만, 그녀의 최고의 옷차림은

눈처럼 하얀 성가대에 의해 짜인 것이었다네.

마침내 그녀는 그의 외딴집에 왔지.

마치 숲 속에서 새장으로 들어온 새처럼―

황홀한 마술은 깨어졌고,

온순한 아내이긴 하지만, 결코 요정은 아냐.

그래 난 말했어. '난 진리를 원해.

아름다움은 미숙한 어린아이의 속임수야.

난 청춘의 유희와 함께 그것을 두고 오고 말았어.'

내가 말하는 동안, 내 발밑에는

자난초가 그 예쁜 화관을 감아,

석송의 돌출 부위를 빙 돌았다.〈개체와 전체〉

총체성이 상실된 현실에서도 시인은 여전히 대자연의 통합된 총체성을 인식하고 있다. 유형, 무형의 모든 것들이 홀로 존재할 수 없이, 서로 상보적인 관계를 갖는다. 부분과 전체의 관계에 대해서, 에머슨은 부분이 전체와의 관련 속에서 의미를 갖고 전체가 부분을 통해서 구현된다는 양면적 사고를 보인다. 자연의 이원성은 부분과 전체에 동시에 적용하여 총체성을 이루는 것이다. 비록 모든 분자가 소우주로서 전체성을 띠고 있지만, 그것은 물질계 전체와 연관되어 있기에 가능한 것이다. 따라서 전체와 유리된 부분에는 총체성의 어우러짐의 아름다움이 있을 수 없으며, 모든 것은 부분과 전체의 조화 속에서 아름다울 수 있는 것이다. "새벽녘에 오리나무 가지 위에서 우는" 참새, "마지막 파도의 포말이/ 진줏빛 광택을 주는" 우아한 조가비, 그리고 "눈처럼 하얀 성가대에 의해 짜인" 최고의 옷을 입고 "처녀들 사이를 누비는" 요정 같은 여인은 모두 전체와의 조화가 깨지면 더 이상 아름다움과 기쁨을 주지 못한다. 부분은 그 보편적 미를 암시해야 하며, 전체도 그 각각의 부분과 조화를 이루어야 진정으로 아름다운 것이기 때문이다. 이런 관점에서 에머슨은 '전체성'을 미의 기준으로 삼고 있다.

> 완전성과 조화가 아름다움이다. 미의 기준은 자연적 형태들의 전체 영역—자연의 전체성—이다. 이탈리아인들은 미를 '단일 속의 다수'라고 정의함으로써 그 점을 표현했다.⟨자연⟩

에머슨은 자연의 이원적 구조와 움직임이 자아내는 양극적 모순이 오히려 보상을 통해 완전성을 암시한다고 본다. 자연에서 보이는 양극성의 보상 원리가 자연의 총체성과 그 총체성을 인식하기 위한 전체적 사고로 자연스럽게 연결되고 있다.

동양과 서양은 지리적, 인종적, 문화적, 그리고 종교적 차이를 보이지만, 모든 존재의 본질적인 두 가지 양상인 단일성과 타자성을 내포하고 있다. 서양의 다양성의 물질세계와 동양의 통일성의 정신세계는 본질적으로 완전히 독립된 별개의 세상으로 존재할 수 없다. 두 세계 모두 어느 정도 통일성과 다양성의 양극성을 내포하고 있다고 말할 수 있다. 동양의 사물에 대한 인식 방법은 직관적인 반면 서양의 인식 방법은 체계적이며 논리적인데,[8] 이처럼 세상을 바라보는 관점이 다르게 보이는 것도 사실 상대적인 차이일 뿐이다. 에머슨은 〈철학자, 플라톤〉을 통해 동서양의 모든 철학들이 동일한 구심력을 갖고 있고, 그 구심력이 동서양의 '근본적 통일성'의 지각을 가능하게 한다고 말했다. 에머슨의 사상 속에서 동서양의 모순이 상보적으로 전체를 아우르면서 균형을 이루어 가고 있는 것이다.

---

8 F. S. C. Northrop, *Op.cit.*, pp.315~322.

2. 모순을 넘어 균형으로

동서양을 막론하고 존재의 근원은 인간의 근본적인 의문이다. 에머슨도 이 문제를 깊이 고찰했다. 존재의 모순에 대한 회의는 자연스럽게 존재의 근원에 대한 성찰로 이어졌다. 나는 누구인가? 그리고 내가 속한 이 우주는 무엇으로 구성되어 있는가? 산문 〈경험〉에서 에머슨은 우주 만물의 근본 '원인'을 형용 불가하고 한정할 수 없는 '실체'라고 정의하고 있다. 이 존재의 근원인 '실체'를 탈레스는 물로, 아낙시메네스는 공기로, 아낙사고라스는 사상으로, 조로아스터는 불로, 맹자는 호연지기(浩然之氣)로, 그리고 예수는 사랑으로 표현했으며, 에머슨은 이를 '대령'이라고 한다. 그의 대령의 개념에는 기독교 하나님의 성령과 '힌두교의 브라흐마와 공자의 우주의 통일성 모두[9]'가 포함되어 있다.

---

9 Arthur Christy, *Op.cit.*, p.33.

에머슨은 동양 사상과 관련해 힌두교의 창조신인 브라흐마를 통해 신과 인간의 관계를 강조한다. 이때 힌두교의 브라흐마는 만유의 근원 그 자체를 지칭하기도 하는 것이어서, 그가 생각하는 브라흐마의 개념에는 불교에서의 불성(佛性)의 개념도 내재해 있다. 한편 공자의 하늘(天)은 우주 질서의 원천으로서 인간의 도덕률의 기본이 되는 자연법칙이라는 의미를 갖는다. 이때 공자의 유교는 인간과 신의 관계보다는 실제적 삶의 윤리로서 인간과 인간의 중도적 관계를 다루게 된다. 이렇듯 동서양의 주요 종교와 사상을 모두 담고 있는 에머슨의 존재관은 통합적이라고 말할 수 있다.

에머슨의 사상에서 우리는 서양적 존재관과 대치되는 관점을 볼 수 있다. 그의 통합적 존재관은 인도의 철학과 그 철학에 내재된 불교의 가르침에서 그가 배운 것이다. 현실과 내세를 이분법적으로 보는 서양적 존재관과 달리 동양적 존재관에서는 삶과 죽음이 하나로 통합되어 있다. 더불어 삶의 현실이라는 측면에서는 에머슨의 이중 의식 속에 실질적 삶의 철학으로 유교의 지혜가 용해되어 있다. 에머슨의 존재론에 영향을 끼친 동양 사상으로는 무엇보다도 인도의 종교와 철학이 중추를 이루고 있다. 그중에서도 브라흐마의 개념은 그 핵심이 된다. 에머슨이 브라흐마를 어떻게 받아들였는지 이해하려면, 먼저 그 전개 과정을 알 필요가 있다. 자연과 우주의 모든 현상을 하나로 묶는 근본적인 통일성에 대한 에머슨의 확고한 믿음은 자연스럽게 대령에 대한 믿음으로 발전되었다. 대령에 관한 시적 표현 중에 초기의 것으로 산문 〈역사〉의 첫머리에 쓰인 시 한 편을 들 수 있다.

일체를 이루는 영혼엔

크고 작은 것이 없노라.

그것이 이르는 곳에, 만물이 있고,

그것은 모든 곳에 이르노라.(역사)

이 초기 대령의 개념은 후에 플로티노스의 유출에 관한 이론 그리고
인도의 브라흐마와 생성에 관한 사상과 융합되어 갔다. 에머슨은 영국
케임브리지 플라톤학파의 철학자인 커드워스(Ralph Cudworth)의《우주
의 지적 체계(The True Intellectual System of the Universe)》(1678)를 통해
플로티노스의 사상을 받아들였다. 플로티노스의 일자는 에머슨의 대령
과 흡사한 개념이다. 그러나 대령에 관한 일원론이 불변하는 이상적인
존재에 대한 플로티노스의 신플라톤주의로 시작되고 있으나 결국 인도
브라만교의 성전(聖典)인 베다 경에 나오는 브라흐마의 개념에 더욱 가
깝다고 볼 수 있다.[10] 에머슨은 눈에 보이는 현실세계와 눈에 보이지 않
는 정신세계의 통일성의 근원을 대령이라고 칭하고 있다. 그리고 이것
을 경우에 따라 신, 여호와, 브라흐마, 보편적 존재, 또는 보편적 영혼 등

---

10 Rod W. Horton and Herbert W. Edwards, *Backgrounds of American Literary Thought*(En-
glewood Cliffs, New Jersey: Prentice-Hall, 1974), pp.118-119.
　　cf. "에머슨의 대령의 개념에서 일원론은 변하지 않는 이상적 형태들의 존재에 대한 낭만주의적
신플라톤적 믿음에서 시작한다. 그러나 마침내는 브라흐마의 베다경적 개념―아트만(개별 영혼)이란
용어와 결합할 때, 브라흐만-아트만, 즉 '힌두교를 전체적으로 알리는 범신론적 세계영혼 그리고 특
히 그것의 보다 지적인 표현'―과 훨씬 더 유사하다. '힌두교의 철학 학파들 중의 한 곳에서, 바로 브
라흐만-아트만과 개별 자아의 단일성에 대한 지식을 통해, 모크샤(구원)가 이루어졌다'는 사실을 고
려할 때, 우리는 그 도덕적 이상주의를 예외로 하고, 에머슨의 대령의 개념의 주요 특성들을 설명해
왔음을 발견한다."

으로 다양하게 부른다. 때문에 상대적으로 이원론적인 서양 사상과 상대적으로 일원론적인 동양 사상이 에머슨의 사상에 혼재한다고 볼 수 있는 것이다. 보편적 영혼으로서 대령은 우주에 널리 깃든 신령스러운 힘으로 자연계의 생명 활동을 추진하는 보편적인 창조 정신이다. 그것은 또한 외부의 자연과 인간의 내면적 본성에 동일한 원리로 작용하는 생명의 기운이다. 맹자는 그것을 '호연지기'라 했다. 에머슨은 맹자의 호연지기에 대해 콜리의 번역본으로부터 다음과 같이 받아쓰고 있다.[11]

이 기운은 지극히 크고 극도로 강하다. 그것을 바르게 키우고 해함이 없이 하면, 그것은 천지간을 가득 채울 것이다. 이 기운은 정의와 도리에 부합하고 도움이 되며, 배고픔이 없다.[12] (경험)

전국시대 '아성(亞聖)'이라 불리던 맹자에게 제나라 출신의 제자 공손추(公孫丑)가 '호연지기'를 물은 데 대해 맹자의 대답한 것의 일부다. 이때 말하는 '기운'은 우주에 충만한 생명의 기운이자 인간의 생기(生氣)라고 할 수 있다. 인간이 자연의 이치와 삶의 도리에 맞게 바르게 생활을 한다면 우주에 널리 퍼져 있는 생명의 기운이 우리 몸에도 가득 차게 되고 허함이 없게 된다. 맹자와 에머슨 모두 인간의 정기와 자연의 정기

---

11 Arthur Christy, *Op.cit.*, p.32.
12 《맹자(孟子)》의 〈공손추장구(公孫丑章句)〉 상(上)편에 나오는 내용을 콜리가 1828년에 영역한 것이다. 마지막 문장인 '배고픔이 없다'는 "無是餒也"를 오역한 것으로, '이것이 없으면 굶주리게 된다'로 번역하는 것이 옳다. 하지만 전체적인 내용을 볼 때 이 인용이 본뜻에서 벗어나지는 않는다.

가 하나라고 보고 있다.[13] 인간을 가득 채우는 이 기운이 없다면 생명을 유지할 수가 없게 되어 결국 인간은 굶주리게 될 것이다. 에머슨에게 호연지기는 대령의 동양적 해석으로 보였을 것이다. 다만 동양의 도(道)에 관한 말들은 그 의미에 있어서 수양적인 측면이 보다 강하다. 몸과 마음을 바르게 하고 삶이 도리에 맞게 조화와 균형을 이룬다면 하늘(天)과 자연(地)과 인간(人)이 하나가 된다.

브라흐마는 에머슨의 대령에 관한 또 다른 해석으로, 보편아(普遍我) 또는 신격화된 만유의 근원으로서 대령과 같은 초월적 존재를 의미한다. 힌두교의 최고신으로서 브라흐마는 궁극적 실재를 가리킨다. 태초로부터 시간과 공간을 초월하여 널리 존재하고, 또한 우주의 만물을 창조하고 지탱하는 원초적인 힘이다. 따라서 죽음마저 초월한다.

자기가 죽이는 자라고 생각하는 사람이나

또는 죽임을 당하는 자라고 생각하는 사람,

둘 다 무지한 사람이다.

죽는 것도 없고 죽임을 당하는 것도 없기 때문이다.

그대(영혼)는 태어난 적이 없으며, 죽지도 않는다.

그대는 결코 변하지 않는다.

태어나지도 않고 변하지도 않으며

태곳적부터 존재한 영원한 그대는

---

13 에머슨은 《자연》에서 보편적 영혼을 지능과 관련해서는 '이성', 자연과의 관계에서는 '정신'으로 부른다. 그에게 영혼은 내부적 자연에 깃든 본성이고, 정신은 외부적 자연에 깃든 생명의 기운이다.

육체가 죽는다고 해도 죽지 않는다.[14]

죽음을 초월하는 브라흐마를 이야기하고 있는 힌두교의 주요 경전 《바가바드 기타》의 일부다. 통일성과 대령에 관한 에머슨의 사상이 동양 사상을 빌어 절묘하게 표현되고 있다는 평가를 받는 에머슨의 시 〈브라흐마〉도 이와 동일하게 죽음을 초월해 두루 존재하는 절대적인 존재에 대한 묘사로 시작한다.

> 만일 붉은 살인자가 살인한다고 생각한다면,
> 혹은 만일 살해당하는 자가 살해당한다고 생각한다면,
> 그들은 잘 모르는 것이다
> 내가 존속하고, 사라지고, 다시 돌아오는 그 오묘한 법을.〈브라흐마〉

살인자와 살해당하는 자는 모두 보편아의 영혼이 깃든 개인아(個人我), 즉 개인 영혼이다. 개인아는 보편아의 화신으로 본질적으로 전자와 후자는 분리될 수 없는 것이다. 따라서 살인자나 살해당하는 자는 죽음을 모르는 영원불멸의 화신이다. 죽음이란 환상에 불과하다. 보편아로서 "존속하고, 사라지고, 다시 돌아오는" 오묘한 법을 그들은 알 길이 없다. 네 번째 행이 암시하듯이, 보편아로서 브라흐마는 시작도 없고 끝도 없이 우주의 삼라만상을 순환한다. 힌두교의 이 순환론적 우주론이 불

---

14 정창영 역, 《바가바드 기타》, 시공사, 2000, p.30

교의 윤회와 유사한 우주관을 보여 주고 있는 것이다. 힌두교 속에 불교의 사상이 혼재되어 에머슨에게 이해되기는 했지만, 그 근본적인 의미는 변하지 않는다.

한편 보편아의 영혼이 깃든 만물 속에는 통일성이 존재한다. 그리고 우주의 근본적 통일성 아래 모든 상반된 것들이 통합된다. 모순과 대립은 분별적 이해의 소산일 뿐이다. 에머슨은 〈브라흐마〉에서 존재의 모순 속에 역설적으로 존재하는 생의 비밀을 이야기한다.

먼 또는 잊힌 것이 내게는 가깝고,
그림자와 햇빛이 똑같다.
추방당한 신들이 내게 나타나며,
내게는 수치와 명성이 하나다.

그들은 잘못 생각한 것이다. 나를 등졌다고 생각한다면.
내 위를 날아갈 때, 나는 날개다.
나는 의심하는 자이자 의심이며,
나는 브라흐만 교도들이 노래하는 찬송가이다.〈브라흐마〉

먼 것과 가까운 것, 그림자와 햇빛, 수치와 명성처럼 우리가 정반대로 간주하는 개념들은 환상에 불과하다. 선과 악, 가시성과 불가시성 등의 환상들은 브라흐마에겐 미혹의 대상들이 아니다. 존재의 모순성은 인간의 분별하려는 마음으로는 이해될 수 없다. 시공을 초월하여 시작도 없고 끝도 없는 브라흐마에게서라야 상보적 순환관계 속에서 이해될 수 있는 것이다. 〈보상〉에서 볼 수 있듯이, 하얀 것이 변해 검은 것이 되고 아침이 가면 저녁이 오고 높은 것이 있으면 낮은 것이 있는 것처럼 모순적 대칭쌍들은 기실 상보적 순환 관계를 이루고 있다. 따라서 시간과 공간을 초월하여 편재하는 브라흐마를 한정된 논리 체계로 이해하려는 어떠한 시도도 무의미하다. 역설적으로 의심하는 자이자 의심 그 자체인 브라흐마는 인간이 논리적으로 이해할 수 없으며 문자로 표현할 수 없는 존재이기 때문이다. 그러므로 산문 〈대령〉에서 에머슨이 밝히고 있듯 '전체 영혼'으로서 보편아에게 "보는 행위와 보이는 대상, 보는 자와 광경, 주체와 객체는 하나다."

한편 〈브라흐마〉의 마지막 연은 당시 에머슨 주변의 많은 기독교인들을 상당히 당혹스럽고 혼란스럽게 만들었다.

강한 신들도 내 거처를 동경하고
헛되이 일곱 성인들도 그리워한다.
그러나 그대여, 유순한 선(善)의 애호가여!
나를 찾고, 천국에 등을 돌려라. 〈브라흐마〉

브라흐마보다 낮은 계급의 강한 신들도 자신의 거처를 동경하고 그리워하지만 허사다. 브라흐마와의 합일을 원하는 자는 유순한 마음을 갖고 수행을 해야 하지만, 궁극에 가서는 천국마저 등져야 한다. 특히 상당한 오해의 소지가 있는 이 마지막 구절은 《바가바드 기타》의 다음 구절에서 기원한다.

종교 의식이나 경전이나

그 밖의 의지하는 모든 것을 버리고

나에게만 의지하라.

그러면 그대는 모든 죄악에서 벗어나

순수한 존재로 다시 태어날 것이다.

다시는 슬퍼하는 일이 없을 것이다.[15]

〈브라흐마〉는 힌두 경전에 대한 극도로 충실한 번역[16]으로 당시 많은
종교적 비난과 논쟁을 야기한 작품이다. 그러나 에머슨 스스로도 말했
듯 전지전능한 하나님과 브라흐마를 서로 바꿔 부를 수 있는 정신적 관
용만 있다면 종교적 갈등이 일어날 일이 없을 것이다. 하나님이나 브라
흐마라는 말은 언어의 형식에 불과하며, 어떠한 언어도 존재의 근원을
표현할 수 없기 때문이다. 에머슨은 이 점을 누구보다 잘 인식하고 있었
다. 여러 가지 논쟁의 여지가 있음에도 불구하고 이 시의 마지막 구절은
가장 심오한 뜻을 담고 있다. 천국에 이르겠다는 생각도 하나의 욕망이
므로, 천국의 보상을 바라지 않고 천국이라는 생각도 버리고 오로지 브
라흐마로 귀의할 때라야 비로소 깨달음에 이를 수 있다는 것이다. 인간
이 의식하는 절대적 존재는 의식의 한계로 인해 자신의 관념이 만든 일
종의 환상에 불과하기 때문이다. 의식이 깊어질수록 환상이 줄어들게
되며 다만 의식의 깊이에 따라 깨달음에 정도의 차이가 있을 뿐이다. 그

---

15 *Ibid.*, p.250.
16 Ralph. L. Rusk, *Op.cit.*, p.396.

렇기 때문에 일체의 생각과 환상을 버려야 하는 것이다.

이는 불교에서 피안(彼岸)에 이르는 과정과 비슷하다. 생사윤회의 세계인 차안(此岸)의 세계에서 불생불멸의 피안의 세계로 가기 위해서는 고해(苦海)의 바다를 건너야 한다. 이 고해의 바다를 건너기 위해선 지혜의 배가 필요하지만, 피안에 이르러서는 지혜라는 배도 버려야 한다. 일체의 의식이나 집착도 끊어지고 자유로운 상태가 바로 피안이다. 주요 에머슨 연구가인 위처(Stephen E. Whicher)도 에머슨의 초절적 비전 속에 있는 불교적 사유방식을 지적하고 있다. 위처는 그의 저서《자유와 운명(Freedom and Fate)》에서 에머슨의 대령의 개념 속에 사유할 수 없는 깊은 존재의 원인에 대한 의식이 있다고 말한다. 이 근본 원인과의 합일은 불교의 방식처럼, 에머슨이 "자신을 완전히 버림으로써" 그리고 "모든 그릇된 부차적인 구별들을 초월함으로써" "이 편재(遍在)적인 일자와의 자기 일체"를 이루어 "그의 고유한 자기 본위의 손상"을 보상받고 있다고 위처는 설득력 있게 주장한다.[17]

인간에게 삶의 궁극적인 목적은 우주의 보편적 존재인 영혼과의 합일에 있지만, 그 상태에 이르는 길이 결코 용이하지 않다. 무엇보다 나 자신의 몸을 포함한 외부적 자연인 모든 '객체'에 대한 집착, 탐심, 그리고 분별하려는 마음이 진리에 이르는 데에 가장 큰 장애물이 될 것이다. 에머슨의 시 중에서 〈하마트레이아(Hamatreya)〉는 이런 그의 심정을 잘 표현하고 있다. 힌두교, 불교와 같은 인도의 종교들과 관련된 이 시는

---

17 Stephen E. Whicher, *Op.cit.*, p.151.

인도의 우화를 빌려 당시에 팽배하기 시작한 물질에 대한 미국인들의
지나친 집착과 욕망에 경고의 메시지를 보내고 있다.

벌클리, 헌트, 윌러드, 호즈머, 메리엄, 필린트 등은

건초, 옥수수, 근채(根菜), 대마, 아마, 사과, 양모 그리고 목재를,

그들의 노고에 보답한 대지를 소유했다.

이들 땅 주인들은 각기 자신의 농장 사이를 거닐며,

말했다. "이건 내 땅, 내 아이들의 땅, 그리고 내 이름의 땅이지.

내 소유의 나무들 속에서 나는 서풍(西風) 소리는 너무 달콤해!

내 언덕 위에 드리운 저 그림자들은 너무 아름다워!

난 상상해, 이 깨끗한 물과 창포꽃이

나를 안다고. 마치 내 개가 나를 알듯이. 우리는 공감하지.

그리고 확언컨대, 내 행동들은 토양의 향기가 나."

이 사람들은 어디에 있는가? 그들 땅속에 잠들어 있다.

그리고 낯선 자들이, 좋을 대로, 그들의 밭고랑을 갈고 있다.

대지는 꽃 속에서 웃지. 허풍 떠는 아이들이

땅을 자랑하는, 그들 것이 아닌 땅을 자랑하는 것을 보고.

무덤과 떨어진 곳으로

발을 움직일 수 없고, 다만 쟁기를 움직이는 저들은 누구인가.〈하마트레이아〉

이 시는 힌두교의 경전 《비슈누 푸라나》에 등장하는 한 왕의 일화를
에머슨의 선조인 벌클리(Bulkeley)를 비롯한 식민지 초기 인물들의 일

화로 패러디한 것이다. 이 시의 핵심 주제 중 하나는 인간의 물질에 대한 집착과 분별심이 지닌 허망함으로, 에머슨이 《비슈누 푸라나》에서 찾았던 것이다. 1845년 에머슨의 《일기》에는 《비슈누 푸라나》의 구절을 옮겨 놓은 기록이 다음과 같이 등장한다.

> **'나** 그리고 **내 것**'이라는 말들은 무지를 이룬다. 나는 지금 당신에게 대지의 지배에 관한 간략한 이야기를 했다―사라질 수밖에 없는 방식으로 영원히 지속할 세상을 소유하고, 사적 점유의 잘못된 관념으로 눈이 멀어, '이 대지는 나의 것―이것은 내 아들의 것―이것은 내 왕조의 소유물이지'라고 암시하는 느낌에 빠져 있던 이들과 다른 왕들은 모두 사라졌다. 역시 마찬가지로, 그를 앞에서 통치했던 많은 왕들, 그들을 계승했던 많은 왕들, 그리고 아직 오지 않은 많은 왕들도 존재하지 않게 되었거나 그렇게 될 것이다. 지구는, 마치 왕들이 스스로를 정복할 수 없는 것을 바라보며 가을 꽃들과 함께 미소 짓듯, 웃고 있다. (……) 마이트레야, 이것들은 대지가 햇빛 앞에 눈처럼 사라져 간 야망을 들으며 읊었던 시들이다.《일기》

힌두교의 왕들과 초기 식민지 시대의 여섯 양키 농부들 사이에는 인간의 본성에 있어서 본질적으로 어떠한 차이도 없다. 오히려 에머슨은 동서양의 모든 차이를 넘어 '모든 인간에 공통적인 것으로 탐욕과 야망'[18]을 통찰하고 있다. 영원한 왕국을 건설할 것 같던 인도의 어느 왕도

---

18 Arthur Christy, *Op.cit.*, p.173.

결국 한 줌의 흙으로 사라지고 말았듯이, 인간은 결국 '시간과 죽음의 부식'[19]을 거역할 수 없다. 시 〈하마트레이아〉는 기본적으로 허망한 분위기를 이루고 있다. '한 덩어리의 흙'에 불과한 인간은 종국에는 흙으로 돌아갈 수밖에 없는 존재이다. 〈하마트레이아〉의 종반은 이 시의 결론이다. '대지'는 '변호사의 권리증서'가 영원할 것이라고 믿고 있는 인간의 무지와 오만을 꼬집는다.

'내 것 그리고 네 것,

내 것이지, 네 것은 아니라네.

대지는 지속하고;

별들은 오래 머무르며,

오래된 바다에 빛을 내리지.

해변들도 오래되고,

하지만 옛사람들은 어디에 있나?

난 많은 것을 보아 왔지만,

그런 사람들을 전혀 보지 못했네.

　(……)

'여기에 대지가 있다.

덤불이 무성하고

오래된 계곡이 있고

19　*Ibid.*, p.173.

제방과 큰물도 있지.

하지만 상속인들은?—

파도의 포말처럼 사라졌구나.

변호사, 법률들,

그리고 왕국은

여기에서 깨끗이 사라져 버렸구나.

'그들은 나를 그들 것이라 부르고,

그렇게 나를 통제했지.

하지만 누구나

지속하기를 바랐지만, 이젠 사라지고 없다네.

그들은 나를 잡을 수 없고,

나는 그들을 소유할 수 있다면,

어째서 내가 그들의 것이냐?'

대지의 노래를 듣자

나는 더 이상 용감할 수 없었다.

나의 탐욕은 차갑게 식어 버렸다.

마치 무덤의 냉기 속의 욕망처럼.〈하마트레이아〉

　인간의 탐욕은 "마치 무덤의 냉기 속의 욕망처럼" 인간이 만든 물질 문명만큼이나 덧없는 것이다. 이 시는 찰나적인 물질의 허망함을 직접적으로 통렬하게 꼬집음으로써 영원한 정신세계의 중요성을 우회적으로 부각하고 있다. 이 과정에서 에머슨은 카펜터가 자신의 저작《에머슨과 아시아(Emerson and Asia)》에서 지적하듯이 '다양성, 즉 소유물에 대한 본질적으로 양키인의 감정'과 '통일성에 대한 힌두교의 믿음'을 대치시키고 있다.[20] 에머슨이 이 시에서 궁극적으로 하고 싶은 얘기는 변화무쌍한 현상 속에 있는 만물의 통일성에 대한 믿음이다. 이에 대해 산문〈철학자, 플라톤〉에서 "농부, 쟁기, 그리고 밭고랑은 본질이 같다"고 표명하면서,《비슈누 푸라나》와 같은 어조로 다음과 같이 설파한다.

> **나** 그리고 **내 것**이라는 말들은 무지를 이룬다. 모든 것의 위대한 목적이 무엇인지, 당신은 이제 나에게서 배워야 한다. 그것은 영혼이다—모든 육신들 속의 단일한 것으로, 널리 스며 있고, 한결같고, 완전하고, 자연보다 우월하고, 태어나고 자라서 쇠퇴되는 것으로부터 면제되고, 편재하며, 참 지식으로 이루어진, 독자적이고, 비현실적인 것들, 명칭, 종(種) 그리고 그 밖의 나머지들과 관계없으며, 시간상 과거, 현재 그리고 미래를 포함한다. 본질적으로 하나인 이 정령이 자기 자신 속에 그리고 다른 모든 육신들 속에 있다는 것을 아는 지식은, 만물의 통일성을 아는 사람의 지혜다.〈철학자, 플라톤〉

그러나 인간은 어리석게도 순간적인 욕망에 사로잡혀 인내심을 잃고 분별하는 마음으로 자신 밖에서 진리를 찾으려 한다. 에머슨의 시 〈자연과 인생에 관한 단편들(Fragments on Nature and Life)〉의 일부분으로 있

---

20 Frederic Ives Carpenter, *Emerson and Asia*, *Op.cit.*, p.124.

는 〈마이아(Maia)〉는 인도 힌두교의 환영의 여신 마야를 빌어 인간의 어리석은 미혹을 잘 그리고 있다.

> 환영은 꿰뚫어 볼 수 없이 움직이며,
> 수많은 망을 짜고,
> 그녀의 즐거운 화신들은 결코 실패하지 않는다.
> 베일과 베일 속에, 각기 다른 모습으로 변용하며,
> 속기를 갈망하는 인간에 의해
> 신봉될 마법사.

> 환영들은 좋아한다. 진주 빛깔을,
> 혹은 가변적인 하늘색을,
> 혹은 눈에 맞게 아름다움을 수정하는
> 무희의 리본을.〈마이아〉

무한하고, 형용할 수 없고, 보이지 않으며, 따라서 지각할 수 없는 브라흐마와는 반대로, 마야는 유한하고, 형용할 수 있고, 보이며, 따라서 지각할 수 있는 형상을 갖고 있다. 그러나 그 형상이 만들어 내는 환영들은 수많은 미혹의 망을 짜기 때문에 꿰뚫어 볼 수 없는 것처럼 보일 뿐이다. 속기를 갈망하는 어리석은 인간만이 마야를 신봉한다. 그녀의 환영은 또한 "진주 빛깔", "가변적인 하늘색", 혹은 화려한 "무희의 리본" 같기 때문에, 보는 사람의 시각에 따라 그 아름다움이 다르다. 결국 마야가 만들어 내는 환영이 인간의 어리석은 미혹과 욕망의 결과임을 알 수 있다.

그러나 우리는 환영 속에 살고 환영을 통해 우리 자신을 구현할 수밖에 없다. 그런 의미에서 에머슨은 환영의 '훈련적 측면'을 강조한다. 산문 〈회의론자, 몽테뉴(Montaigne; or the Skeptic)〉에서 그는 "신은 본질이고, 그의 방법은 환영이다."라고 밝히고 있다. 신의 본질에 이르는 방법으로서의 환영에 대해 에머슨은 산문 여러 곳에 걸쳐 언급한다. 그 예로 그는 산문 〈시와 상상력(Poetry and Imagination)〉에서 다음과 같이 말하고 있다.

> 물질적 세계의 보다 높은 효용이 마음의 생각들을 표현할 전형이나 그림을 우리에게 제공하는 것이라는 믿음을 힌두교도들은 논리의 극단까지 끌고 갔다. 그들은 부처를 따르며, 우리가 자연이라고 부르는 외적인 세계가 진정한 존재가 아니라 단지 현상적이라는 사실을 그들 종교의 중심 교리로 삼았다. 젊음, 나이, 재산, 조건, 사람─심지어 자아도 비슈누가 영혼을 조롱하고 일깨우기 위한 일련의 **마야**(속임수)다.〈시와 상상력〉

에머슨은 그의 궁극적인 목적인 대령과의 합일 못지않게 그 과정으로서 '환영의 원리'를 중시하고 있다. 카펜터의 지적처럼 "삶의 진정한 의미에 대한 이해"[21]를 위해서는 환영의 훈련이 필요하다는 것을 에머슨은 누구보다 절실하게 느끼고 있었다. 그 연장선상에서 크리스티도 환

---

21 *Ibid.*, p.131.

영이 갖고 있는 '실재적 특성'과 '비실재적인' 특성을 동시에 지적한다.[22] 비록 환영이 신의 섭리를 투영하고 있는 그림자 같은 것이지만, 결국 그 것은 본질이 아니라 현상적인 그림자일 뿐이다. 이에 대해 에머슨은 〈동양학자(Orientalist)〉라 불리는 그의 노트[23]에 다음과 같이 적고 있다.

> 지성의 역사에서, 힌두교의 신학보다 중요한 것은 없다. 그것은 지복(至福) 또는 최고선(最高善)이 영적 지식을 통해 획득될 수 있다고 가르친다. 말하자면 실재와 비실재에 대한 지각에 의해, 물질, 지위와 애착, 혹은 감정과 사람 그리고 활동을 **마야** 즉 환영으로 떨쳐 버리고, 따라서 유일한 영생(永生)과 원인(原因) 그리고 그분(브라흐마)에게로의 영원한 접근과 일치에 대한 명상에 이르며, 그러므로 새로운 탄생과 윤회에서 벗어난다.
> 그들 종교의 최고의 목적은 그들 자신의 자아(아트만)가 영원자(파람아트만)와 연결된 유대를 회복하는 것이고, 실재의 마술적 환영에 의해, 이른바 창조의 마야에 의해 흐려지고 가려진 그 통일성을 회복하는 것이다. 〈동양학자〉

에머슨은 영혼의 본질에 이르는 물질의 중요성을 인식하는 동시에, 종국에는 버려야 할 대상으로 파악하고 있다. 진리를 추구하는 데 있어 다양성 속에서 통일성을 찾아가는 그의 방식은 플라톤의 변증법적 사고방식과 일치한다. 그러나 그의 방식은 힌두교와 힌두교에 내재한 불교의 방식에 더 가깝다. 에머슨은 〈동양학자〉에서 뒤이어 환영의 개념은

---

22 Arthur Christy, *Op.cit.*, p.90.
23 출간된 적 없는 에머슨의 개인적인 노트로, 《에머슨 전집》에 수록된 것을 재인용했다.

플라톤과 초기 그리스 철학자들의 사상 속에서도 기원하지만, 그 자신은 힌두교의 환영 원리를 더 선호하고 있음을 말한다.

초기 그리스 철학자들인 헤라클레이토스와 크세노파네스는 동일성에 관한 이 문제에 그들의 힘을 겨뤘다. 아폴로니아의 디오게네스는 원자들이 동일한 성질로 이루어진 것이 아니라면 결코 서로 섞이면서 작용할 수 없다고 말했다. 그러나 힌두교도들은, 그들의 경전에서, 본질적 동일성뿐만 아니라 그들이 다양성이라고 생각하는 그 환영에 대한 그들의 가장 생생한 느낌을 표현하고 있다. "'나는 존재한다' 그리고 '이것은 내 것이다'라는 관념들은 인류에게 영향을 미치고 있지만, 세상의 근원에 대한 미혹된 망상일 뿐이다. 오, 모든 피조물의 주인이시여, 무지에서 나온 지식의 자만을 쫓아 버리소서." 그리고 그들은 인간의 지복(至福)이 미혹의 상태에서 벗어나는 데에 있다고 생각한다.〈동양학자〉

현재의 삶에서 진리를 찾는 그의 세계관은 대승불교의 세계관과 유사하다. 대승[24]의 경지에 이르는 과정에서 분별의식으로 가득한 가아(假我)를 떨쳐 버리기 위해서는 삶의 환영이 주는 훈련이 필수적이다. 그러나 모든 분별과 집착을 끊어 버린 진아(眞我)를 깨닫기 위해서는 소승[25]의 훈련 방식이 필요하다. 마침내 진리의 세계에 이르면 대승과 소승의 분

---

24 세간(世間, 시간과 공간에 한정지어진 세계관)과 출세간(出世間, 세속의 번뇌를 떠난 깨달음의 경지)이 하나인 경지, 불교에서는 이것을 일승(一乘)이라 한다.
25 세간과 출세간을 나누는 경지.

별이 허물어진다. 환영과 진리가 하나가 된다. 피안과 차안이 독립된 별개의 세계가 아니라, 차안 속에 피안이 내재되어 있다. 즉 색즉시공(色卽是空) 공즉시색(空卽是色)이다.

그러나 미혹된 인간에게 브라흐마와 마야는 서로 상반된 개념이다. 따라서 대령과 그것이 투영된 환영으로서 자연과 인간의 존재의 비밀은 끝없는 수수께끼이다. 에머슨의 시 〈스핑크스(The Sphinx)〉는 존재의 수수께끼에 대해 그가 어떻게 접근하는지와 양극성의 모순에 대한 보다 심오한 태도를 보여 주고 있다.

> "인간 아이의 운명,
> 인간의 의미.
> 미지의 알려진 과일.
> 정교한 계획.
> 수면 속의 기상,
> 기상 속의 수면.
> 사(死)를 따라잡는 생(生).
> 심연 밑의 심연?"〈스핑크스〉

존재의 비밀을 풀어 줄 사람을 기다리다 졸음에 겨워하는 스핑크스는 대령이 투영된 자연을 상징한다. 〈브라흐마〉에서처럼 이 시에도, 존재의 불가해성은 그 양극성에 기인한다고 볼 수 있다. 수면과 기상, 생(生)과 사(死) 등 순환적인 생명의 주기로부터 탄생한 인간은 자연에서 가장 의식적이고 가장 정교한 존재로서 태생적으로 모순의 양극성을 갖고 태어났다고 볼 수 있다. 이에 스핑크스는 그러한 인간의 의미와 운명에 대한 수수께끼를 던지고 있는 것이다.

뒤이어 이 시의 '나'와 분명 다른 한 시인이 나타나 스핑크스의 수수께끼에 대한 해답을 찾으려 한다. 그러나 그것은 찾으려고 해서 찾아지는 것이 아니다. 이에 대한 스핑크스의 대답은 단호하다.

"그대는 대답 못하는 질문이다.

그대의 바른 눈은 볼 수 있고,

항상 그것은 묻고, 묻는다.

그리고 각 대답은 거짓말이다.

그러니 자연을 탐색해 보라.

그것은 수천의 자연을 통해 바삐 움직인다.

계속 물어라, 그대 옷을 입은 영원성이여.

시간은 틀린 답변이노라."〈스핑크스〉

첫 번째 행은 〈브라흐마〉의 "나는 의심하는 자이자 의심이다."라는 구절과 같은 의미다. 브라흐마의 존재가 언어로 표현될 수 없는 것처럼, 영원한 본성을 지닌 인간은 대령의 화신으로서 시간과 공간의 제약 때문에 그 존재의 비밀이 표현되지 않는다. 그러므로 시간은 틀린 답이다. 인간 존재의 비밀을 풀려는 어떠한 시도도 부질없다. 따라서 모든 대답은 거짓말이 된다. 모든 사고는 또한 의식이라는 감옥에 갇혀 있으므로 "대답 못하는 질문"과 같은 존재의 비밀은 문자로 표현할 수 없기 때문이다. 그래서 에머슨이 《자연》에서 "모든 인간의 조건은 그가 제기하려는 질문들에 대해 상형문자로 나타낸 해답이다."라고 말한 것이다. 따라서 모든 존재의 조건 속에 존재의 비밀도 숨어 있다. 에머슨 자신이 지적하듯 "질문과 대답은 하나다."(대령)

또한 '상형문자'가 암시하듯이 존재의 비밀은 불가해한 것이므로, 존재의 양극성을 부정하지 않고 인정하는 것이 영원히 평화로운 진리의 문을 여는 열쇠다. 〈스핑크스〉에서 역시 에머슨은 결국 결론을 내리지 않고 미해결의 상태를 유지한다. 현실세계와 정신세계의 대립을 굳이 화해시키지 않고 존재의 모순을 포용하는 열린 결말로 남긴 것이다. 따라서 존재의 의미는 일상의 세계와 영원의 세계의 한가운데에 그대로 놓이게 되었다. 본질적으로 대령이 깃들어 있는 인간의 영혼은 양극성의 보상적 화해를 초월한다. 그 이유에 대해서 에머슨은 다음과 같이 말한다.

영혼은 보상이 아니고 생명이다. 영혼은 '실재'한다. 완벽한 균형을 이루며 파도가 밀려왔다 쓸려 나가는 이 모든 현상의 바다 밑에는 진정한 존재의 본원적 심연이 자리하고 있다. 본질, 즉 신은 관계나 부분이 아니고 전체다. 진정한 존재는 부정을 허락하지 않는 광대한 긍정이고, 스스로 균형을 이루며, 그 자체 내에 모든 관계와 부분과 시간을 감싸고 있다.(보상)

모든 의식의 집착을 놓아 버리자 자연은 이제 에머슨에게 여전히 수수께끼의 신비한 상태로 남아 있다. 〈스핑크스〉의 마지막 부분에서 마침내 신비가 깨지지 않아 "즐거운 스핑크스"는 자연의 만상 속으로 돌아가 자연의 "천 가지 목소리"로 다시 수수께끼의 노래를 부른다.

즐거운 스핑크스는 일어나,

더 이상 돌 속에 웅크려 있지 않았다.

그녀는 자줏빛 구름 속으로 용해되며,

그녀는 달 속에 은빛으로 빛나고,

그녀는 노란 불꽃으로 치솟으며,

그녀는 빨간 꽃으로 피어나고,

그녀는 포말 짓는 파도 속으로 흘러갔다.

그녀는 모나드녹의 정상에 서 있었다.

천 가지 목소리로,

그 보편적 여신은 말했다.

"내 의미 중 하나를 말하는 자는

내 모든 것의 주인이노라."〈스핑크스〉

〈스핑크스〉에서 통일성의 세계와 다양성의 세계는 서로 공존하며 존재한다. 이 시에서 에머슨은 양극단적인 동서양의 사고방식이 일치함을 보여 준다. 동양 사상에 대한 에머슨의 이해가 완전한 것은 아니지만, 동양 사상은 그가 삶의 양극적 모순을 해결하는 데 중요한 원리와 방법을 제공했다. 그는 자연적인 사실과 인간의 정신을 동시에 이해하고 있다. 외적인 자연적 사실들을 무시하는 이상주의자들의 실수를 피하고자 노력하는 과정에서 그는 자연스럽게 동양 사상의 방법론을 이용하고 있다. 그 노력의 결과로서, 동양 사상에서 볼 수 있는 자연과 인간, 물질과 정신의 혼연일체를 보여 주는 것이다. 동서양의 정신 속에서 그는 역설의 미학을 배우게 된다.

에머슨의 동양 사상은 곧잘 기독교적 신비주의로 이해되는 바람에 그에게 미친 영향이 경시되는 경향이 있다. 그러나 미국의 발전 과정에서 볼 때, 특히 동서 융합의 세계사적 흐름에서 볼 때 그 중요성은 굉장히 강조된다. 그가 동양 사상을 인용할 때에 원전의 정확한 의미를 파악하지 못한 채 나름대로 공감한 구절들을 인용하는 경향이 있지만, 놀랍게도 그 사상 본연의 진리에 온전히 닿아 있다. 이는 동양 사상이든 서양 사상이든 표현 방식은 달라도 모두 삶의 진리를 구현하는 것이기에 가능했을 것이다. 진실은 진실로 통하는 법이고, 덕분에 진실에 대한 에머슨의 진심은 동양 사상의 핵심에 이를 수 있었다. 에머슨의 초절주의 속에서 동서양의 사상들이 모순을 넘어 균형을 이뤄, 에머슨이 온전히 삶의 진실을 표현할 수 있게끔 했다. 다양성의 현실 세계와 통일성의 정신 세계가 에머슨의 사상 속에서 하나가 되면서 삶의 중도적 실상이 드러나고 일상과 영원이 하나로 통합되고 있다.

3. 삶의 초절주의: 일상과 영원의 만남

에머슨은 삶의 진실을 파악하기 위해 가능한 모든 원리와 방법들을 동원했다. 비록 그가 독실한 기독교 신자이기는 했지만, 삶의 객관적 진실을 표현하기 위해서 기독교 입장에서는 이교도로 배척할 수 있는 동양의 사상들을 자유롭게 끌어다 썼다. 그의 초절주의는 동양과 서양, 당대와 전대의 문학, 철학, 종교 등의 이질적인 사상들을 진리의 수단으로 삼은 것이다. 이때 에머슨에게 하나님은 기독교의 하나님이 아니라 진실로서의 하나님이 된다. 미국적 토양에 독특한 초절주의로 나아간 에머슨의 초절주의는 이론으로서가 아니라 삶의 방식으로서 중요하다. 우리는 이 점에 유의해서 그의 초절주의를 살펴볼 필요가 있다. 우리는 그의 사상에서 삶의 진실과 표현 형식 사이의 모순을 어떻게 극복하고 진리의 세계로 나아갈 수 있는지를 배울 수 있다.

에머슨에게 세상은 신의 빛과 악마의 어둠이 공존하는 곳이다. 또한 청교주의의 비관적 세계관과 합리적 신관(神觀), 계몽주의의 합리적 이성에 기초한 낙관적 세계관, 산업문명의 발달에 따른 물질주의적 병폐에 대한 염려, 그리고 동서양의 신비주의적 전통이 뒤섞여 있는 곳이다. 이때 에머슨은 비관주의자도, 낙관주의자도, 또는 신비주의자도 아니다. 그의 이중 의식은 인간의 한계에 따라 주어진 세상의 어두운 현실을 수용하면서도 삶의 모순과 갈등을 극복하는 꿈같이 밝은 이상을 추구하게끔 한다. 이상과 현실, 신과 인간 사이에서 그의 자연은 중재자가 된다. 에머슨은 자연과 직접적으로 교감하면서 종교적 편견과 물질적 집착을 버릴 수 있었던 것이다. 그러한 점에서 그의 시 〈딸기 따기(Berrying)〉는 그의 초절적 시각을 암시한다.

'어쩌면 맞을지 몰라.
세상이 사기와 폭력으로 모진,
아우성치는 황야라는 것이.'
목초지를 걸으며,
강변을 따라 걸으며 나는 말했지.
검은 딸기 덩굴 사이에 둘러싸여,
달콤한 검은 딸기를 먹으면서,
즐거운 공상이 나를 사로잡았다.
나는 물었다. '무엇이 나에게 영향을 미쳐
그토록 아름다운 꿈에 선택되고 인도되게 하지?'
딸기 덩굴은 대답한다. '그럼 그대는
우리 딸기로부터 아무 지혜도 얻지 못하는가요?'〈딸기 따기〉

8월 어느 날 오후 에머슨은 목초지를 걸으며 생각에 잠긴다. 과연 세상은 "사기와 폭력으로 모진, 아우성치는 황야"인가? 어쩌면 이 청교도적 편견이 맞을지도 모른다는 생각이 들지만 달콤한 검은 딸기를 먹으면서, 그러한 청교도적 환상에서 깨어난다. 우리는 줄곧 세상을 등지고 그토록 아름다운 꿈을 찾으려 하지만, 우리의 일상을 벗어난 꿈은 신기루에 지나지 않는다. 결국 우리가 꿈꾸는 아름다운 세상은 자연과 인간의 조화로운 삶을 영위해야 할 현재인 '지금 여기'에 있다. 에머슨이 추구하는 중도는 삶의 최적의 상태를 지향하기 때문에 지금 여기의 실제적인 삶이 중요하다. 그는 온갖 이질적인 사상들의 영향을 받았지만, 일원론이나 이원론의 어느 한쪽으로 경도되는 것을 경계하며 양자의 중도를 견지하고 있다. 에머슨의 초절주의는 양면적 시각으로 세상을 바라보며 삶의 균형을 유지한다.

에머슨은 이를 통해 합리적인 방식으로 기적을 보는 방법을 체득하게 된다. 그러나 역설적으로 일상적인 자연현상 속에 기적이 실현된다는 그의 믿음은 기독교에서 말하는 계시에 의한 기적을 불신하는 것으로 발전하고 있다.

기독교 교회가 이야기하는 '기적'이라는 말은 잘못된 인상을 줍니다. 그것은 괴물입니다. 바람에 날리는 클로버 그리고 내리는 비와 같지 않습니다.〈신학교 연설〉

에머슨은 그가 가장 모범적인 목회자 중의 한 사람으로 생각하던 W. E. 채닝을 통해 일상의 기적에 눈뜨게 된다. 채닝은 우리의 인간성에 신성이 내재하고 있다고 주장했다. 그리고 일상의 기적에 대한 에머슨의 믿음을 더 한층 강화해 준 사람은 영국인 친구 칼라일이다. 에머슨은 제 1차 유럽 여행(1832~1833) 이후 편지를 주고받으며 칼라일을 평생의 친 구로 존경하게 되었고, 그로부터 가장 중요한 철학 '자연적 초자연주의 (Natural Supernaturalism)'[26]를 배웠다. 에머슨이 "지혜의 변하지 않는 특 징은 평범함 속에서 기적을 보는 것이다"(자연)라고 했을 때, 자연적인 것 속에 초자연적인 것이 있다는 칼라일의 생각이 일상 속에서 영원을 추 구하는 에머슨에게 유용한 이론적 틀을 제공한 것이다. 일상 속 기적의 발견은 칼라일의 《의상철학(衣裳哲學, Sartor Resartus)》의 핵심 내용이다. 칼라일에게 만물은 우리 눈에 보이는 현상이라는 옷을 입고 있다. 그는 그 현상의 옷에 가려진 정신을 보고자 했고, 결국 옷과 정신의 일체성을 발견했다. 그런 의미에서 칼라일에게 기적이란 인간이 모르는 자연법칙 의 현상이고, 초자연이란 인간이 발견 못한 자연법칙이다. 칼라일은 《의 상철학》에서 이를 간단한 손짓을 이용해 설명하고 있다.

내가 손을 뻗어 태양을 붙잡는다면 기적적인 일이 아닌가? 하지만 그대는 내가 매일 손을 뻗어 그것으로 많은 것을 쥐고 이리저리 흔드는 것을 본다. 그렇다면, 그대는, 기적이 아주 먼 거리나 엄청난 무게에 있다고 상상하고, 설명할 수 없는 신을 드러내는 진정한 기적이 내가 손을 뻗을 수 있는 이곳 에 있음과, 내가 무언가 붙잡을 자유의지를 갖고 있다는 사실을 보지 못하

---

26 Thomas Carlyle, *Op.cit.*, p.192.

는, 다 큰 아기인가? 이런 종류의 무수한 다른 사실들은, 시공(時空)이 우리에게 가하는 속임수들과 기적을 가리는 마취제들이다.[27]

우리는 시공의 제약에 가려 현상의 본질을 보지 못한다. 현상계의 일체의 사물은 현상이라는 옷을 입음으로써 존재한다. 하지만 옷은 정신의 상징이므로 "기적을 가리는 마취제"같이 현상의 옷에 가려진 본질을 파악해야 한다. 칼라일의 《의상철학》이 말하는 자연적인 것의 초자연성은 에머슨의 자연관과 절묘하게 일치하고 있다.

그러나 에머슨과 칼라일의 세계관은 기본적으로 서로 다른 것이다. 칼라일이 자기 부정적이고 과거 지향적이라면, 에머슨은 자기 긍정적이고 현실 지향적이라고 할 수 있다. 칼라일이 봉건주의를 옹호한다면 에머슨은 민주주의를 지향한다. 자연현상 속에 감추어진 신의 의도를 보려는 기본적인 의식에 있어서만이 비슷한 태도를 보일 뿐이다. 두 사람 사이에 이러한 차이가 있기에 양면적 기질을 지닌 에머슨은 한편으로는 점차 칼라일을 회의적인 시각으로 바라보게 되었다.

에머슨이 말하는 일상 속 기적은 신의 정신이 자신의 마음에 내재하며 자신의 행동에 드러나고 있다는 믿음에 근간한다. 그런 의미에서 산문 〈자립〉에서 그는 다음과 같이 설파한다.

힘이란 천부적인 것이며 선을 자신 밖의 어딘가에서 찾기 때문에 무력하다

는 것을 알고, 그리고 그런 지각 속에서 주저 없이 자신의 사상에 몰두하여 즉시 자신을 바로잡고 곧은 자세로 서서 자신의 사지를 부리는 사람은 기적을 행하는 사람이다.⟨자립⟩

우리 자신을 떠난 기적은 결코 존재하지 않는다. 이는 기독교의 권위를 부정하는 것처럼 들리지만, 에머슨은 일상성 속에서 영원성을 발견하는 것이야말로 오히려 신의 자비로운 편재성을 확인하는 순간이라고 생각한다. 또한 그 순간은 자연, 인간, 그리고 신이 하나가 되는 경이로운 순간이다. 에머슨은 신의 권위를 일상적인 기적에서 느끼며, 진리가 일상적인 자연 속에 존재한다고 확신한다. ⟨딸기 따기⟩의 검은 딸기가 주는 지혜도 결국 진리가 먼 곳에 있는 것이 아니라 바로 여기 자연에 있다는 것을 의미한다. 이러한 점에서 에머슨은 "자연에의 순응은 그를 진리 그리고 신과 같은 줄에 놓고 있다"[28]는 평가를 받는다.

에머슨은 진리에 이르는 길이 먼 곳이 아닌 가까운 자연 속에 그리고 바로 자신 속에 존재함을 강조한다. 일상성의 강조는 다음 장에서 중점적으로 살펴볼 에머슨의 자립 개념에 중심이 되는 사상이며, 선불교의 핵심 가르침과도 일맥상통한다. 비록 에머슨이 선불교를 직접 접한 것은 아니었지만 깨달음의 방식에서 유사한 면을 갖는다. 선불교는 진리가 먼 곳에 있는 것이 아니라 우리 자신의 내부에 있다고 가르친다. 평상심이 곧 도(道)인 것이다. 비단 에머슨뿐만 아니라 그의 당대의 휘트

---

[28] Sacvan Bercovitch, *The Puritan Origins of the American Self*(New Haven and London: Yale UP, 1976), p.159.

먼, 소로우의 시 그리고 현대의 대표적 생태시인인 스나이더의 시에도 일상의 도를 강조하는 선불교의 정신이 잘 나타난다.[29]

일상의 모든 환영들은 영원성을 가리는 가면을 쓴 채 '베일'에 싸인 모습으로 왔다가 사라진다. 영원성을 담고 조용히 왔다가 사라져 가는 시간의 이미지는 에머슨의 시 〈일상의 날들(Days)〉에 잘 그려져 있다.

> 시간의 딸들, 위선의 일상의 날들은
> 맨발의 수도승처럼 베일에 싸여 말없이,
> 끝없이 줄지어 일렬로 행진하며,
> 그들 손에 영광의 선물 다발을 가져오는구나.
> 각자에게 원하는 대로 그들은 선물들을 주는구나,
> 빵, 왕국, 별, 그리고 그들 모두를 지닌 하늘을.
> 나는, 나의 구획된 정원에서, 화려함을 보고,
> 아침 인사를 잊고, 급히
> 야채와 사과를 좀 먹는 사이, 하루는
> 몸을 돌려 조용히 떠났구나. 너무 늦게, 나는
> 그 엄숙한 리본 밑의 경멸을 봤도다.〈일상의 날들〉

회교의 맨발의 수도승처럼 베일에 싸여 말없이, 하루하루는 끝없이 줄지어 와서 영원성을 상징하는 선물들을 원하는 대로 주고 어김없이

---

29 스나이더는 일본에서 직접 선 수행을 한 바 있다. 반면 소로우와 휘트먼은 에머슨처럼 결과적으로 선불교와 비슷한 양상을 보일 뿐이다.

조용히 사라져 간다. 그러나 불쌍한 인간은 일상의 모습 속에 있는 영원성을 너무 늦게 깨닫는다. 산문 〈일과 일상(Works and Days)〉에서는 베일에 싸인 일상의 모습을 다음과 같이 설명하고 있다.

일상은 최초의 아리안 사람들에게처럼 늘 신성하다. 일상은 존재하는 모든 것의 최소한의 가식과 최대한의 능력을 갖고 있다. 일상은, 친근한 먼 쪽에서 보내어져, 베일에 싸인 모습으로 왔다 간다. 그러나 일상은 아무 말도 하지 않으며, 일상이 가져온 선물들을 우리가 사용치 않으면, 일상은 그것들을 가지고 조용히 사라져 간다.〈일과 일상〉

하지만 인간은 자연의 화려함에 취해 자연이 주는 선물들의 내면적 의미를 깨닫지 못하고 있다. 우리는 자연의 일상성에 깃든 영원성을 망각하고 물질과 관념의 집착에 빠져 있다. 뒤늦게 그 사실을 깨달았을 때에는 마치 시간의 경멸을 보는 듯 이미 무기력해진 상태이다. 그런 의미에서 자연은 때때로 인간에게 '일종의 소외된 장엄함'으로 다가온다. 사실 무상한 시간의 변화 속에서 영원성을 알기에는 인간의 인생이 찰나의 순간에 불과하다.

비록 자연의 무상한 변화가 덧없는 것이지만 시인은 결코 허무주의에 빠지지 않는다. 에머슨에게 낙원은 자연의 끊임없는 변용 속에서 그 의미가 있다. 생명의 태동과 변화의 조짐은 자연의 모든 곳에서 감지된다. 심지어 생명이 살 것 같지 않은 곳에서도 말이다. 1860년 2월 초 에머슨은 순회강연 중에 신시내티 근교에서 포도주를 만드는 한 대규모 양조장을 방문한다. 이곳에서 에머슨은 봄철에 포도주 저장실에서 일어나는 발효 활동에 대한 설명을 들을 수 있었는데, 이 발효 활동이 보여 주는 생명력은 그에게 잃어버린 낙원에 대한 암시를 줬다. 이 모습은 시 〈오월제〉에 그려져 있다.

시렁에 매달린 포도가 꽃을 드러내고,
갓 피어난 덩굴손이 휘감길 때,
묵은 포도주는 어두운 통 속에서
덩굴에 핀 생화(生花)를 느끼고,
봄의 암시를 받아 소리를 터뜨린다.
그렇게, 우연히, 아담의 종족 중,
에덴의 거처에서 어떤 꿈같은 자취는
도피에서 살아남아 바다를 건너
몰수당한 낙원을 밟고,
한 번 더 추방자의 눈을 즐겁게 하고픈
가장 어린 피 속의 희망을 깨운다.
그리고 언제나 행복한 아이가
오월이면 꽃이 만발한 들판을 보고,
천국의 파랑새의 노래를 들을 때면,
그는 소리친다. '앞으로 바구니를 가져가.
옆 들판의 공기가 더 온화하고,
저 너머 산마루는 에덴의 보다 감미로운 봄이야.'〈오월제〉

에머슨의 특징적인 사고방식 중 하나인 수용적 의식과 초월적 의식을 엿볼 수 있는 부분이다. 수용적 의식이 만물의 차이를 인식한다면, 초월적 의식은 만물의 통일성을 인식한다고 할 수 있다. 그는 생명이 없는 통 속의 포도주와 포도밭의 생기 있는 포도의 차이를 초월하여 이 둘의 통일성을 지각하고 있다. 포도밭의 포도가 꽃을 피우고 새로 난 덩굴이 휘감겨 올라갈 때면, 통 속의 포도주도 봄의 암시를 받고 생명의 고동 소리를 낸다. 생명의 기운이 모든 것에 스며들기 때문이다. 이 순간에 에머슨의 이중적 시각은 현실과 이상의 차이를 초월하여 이 세상에서 천국을 본다. 그의 천국은 현실을 떠난 내세를 의미하는 것이 아니다. 바로 여기 지금의 이 세상이 인간이 살아야 할 곳이다. 때문에 이 세상이 아닌 저 세상에서 천국을 지향하는 기독교의 초월주의(超越主義)와 일상의 현실에서 천국을 보려는 그의 초절주의(超絶主義)는 근본적으로 다른 것이다. 에머슨의 초절주의는 '초절'이라는 말이 의미하듯 삶의 모순을 수용하고 초월하는 양면적 사고를 지향한다.

봄철을 맞아 발효 작용에 의해 일어나는 포도주 통 속의 그 고동 소리는 태초의 에덴의 꿈같은 자취를 담고 있어 "몰수당한 낙원을 밟고,/ 한 번 더 추방자의 눈을 즐겁게 하고픈" 인간의 희망을 깨운다. 그러나 지상에서도 행복한 아이는 언제나 오월이 오면 꽃이 만발한 들판을 보고 파랑새의 노래를 천국에서처럼 들을 수 있다. 오히려 지상의 봄이 에머슨에겐 보다 감미로운 봄이다.

따라서 에머슨은 자연의 무상한 변화가 주는 덧없음을 원망하지 않는다. 오히려 그는 그 변화에 환호한다. 왜냐하면 덧없는 자연이 끊임없이 순환하는 영원한 진실을 암시하며, 때가 되면 천기의 변화에 따라 곤궁과 풍요가 반복되고 있음을 그는 알기 때문이다. 그는 변용하는 '영원한 형태들'의 가면 속에 다시 한 번 낙원의 이미지를 보고 있다.

> 푸른 융단 위를 가면 쓴 자들은 행진하며
>
> 오월의 멋진 아치 밑을 통과하고,
>
> 별, 신(神), 미의 여신은 각기 힘껏,
>
> 모든 즐거움과 미덕에 속도를 더하고,
>
> 잇따라 제시간에 행진하며,
>
> 곤궁에 처한 쇠약한 자연은
>
> 다시 한 번 완전하게 되노라.〈오월제〉

오월의 봄날들은 '영원한 사실의 가장무도회'다. 모든 자연물들은 영원한 사실을 가리는 가면을 쓰고서 끊임없는 생명의 순환을 통해 쇠약한 자연을 다시 완전하게 만든다. 이는 현대 미국 시인 월리스 스티븐스 (Wallace Stevens)의 〈일요일 아침(Sunday Morning)〉과 유사한 자연관이다.[30] 변화가 없는 영원한 천국보다 변화가 무상한 지상이 보다 아름답

---

30 Wallace Stevens, *The Collected Poems of Wallace Stevens*(New York: Alfred A. Knopf, Inc., 1968), p.69.
  cf. "죽음이라는 변화가 천국엔 없나?
    익은 과일이 떨어지는 일 없나? 그러니까 무거운 가지가
    언제나 완벽한 하늘에 걸려 있어서,
    변화 없이, 허나 우리 사멸하는 지상처럼
    바다를 찾아가는 똑같은 강이 있어도
    바다를 찾을 수 없고, 똑같이 물러나는 해변은 있어도
    말할 수 없는 고통으로 닿지 않는 것일까?
      (······)
    죽음은, 신비하게도, 미(美)의 어머니.

다. 죽음이 없는 세상은 모든 것이 정체되고 정적인 곳이다. 생명의 탄생과 죽음의 생태적 순환이 이루어지지 않는 곳에서 불타는 생명의 율동과 그 아름다움을 느낄 수 없기 때문이다. 삶의 역설로써 불완전한 이 세상이 완전한 저 세상보다 에머슨과 스티븐스 모두에게 삶의 진정한 의미를 일깨우는 곳이다. 그런 의미에서 에머슨과 스티븐스가 찾으려 한 지상의 완전성은, 양극단을 구현하고 패러독스를 포괄하는 것이라고 말할 수 있다.[31] 죽음이 있는 지상은 덧없고 찰나적이기 때문에 오히려 천국보다 아름다움을 더 깊이 맛을 볼 수 있는 곳이다.

에머슨은 현세의 자연과 인간의 삶 속에서 초절적 경험을 중시한다. 그는 결코 청교도적 금욕주의를 통한 신과의 합일을 추구하지 않고 오히려 자연 속에 충만한 신의 섭리를 보고자 했다. 이 점에서 그는 진리를 찾기 위해 세상을 등지는 것이 아니라, 반대로 세상에서 낙원을 찾는다. 그에게 기적은 세상과 별개로 존재하는 신비가 아니다. 이는 '현재의 시간' 속에서 몸과 마음의 감각 활동을 통해 이루어지는 '진지한 일상의 경험'이다. 따라서 그의 일관된 관심은 자연 속에 대령과 인간 사이의 만남을 정착시킴으로써 시소 같은 균형을 안정시키는 것에 있다.[32] 에머슨의 자연관은 세상 속에 살아 있는 하나님에 대한 희구에서 출발한다. 에머슨이 보기에 형식적인 기독교에는 살아 있는 하나님이 아닌 관념화

그 불타는 가슴속에서 우리는 생각한다.
잠 못 이루며 기다리는 우리 지상의 어머니들을."

31 Gyorgyi Voros, *Notations of the Wild: Ecology in the Poetry of Wallace Stevens*(Iowa City: U of Iowa P, 1997), p.61.
32 Albert Gelpi, *Op.cit.*, p.110.

된 하나님만이 있을 뿐이었다.[33] 신에 대한 그의 사랑은 신이 만든 자연과 인간에 대한 사랑으로 확대되면서, 살아 있는 하나님을 미국의 자연 속의 신성으로서 깨달을 수 있었다. 이 점에서, 에머슨의 자연관은 종교관과 만난다. 그의 하나님은 모든 자연 속에 늘 함께하는 자비의 신이다. 이러한 신관은 범신론적이며, 만물에 본성이 깃들어 있다고 보는 불교의 우주관과도 유사하다. 뿐만 아니라 그의 자연관에는 거의 모든 종교가 하나로 용해되어 있다. 이 점에서 그의 종교는 자연 신학이라고 할 수 있다. 이때 자연 신학에서 가장 이상적인 사도는 시인이다.

  에머슨의 초절주의는 결국 삶의 양극적 모순 속에서 일상과 영원의 총체성을 구현하려는 양면적 움직임이라고 할 수 있다. 일상과 영원이 그의 글에서 만나고 있다. 산문 〈보상〉에서 엿볼 수 있듯이, '모든 분자들 하나하나'에 삼라만상의 전체성이 투영되어 있다는 그의 믿음은 만물의 양극성 속에 신이 두루 존재한다는 '편재성'에 대한 믿음과 관련되어 있다. "편재성의 진정한 교리는 하나님이 모든 이끼와 거미줄 속에서도 그 완전한 모습으로 다시 나타나는 것이다." 신의 편재성에 대한 자각을 위해, 에머슨은 인간의 총체적 시각을 중시한다. 양극적 모순을 포괄하는 대령이 투영된 '자연의 총체'를 보기 위해서는 그가 '사고의 총체'라고 부르는 '이성'이 필요하다. 그에게 이성은 상상력과 동일한 초절적 시각이다. 총체적 사고인 이성을 통해 '전체와 부분의 지각'이 가능하다. 자연과의 합일 속에서 인간은 초절적 시각을 가지게 된다. 그 합

---

33 사람들은 종교의 절대적 존재에 대해 이야기하지만, 그 존재의 실상은 사람들이 생각하는 그런 존재가 아니다. 그것은 그저 자신들의 의식 속에서 관념화된 존재일 뿐이다.

일의 순간은 에머슨에겐 우주 만물에 흐르는 대령의 신비로운 순환을 경험하는 순간이기도 하다.

> 나는 투명한 눈동자가 된다. 나는 무(無)이고, 나는 모든 것을 본다. 우주의 보편적 존재의 흐름은 나를 통해 순환하고, 나는 신의 단편 또는 일부분이 된다.(자연)

대령이 편재하는 자연과 인간이 완전한 일치를 이루는 순간, 인간의 의식은 '투명한 눈동자'와 같은 상태가 된다. 또한 그 단계에 이르면 인간은 신의 부분으로서 유(有)와 무(無)의 분별의 경지를 뛰어넘는다. 깨달음은 에머슨에게 '보는 것'이다. 여기서 본다는 것은 언어와 논리가 끊어진 상태를 의미한다. 투명한 눈동자는 분별과 집착을 여읜 상태를 상징하며, 이때 시인의 투명한 눈동자를 통해 신, 인간, 그리고 자연이 완전히 하나가 되고 있다.

에머슨이 깨닫는 순간은 선승의 깨달음의 순간과 유사하다. 깨달음의 방식과 정도에 차이가 있을 뿐이다. 모든 분별의식이 끊어진 진공(眞空)의 상태에서 참된 중도실상(中道實相)을 볼 수 있다.[34] 《자연》은 에머슨이

---

34 청화, 《원통불법의 요체》, 광륜출판사, 2009, p.37. cf. "반야의 지혜는 제법공(諸法空) 지혜입니다. 무아(無我)·무소유(無所有)의 지혜입니다." 석가는 오랫동안 무상(無常), 무아(無我), 고(苦), 공(空)을 설파했지만 열반에 임박해서는 이것들은 방편의 법이라고 하면서, 궁극의 이치는 정반대로 상(常), 락(樂), 아(我), 정(淨)이라고 했다. 최후에는 진공(眞空)에서 묘유(妙有)가 나오는 중도실상(中道實相)으로 결론을 맺었다. 여기서 진공이란 허망한 빈 공(空)이 아니라 무(無)에서 유(有)가 나오고, 다시 유가 무로 돌아가는 창조적 본성의 진공이다. 현실 그대로 극락인 것이다. 그러나 주목해야 할 점은 대승의 중도실상으로 나아가기 위해서는 분별과 집착을 깨기 위해 소승의 방법인 무상, 무아, 고, 공을 거치지 않을 수 없었던 것이다. 말하자면 진아(眞我)를 찾기 위해서는 무아(無我)를 거칠 수밖에 없다.

본격적으로 동양의 고전과 경전들을 읽기 전에 나온 것이지만, 신기하게도 동양의 도(道)에 관한 경전을 보는 듯하다. 《자연》을 읽다 보면 마치 득도를 한 고승이나 도학자가 자신의 깨달음을 전한다는 느낌이 든다. 실제로 에머슨의 생각은 내용 면에서 동양 사상과 유사한 면이 많기도 하니 말이다.

인식의 대전환이 이루어지자 끝없이 변화하는 현상에 불과하던 일상의 자연이 이제는 영원성이 부여된 광휘로 다가오게 된다. 시 〈개체와 전체〉의 마지막 부분은 동양 사상에서 보이는 인간과 자연의 완전한 혼연일체를 보여 주고 있다. 자연과의 완전한 조화 속에서 인간은 종교적 깨달음에 비견되는 법열을 느낄 수 있다.

나는 제비꽃의 향기를 마셨다.
내 주위에는 떡갈나무와 전나무들이 서 있었다.
솔방울들과 도토리들은 땅 위에 놓여 있었다.
내 위로는 영원한 하늘이 솟아 있었다,
빛과 신성함이 가득한 채.
다시 한 번 나는 보고, 다시 한 번 듣는다,
굽이치는 강, 아침 새를.
아름다움은 내 감각에 스며들고,
나는 완전한 전체에 굴복한다.〈개체와 전체〉

평소에는 하나하나 별개의 존재로 보였던 제비꽃, 떡갈나무, 전나무, 솔방울, 도토리 등 모든 자연물들이 이제는 전체와의 관련 속에서 일상과 영원의 총체성을 구현하고 있다. 일상의 모든 것이 영원한 하늘과 하나가 되었다. 시 〈스핑크스〉에서 보이는 열린 자세가 이 시에서 보다 분명하게 나타나는 것이다. 시인은 완전한 전체에 굴복함으로써 주체와 객체가 야기하는 양극성의 모순과 대립하지 않는다. 분별의 경계가 끊어진 이러한 상태에서 늘 보고 듣던 굽이치는 강과 아침 새의 진정한 아름다움이 그의 깊은 의식 속에 파고든다. 이 시는 영원한 진리가 현실과 유리된 진공 상태에 있지 않고, 개별적 사실들의 조화롭게 연합된 일상의 전체 속에 존재함을 보여 주고 있다.

세상과의 완전한 일치감을 느끼는 순간, 시인은 어떤 형용하기 힘든 황홀감을 맛본다. 그 순간, 절대적 실재와 참된 미가 스스로 드러난다고 볼 수 있다. 이것은 선불교의 깨달음 혹은 물아일체를 지향하는 도가의 득도의 순간과 비슷하다. 에머슨을 필두로 한 초절주의자들은 인간의 내면에 신성이 있고, 그 신성은 직관을 통하여 볼 수 있다고 보았다. 이것은 선불교에서 인간의 본성을 불성으로 보고 감각적인 경험이나 이성보다는 직관에 의하여 불성에 이를 수 있다고 보는 것과 유사하다. 엄밀히 말해서는 에머슨의 사상과 선 사상 사이에 분명한 차이가 존재하는데, 에머슨의 중도적인 사상이 선 사상과 달리 자기의식을 바탕에 둔 채로 현실을 수용하고 넘어서려 하기에 보다 현실적이다.

그러나 삶의 문제에 있어서 외면적인 것보다는 인간의 내면적인 것에 초점을 두고 문제를 해결하려는 개인적인 태도가 두 사상에서 공통적으로 중요하게 여겨진다. 유사한 삶의 방식 때문에 에머슨은 산문 〈초절주의자(The Transcendentalist)〉에서 '불교도'를 '초절주의자'라고 말하고 있다. 수도자가 깨달음을 통해 부처나 성인이 되듯이, 참된 신앙인은 진실한 신앙으로 신과 하나가 된다. 깨달음을 향해 가는 방식과 정도는 다르지만 결국 진리의 세계에서는 하나가 된다. 에머슨은 산문 〈대령〉에서 마침내 자기 자신이 바로 하나님이 될 수 있음을 말하고 있다.

> 영혼의 모든 행위에 있어서 인간과 하나님의 합일은 말로 표현할 수 없다. 성실하게 하나님을 섬기는 가장 소박한 사람은 하나님이 된다. 하지만 이 우월한 보편적 자아의 유입은 영원히 새롭고 헤아릴 수 없다.〈대령〉

물론 에머슨이 여기서 말하는 하나님은 기적을 부리는 하나님이 아니라 우리와 호흡하고 행동하는 진실한 인간으로서의 하나님이다. 즉 인격성이 부여된 예수라고 할 수 있다. 예수는 자신을 예로 들어 아버지 하나님과 자신은 하나라고 말했다. 에머슨은 섭리의 인간으로서의 예수의 인격성과 그 속에 투영된 신성을 동시에 믿었다. 에머슨의 초절주의 속에서 자연, 인간, 그리고 신이 하나가 되고 있다. 모든 존재가 존재의 사슬로 '하나 된 님'인 '하나님'이 되고 있는 셈이다. 그러나 영원한 '하나 됨'은 일상 속에서 이루어지는 소박한 삶의 진실을 통해서만이 가능하다. 깨달음의 방식과 정도에 차이가 있겠지만 불교의 깨달음과 에머슨이 지향하는 진리에는 유사한 일면이 분명히 있다.

IV

—

일상의 삶과 중도

1. 삶의 모순과 보상

앞서 보았듯, 생명의 근본 현상은 생명을 이루는 기본 원소들 간의 끝없는 관계와 그 변화다. 그 관계와 변화가 충만한 생명 공동체를 이루고 있다. 그러나 그 생명 공동체가 거주하는 곳은 양극적인 구조와 움직임으로 인해 갈등과 모순이 상존하면서도 조화와 균형을 이루어 가는 역동적인 장(場)이다. 마찬가지로 삶의 근본 현상도 사람들 간의 관계와 그 관계가 이루는 삶의 변화에 있다. 그 관계와 변화가 다양한 삶의 공동체를 이루고 있다. 그러나 삶의 공동체는 구성원 간에 서로 다른 가치관과 이해관계로 인해 끝없이 모순과 갈등을 자아내고 있다. 따라서 삶의 과정 속에서 끊임없이 이어지는 새로운 관계도 고통스럽고 삶의 불가피한 변화도 고통스럽다. 또한 자연의 양극성이 삶에도 존재하기에 그 관계와 변화가 일정하지도 않다. 에머슨은 산문 〈보상〉에서 밝히고 있듯이 "모든 것에는 두 가지 면, 즉 선한 것과 악한 것이 있다"는 생각을 늘 가지고 있었다. 이러한 삶의 모순적 상황에 우리는 어떻게 현명하게 대처하며 살아갈 수 있을까?

먼저 에머슨은 삶에 대한 바른 인식에서 출발해야 한다고 말한다. 그는 산문 〈경험〉에서 '직접 그리고 똑바로' 세상을 볼 것을 이야기한다. 그가 자연의 원리로 내세운 초절주의는 이제 새로운 삶의 원리로서 생활철학이 되고 있다. 이와 같은 관점에서 산문 〈운명〉은 어떻게 살아야 할 것인가에 대한 그의 진지한 고민과 그 결과로서 삶의 확고한 의지를 보여 준다. 그에게 바른 처세술의 출발점은 자신이 처한 운명을 바로 보는 것이다.

에머슨은 운명을, 우리가 흔히 생각하듯이 하늘로부터 부여받아 변화시킬 수 없는 것이 아니라 우리를 둘러싸고는 '우리를 제한하는 모든 것'으로 보았다. 따라서 운명은 크게는 자연 그 자체로서 자연의 냉혹한 법칙이고, 좁게는 인간의 삶의 환경이 된다. 우리 또한 자연의 일부이므로 자연의 양극적 특성이 우리 삶의 내용과 형식 속에도 존재한다. 그러므로 모든 존재는 불가피하게 그 자체에 모순, 즉 자신의 한계를 담고 있다. 그 결과 '특성을 압제하는 조직'으로서 삶의 형식은 그 자체의 한계로서 삶의 내용을 결정하는 법이다. 다시 말해서, "모든 정신은 그 자신의 집을 짓지만, 그 후에는 그 집이 그 정신을 제한한다."

에머슨은 산문 〈경험〉에서 우리의 삶이 "잠 속의 잠" 같고 "물거품" 과 같다고 말한다. 인생이란 "부드러운 꿈과 격렬한 꿈 사이의 선택"으로 "덧없는 상태"에 불과하다는 것이다. 초기의 에머슨에게서 볼 수 없던 회의주의가 이 글에 짙게 깔려 있다. 이러한 회의주의는 그의 개인적 비극과 관련이 있다. 1842년 1월 27일 저녁, 그의 아들 왈도(Waldo Emerson)가 성홍열을 앓다가 죽음을 맞이하면서 인생에 있어 큰 슬픔을 맛본 것이다. 어린 시절 아버지와 형제자매의 죽음이나 첫 번째 아내와의 사별도 커다란 슬픔이었지만 두 번째 아내와의 사이에서 난 자식의 죽음은 의미가 남다른 또 한 번의 큰 상실이었다. 왈도가 죽은 지 한 달후, 아이가 없는 영국인 친구 칼라일에게 보낸 편지에는 죽은 아들에 대한 에머슨의 애틋한 심정이 들어 있다.

친애하는 친구여, 당신은 지난 기선 편에 이 편지와 전갈들을 틀림없이 받았겠습니다만, 그 배가 출항했을 때 나의 아들 5년 3개월의 완벽한 어린아이는 그의 짧은 인생을 끝마쳤습니다. 당신은 결코 나를 동정할 수 없을 겁니다. 그런 어린아이가 내게서 얼마나 많은 것을 가져갈 수 있는지 당신은 결코 알 수 없습니다. 몇 주일 전까지 나는 내가 매우 부유한 사람인 줄 알았습니다만, 이제는 가장 가난한 사람이 됐습니다.[1]

시 〈만가(Threnody)〉에는 자식의 죽음을 대하는 에머슨의 상반된 태도가 표현되어 있다. 이 시는 그의 아들이 죽은 직후에 쓴 전반부와 그후 2년의 세월이 지난 후 정리된 심경을 표현한 후반부로 이루어져 있다. 전반부는 말할 수 없는 슬픔으로 가득 차 있다. "너무 많이 빼앗겨" 그는 이제 사별의 아픔에 익숙해질 만도 하지만, 자식의 죽음은 아버지, 형제, 누이, 그리고 아내의 죽음과는 또 다른 깊은 슬픔으로 남아 있다.

---

1 Joseph Slater, ed., *The Correspondence of Emerson and Carlyle*(New York: Columbia UP, 1964), p.317.

남풍은

생명, 빛, 그리고 욕망을 가져오고,

모든 언덕과 풀밭 위에

향기로운 열기를 토해 내도다.

하지만 사자(死者)에 대한 지배력은 없구나.

망자(亡者), 망자를 되돌릴 수는 없구나.

언덕 너머로 바라보며, 나는 애도하도다.

돌아오지 않을 사랑하는 이를.

　(……)

어두운 그날

폭풍우보다 더 많은 구름으로 어둡고,

새 같은 떨림으로 지상으로

그대가 순결한 호흡을 토해 내고 있었을 때,

밤은 찾아왔지만, 자연은 그대를 잃었구나.

나는 말했지. '우리는 불행한 짝이로구나.'〈만가〉

　에머슨에게는 인생에 두 번의 큰 위기가 있었다. 1830년에서 1832년 사이에 한 번의 위기가 있었고, 1838년부터 1844년 사이에 두 번째 위기가 있었다.[2] 첫 아내의 죽음과 목사직 사임을 정점으로 하는 첫 번째 위기 때에 에머슨은 자연 속에 투영된 신의 얼굴을 보고 범우주적 낙관

2 Stephen E. Whicher, *Op.cit.*, p.xvi.

주의의 분위기 속에서 그 위기를 넘겼다. 그러나 두 번째 위기 때에는 사회적인 갈등과 개인적인 비극으로 인해 그의 낙관주의가 심한 도전을 받았다. 1838년 하버드에서 행한 〈신학교 연설〉 이후 그를 둘러싼 신학적인 논쟁이 격렬했다. 1840년에는 초절주의 클럽 회원들이 사회 개혁 운동의 일환으로 주도한 브룩 농장(Brook Farm) 실험에 참여해 달라는 부탁이 있었는데 이를 거절하는 과정에서 많이 지쳤다. 1841년에는 의붓할아버지 에즈라 리플리(Ezra Riply)가 사망했다. 이 일련의 사건들로 인한 에머슨의 정신적 위기는 1842년 아들 왈도의 죽음으로 정점을 이루었다.

한편 정치적인 갈등도 한몫했다. 1844년에 그가 〈영국령 서인도 제도에서의 노예 해방(Emancipation in the British West Indies)〉이라는 제목으로 강연을 했지만, 사실 그는 노예제도 폐지를 위한 실질적인 정치적 모임에 참여하는 것을 꺼려 했다. 그런 그가 진보와 보수 양 진영 사이에서 복잡한 심적 고통과 갈등으로 인해 심한 정신적 위기를 맞이한 것이다. 이때 그의 양극적 사고의 본질로서 낙천주의에 내재해 있던 회의주의가 모습을 드러내면서 그 갈등과 모순을 잠재웠다. 낙관주의와 회의주의의 상반된 두 세계관이 충돌하면서 불가피한 갈등은 있었지만, 조화를 이루고자 하는 그의 삶의 의지가 있었기에 마침내 균형이 적당히 유지될 수 있었던 것이다. 그는 결코 회의주의에 빠지지 않았다. 회의주의는 객관적 삶의 진실을 찾아가는 삶의 방식일 뿐이다.

자연의 일부인 우리도 자연의 법칙에 예외일 수 없다. 자연의 존재 양상으로서 양극성과 보상의 원리는 그대로 인간의 삶의 원리로서의 생활 철학이 되었다. 에머슨은 산문 〈보상〉에서 자연의 양극성과 "동일한 이원론이 인간의 본성과 조건의 근저에 있다"고 밝힌다. 동물의 잔인성이 인간에게도 있듯이 우리의 삶에는 선과 악이 공존하고 있으며, 계층 간에 상반된 주장이 주는 작용과 반작용으로 사회는 혼란스럽지만 그래도 전체적인 균형은 유지되어 가는 것이다. 따라서 같은 글에서 그는 모든 존재의 양극성에는 보상의 원리가 작용한다고 말하고 있다.

바다의 파도가 가장 높은 파고에서 빠르게 수평을 찾으려 하듯이, 다양한 조건들도 스스로 균형을 잡으려는 경향이 있다. 거만한 자, 강한 자, 부자, 행운아들을 실질적으로 다른 모든 사람들과 같은 위치로 끌어내려 평균화하는 상황이 언제나 존재한다.(보상)

우리네 인생에는 불행과 행복이 중첩되어 있다. 지위의 높고 낮음은 일시적인 현상이고, 길게 보면 운명은 동일한 시소의 양 끝과 같다. 기쁨 속에 슬픔이 잉태되어 있고 불행은 행복의 씨앗이다. 불행과 행복은 서로 원인과 결과로 꼬리를 물고 있어서 동전의 앞뒷면과 같이 서로 떨어질 수 없는 운명적 보상 관계를 형성하고 있다. 눈앞의 불행은 우리에겐 치명적일지 모르지만,

그럼에도 불구하고 불행의 보상은 역시 긴 시간이 흐른 뒤에야 분명히 이해된다. 열병, 수족 절단, 지독한 실망, 친구의 상실은 그 순간에는 보상되지 않으며 보상될 수 없는 상실로 보인다. 그러나 세월이 지나면 모든 사실들 밑에 놓여 있는 깊은 치유력이 어김없이 드러난다. 단지 박탈로만 보였던 사랑하는 친구, 아내, 형제, 연인의 죽음은 얼마 후에 안내자나 수호신의 양

상을 떠난다. 왜냐하면 그것은 보통 우리의 삶의 방식에 있어서 혁명적 변화들을 가져오고, 끝나기를 기다리고 있던 청춘의 시기나 유아기를 종결하며, 일상의 직업, 가족, 생활 방식을 해체하고 인격 성장에 보다 우호적인 새로운 것들을 형성케 하기 때문이다.〈보상〉

슬픔과 고통을 맛보기 전에는 행복과 평화의 진정한 의미를 깨닫기 힘들다. 에머슨의 보상 이론을 엿볼 수 있는 에밀리 디킨슨(Emily Dickinson)의 시에서처럼 "감로(甘露)를 이해하기 위해선/ 극도의 궁핍이 필요하다."[3] 1842년 아들의 죽음으로 에머슨은 분명히 인생의 비극적 요소들을 절감했을 것이다. 비록 그 불행이 준 상처를 치료하는 데 긴 시간이 필요했지만, 2년이라는 시간이 지난 뒤 그것은 보상 효과로서 그의 삶의 태도에 있어서 어떤 혁명적 변화들을 초래했다. 그는 자신의 입장 변화를 그의 산문 〈경험〉에서 분명히 밝히고 있다.

2년도 더 지난 일이지만, 내 아들이 죽었을 당시 나는 아름다운 재산을 잃어버린 것 같았다. 그러나 이제는 아니다. 지금 나는 그때의 슬픔을 내 곁에 가까이 둘 수가 없다.〈경험〉

에머슨은 죽음이 우주의 필연적인 변화의 과정임을 절감하고 있다. 그에게 죽음은 육체의 변화와 영혼의 상승일 뿐이기에, 비록 인간의 구

---

3 Emily Dickinson, *The Complete Poems of Emily Dickinson*, Ed. Thomas H. Johnson(Trowbridge, Wiltshire: Faber and Faber, 1982), p.35.

체적인 육신은 사멸하지만 생명을 있게 만든 근본 원인은 남아 있다. 시 〈만가〉의 후반부에는 평정을 되찾은 에머슨의 마음이 드러난다. 에머슨은 "슬픔이라는 불경을 초월하여" 죽음을 대하는 원숙한 자세를 보여 주고 있다.

> 깊은 본성은 답했지. '그대 우는가?
>
> (……)
>
> 나의 하인인 죽음은, 해결 의식으로,
>
> 무한 속에 유한을 쏟아붓고 있지.
>
> 자연을 순환하며 흘러가는
>
> 사랑하는 이의 원환적 흐름을 그대는 멈추게 하려는가?(')〈만가〉

에머슨에게 죽음은 끝이 아니라 우주의 생성 원리로 환원되는 것에 불과하다. 이는 휘트먼에게서도 나타나는 의식으로, 휘트먼은 심지어 "죽는다는 것은 사람이 생각하는 것과 다른, 보다 행복한 것"[4]이라고 말하기까지 한다. 에머슨과 휘트먼이 죽음을 대하는 태도는 마치 장자가 그의 아내의 죽음에 대해 보여 주었던 초월의식인 것만 같다.

> 장자의 아내가 죽어, 혜자가 문상을 갔습니다. 그때 장자는 두 다리를 뻗고 앉아 질그릇을 두드리며 노래를 부르고 있었습니다. 혜자가 말했습니다. "자

---

4 Walt Whitman, *Op.cit.*, p.35.

네는 아내와 살면서 아이들을 기르고 이제 늙은 처지일세. 아내가 죽었는데 곡을 하지 않는 것도 너무한 일인데, 거기다 질그릇을 두드리며 노래까지 하다니 너무 심하지 않은가?" 장자가 대답했습니다. "그렇지 않네. 아내가 죽었을 때 나라고 어찌 슬퍼하는 마음이 없었겠나? 그러나 그 시작을 곰곰이 생각해 보았지. 본래 삶이란 게 없었네. 본래 삶이 없었을 뿐만 아니라 본래 형체도 없었던 것이지. 본래 형체만 없었던 것이 아니라 본래 기(氣)가 없었던 것이지. 그저 흐릿하고 어두운 속에 섞여 있다가 그것이 변하여 기가 되고, 기가 변하여 형체가 되었고, 형체가 변하여 삶이 되었지. 이제 다시 변해 죽음이 된 것인데, 이것은 마치 봄 여름 가을 겨울 사철의 흐름과 맞먹는 일. 아내는 지금 '큰 방'에 편안히 누워 있지. 내가 시끄럽게 따라가며 울고불고한다는 것은 스스로 운명을 모르는 일이라. 그래서 울기를 그만둔 것이지."**5**

에머슨은 자식의 죽음이 가져온 불행으로부터 오히려 삶의 적극적인 의지를 회복하고 있다. '모든 인간 행동의 순환적 혹은 보상적 특성'은 그의 약점을 장점으로, 불행을 행복의 전기로 만들고 있다. 이 점에서 에머슨의 보상 이론은 주역에서 말하는 "궁하면 변하고(窮卽變) 변하면 통하며(變卽通) 통하면 오래간다(通卽久)"는 변화의 이치와 상당히 유사하다. '기회의 수레바퀴'는 모든 사람에게 공평하게 돌아간다고 볼 수 있다. 그와 같은 관점에서 에머슨은 산문 〈보상〉에서 "우리의 힘은 약점

---

5 오강남 역,《장자》, 현암사, 1999, p. 371~372

에서 자란다"고 말한다. 삶의 모순이 만들어 내는 인생의 보상적 원리에 의해 인간의 결점은 오히려 장점으로 화할 수 있다. 마침내 산문 〈운명〉에서, 에머슨은 우리의 한계로서 주어진 모든 운명적 요소들을 발전의 계기와 수단으로 오히려 감사하고 있다.

> 만약 운명이 광석과 채석장이라면, 만일 재해가 성공하는 데 유효하다면, 만약 한계가 미래의 힘이라면, 만일 재난과 대립과 중압감이 날개고 수단이라면, 우리는 조화를 이룰 것이다.〈운명〉

사회를 보는 안목에서도 에머슨의 양극성의 보상의 정신은 잘 나타난다. 그는 궁극적으로 조화와 균형의 사회를 추구했다. 그러나 사람들과의 논쟁을 싫어하는 성격상 직접적으로 사회 개혁 운동에 참여하는 것은 꺼려 했다. 그럼에도 그는 누구보다도 사회 개혁을 통한 조화로운 사회를 갈망했다. 에머슨은 사회 개혁에 대한 의지를 저작 여러 곳에서 피력하고 있다. 특히 노예제도에 대해 강한 개혁 의지를 보인다. 〈송시, W. H. 채닝에 바침〉의 전반부에는 노예제도에 대한 강한 혐오감과 미국 사회의 도덕 불감증에 대한 비판이 잘 나타나 있다. 이 시는 또한 전체적으로 그의 삶에 대한 이중적 태도를 보여 주고 있다. 먼저 그는 가식적인 문화로 위장한 백인 사회의 위선을 풍자한다.

> 사악한 시대의 유일한 애국자를
> 비록 슬프게 하고 싶지 않지만,
> 난 버릴 수 없어.

나의 달콤한 생각을.
사제의 위선적인 말투 때문에,
혹은 정치인의 폭언 때문에.

기껏해야 속임수에 불과한,
그들의 정치 때문에 연구를
만일 내가 하지 않는다면,
성난 시신(詩神)은
내 머리를 혼란케 하리라.

하지만 인류의 문화에 대해,
보다 나은 예술과 인생에 대해
지껄이는 자는 누구냐?
가라, 발 없는 도마뱀아, 가서,
소문난 합중국을 지켜보라.
총칼로
멕시코를 침략하는 모습을!

또는 누가, 보다 거친 목소리로,
감히 자유를 사랑하는 산악인을 칭찬하느냐?
나는 발견했노라. 오 힘차게 흘러가는 콘투쿡 강이여, 그대 곁에서,
그리고 아지오축 산이여, 그대의 계곡에서,
흑인 소유자의 앞잡이들을.

뉴햄프셔를 만든 신은

작은 인간들이 사는

드높은 대지를 조롱했노라—

작은 박쥐와 굴뚝새는

떡갈나무에서 산다—

만약 대지의 화염이

융기된 땅을 쪼개고, 사람들을 파묻는다면,

남부의 악어가 슬퍼하리라.

미덕은 흐려지고, 정의는 사라지고 없다.

자유는 찬미되지만, 감추어져 있다.

능란한 장례식사는

관 뚜껑을 들썩이게 하는구나.(송시, W. H. 채닝에 바침)

　에머슨은 인간의 위선에 참을 수 없는 분노를 느끼고 있다. 이 시의
전반부는 에머슨의 시에서는 드물게 강한 어조를 보인다. 그는 노예제
도를 찬성하는 백인들을 남부의 "흑인 소유자의 앞잡이들"이라 칭하며
혹독하게 비난한다. 남부의 악어는 물론 남부의 흑인 소유자를 가리키
는 것이다. 에머슨은 동물의 습성에서 볼 수 있는 잔악함을 인용해 '본
성의 내부에 있는 잔인성'을 암시한다. 또한 만약 죽은 자가 미덕, 정의,
그리고 자유가 흔들리는 세상에서 위선적인 장례식사를 듣는다면, 아마
그는 관 뚜껑을 박차고 나왔을 것이다.
　이 시에서 볼 수 있듯이, 에머슨의 생태적 시각은 자연 생태주의뿐만
아니라 사회 생태주의로까지 뻗어 나간다. 자연과 인간의 바람직한 관

계로서 생태적 균형이 중요하다면, 인간 사회도 사회 구성원들 사이의 조화로운 삶을 위하여 사회 전체의 생태적 균형이 무엇보다 필요한 것이다. 인간 사회는 사람들이 물질을 지배하려는 탐욕으로 물질의 노예가 되어 가는 상황에서 한 걸음 더 나아가고 있다. 사람들은 스스로를 물질로 보는 지경에 이르렀다. 이 세상이 지옥이 아니고 무엇이겠는가? 지옥과 천국은, 에머슨의 시각에서 보면, 저세상에 있는 것이 아니라 바로 우리가 살고 있는 지금 이곳의 지상에 구현되어 있는 것이다. 물질과 관념에 대한 분별과 집착의 정도에 따라 현실이 지옥도 될 수 있고 천국도 될 수 있을 뿐이다.

그러나 이런 사회의 불균형에도 불구하고 〈송시, W. H. 채닝에 바침〉의 후반부에서 보이는 에머슨의 기대는 낙관적이다. 어쩌면 전체적 균형에 대한 그의 욕구와 깊은 신앙심이 그런 희망을 갖게 했을 것이다.

신은

권력에 정의를 결혼시키시고,

사람을 살게도 없애기도 하시며—

종족들을 보다 강한 종족들로,

흑인들을 백인들로,

전멸시키시는 그분은—

사자로부터

꿀을 가져오는 법을 아시고,

해적과 터키인들에게

가장 온화한 자손을 붙여 주시노라.

러시아인들은 폴란드를 먹는다.

마치 훔친 과일처럼.

마지막 귀족은 붕괴되고,

마지막 시인도 침묵한다.

곧바로, 두 무리로

승리자들은 나뉘고,

반은 자유를 위해 싸우며 서 있다—

시신(詩神)은 그녀의 편에 수천의 사람들이 있는 것을 보고 놀란다.(송시, W. H.
채닝에 바침)

세상은 묘하게도 선(善)에서 악(惡)이 나오고, 악에서 선이 나온다. 에
머슨의 순환론적 우주관에 비추어 보면 일시적인 부조화와 불균형이 보
상의 원리에 의해 조화와 균형으로 변하고 있는 것이다. 조화와 균형은
신의 섭리다. 그러므로 "부침, 변화, 균형, 보상은 잘못들을 바로잡는 법
이다."[6] 이처럼 사회의 중립성은 사회의 모든 영역에서 끊임없는 양극성
들의 보상 작용을 통해 이룩되고 있다. 사회의 질서와 자연의 질서는 모
두 우주 전체를 하나로 만드는 거대한 힘에 의해 유지되고 있는 셈이다.

에머슨은 선과 악이 세상에 공존하지만, 결국 상보적 순환관계를 통
해 모순이 중화된다는 입장을 갖고 있다. 그의 마음속에는 청교주의의
근간이 되는 칼뱅주의의 기본 입장인 인간의 '완전한 타락'에 대한 두려

---

6 Donald Yannella, *Ralph Waldo Emerson*(Boston: Twayne Publishers, 1982), p.91.

움과 경계심, 그리고 동시에 루터의 사랑의 신과 유교의 성선설(性善說)에서 힘입은 '인간의 도덕적 본성'에 대한 믿음이 함께 있다.[7]

---

7 Arthur Christy, *Op.cit.*, p.31

2. 자립

에머슨이 추구하는 진리는 우리의 일상과 동떨어진 진리가 아니라 우리의 자연과 삶 속에 살아 숨 쉬는 진리로, 양극성의 모순을 수용하면서 동시에 초월하는 중립적 위치에 있다. 우리가 해야 할 일은 끊임없는 모순과 갈등을 균형과 조화로 변화시키는 데에 있다. 이때 무엇보다 중요한 것은 인간의 자립정신과 의지다. 또한 조화와 균형의 유지는 단순히 중간을 유지하는 것이 아니기 때문에, 중도적 지혜로서 인간의 의지와 삶의 형식이 절묘하게 배합되는 것이 필요하다.

에머슨이 아들의 죽음을 받아들이는 과정에서 자신의 정신적 위기를 극복했듯이, 조화와 균형을 이루는 과정 속에서 우리는 운명을 수용하면서 동시에 초월하게 된다. 에머슨은 삶의 양극적 모순에 대해 누구보다도 경계심을 늦추지 않았다. 그는 이상과 현실, 낙관주의와 회의주의의 극과 극 사이에서 어느 한쪽에도 안주하지 않고, 모순된 삶의 갈등 속에서 늘 그 갈등의 조화를 희구하며 살 수밖에 없었다. 체질적으로 극단을 경계하는 그의 성격 때문에 사실 그는 곧잘 양극단 어느 쪽에도 환영받지 못할 위치에 있기도 했다. 그러나 삶의 모순이 자아내는 갈등 속에서 에머슨처럼 조화된 삶을 갈망하며 매 순간 진실하게 사는 것이 진정한 삶의 모습이라고 말할 수 있다.

에머슨은 산문 〈경험〉에서 인간의 주관적인 시각을 '인간의 원죄'라 부른다. 각자의 '주관 렌즈'에 투영된 대상은 실체가 없는 개인적인 환상일 뿐, 자신의 모습과 행동도 자신이 관념이 만든 것이다. 따라서 모든 존재가 인간의 '주관적인 현상들'이다. 우리가 신이라 부르고 신봉하는 존재마저도 우리 관념의 소산이다. 인간의 모든 판단은 그러한 현상들에 대한 '하나의 그림자'일 뿐이다. 그렇다면 인간은 영원히 운명의 굴레에서 벗어날 수 없는 것일까? 〈경험〉의 첫머리에 쓰인 시에는 환영 같은 세상을 바라보는 에머슨의 혜안이 녹아 있어서, 그러한 인간의 모습이 잘 그려져 있다.

인생의 지배자들, 삶의 군주들―
그들의 지나감을 나는 바라보네.
각자 가장된 모습으로,
같은 모습이기도 하고 다르기도 하고
당당하기도 하고 무섭기도 하고
익숙한 모습과 놀라운 모습,
현상과 꿈,
빠른 행렬과 환영 같은 착오,
말없이 나타나는 기질,

그리고 유희의 고안자,

이름 없이 편재하네ㅡ

어떤 것은 보고, 어떤 것은 짐작할 뿐인

그들, 힘차게 동(東)에서 서(西)로 나아가네.

보잘것없는 하찮은 인간은 가장 낮은 존재,

키 큰 보호자 다리 사이를

당혹스러운 표정으로 헤매네ㅡ

그의 손을 잡는 온화한 자연.

강경하고도 인자하며, 친근한 자연은

작은 소리로 속삭였네, '사랑하는 이여, 근심치 말라!

내일이면 저들은 또 다른 얼굴을 하리니,

그대는 창조자! 저들은 그대의 종족이노라!' 〈경험〉

이 시에는 우리의 삶을 제한하는 운명을 수용하는 모습이 보인다. 뒤
이어 우리를 훈련시키는 자연 만물이 어떤 환영으로 나타나는지 이야기
된다. 이때, 존재의 양극성을 인정함으로써 평온을 찾던 〈스핑크스〉에서
처럼 세상의 모순을 받아들임으로써 에머슨은 역설적으로 운명의 모순
으로부터 자유로워지고 있는 것이다. 에머슨의 투명한 마음은 주관적인
인식을 깨끗이 비우고 모든 모순을 있는 그대로 수용하여 오히려 인간
의 운명으로서의 자연에 대한 '일치하지 않는 태도로부터의 탈출'[8]을 이

---

8 Harold Bloom, "The Freshness of Transformation: Emerson's Dialectics" in *Emerson: Prophecy, Metamorphosis, and Influence*, Ed. David Levin(New York: Columbia UP, 1975), p.142.

루어 낸다. 결론적으로 에머슨의 중도적 자세는 모든 것을 있는 그대로 받아들이는 것이다.

내가 아는 모든 것은 수용하는 것이다. 나는 존재하고, 나는 소유한다. 그러나 내가 획득하는 것은 아니다. 내가 어떤 것을 획득한다고 생각했을 때, 나는 아무것도 얻지 못함을 알았다.〈경험〉

그러나 에머슨은 또 한 번 이중적인 태도를 보인다. 신의 섭리를 받아들이는 입장에서 동물과 같이 마냥 수동적인 입장을 취하지는 않는 것이다. 인간은 짐승처럼 운명을 그대로 수용할 수만은 없다. 닥쳐올 운명을 피하지 않고 당당히 맞서서 전화위복의 기회로 삼아야 한다. 인간이 다른 피조물과 다른 점을 에머슨은 인간의 '엄청난 반항심'이라고 말한다. 삶의 '의지'로서 '생명력'은 끊임없이 '압제적인 환경'을 선사하는 운명에 반항한다. 인간은 운명을 한편에선 수용할 수밖에 없지만, 다른 한편에선 그에 반항하며 운명을 개선하는 양면적인 움직임을 보이는 것이다. 인간의 한계가 되는 운명에 끝없이 대항하기 위해서 그의 반항 정신은 긍정과 부정, 진보와 보수, 개인의 의지와 사회적 환경 등의 상호작용을 요하게 된다. 결과적으로 삶의 진실을 향해 가는 과정에서 보이는 불가피한 '비일관성'은 오히려 우리에게 삶의 역동성을 준다. 전진과 후퇴 속에 우리는 앞으로 나아갈 뿐, 현재의 운명을 피해 과거의 환상 속으로 숨지 말고 계속해서 변화를 이루어야 한다.

에머슨은 〈송시, W. H. 채닝에 바침〉에서 물질과 인간의 주객전도의 상황을 개탄하기도 하는데, 이는 인간의 이러한 창조적 반항 정신에 의해 개선될 수 있다. 나아가 물질주의의 병폐를 회피하지 않고 창조적으로 변화시키는 것이 참된 지식인의 사명이다. 비록 우리의 운명을 제한하는 삼라만상이 우리와 유리되어 그 장엄함을 느낄 수는 없지만, 인간은 불굴의 의지력으로 소외를 극복하고 자연의 실질적 주인으로 나설 수 있다.

> 만약 인간이 자신의 보다 나은 본능이나 감정에 충실하고, 보다 높은 혈통으로서 현실의 지배를 거부하고, 영혼에 가까이 머물러 원칙을 본다면, 그 현실은 쉽게 굴복하여 온순히 제자리로 돌아갈 것이다. 현실은 그 주인을 알고, 아무리 보잘것없는 현실도 인간을 찬미할 것이다.〈역사〉

이에 따라 우리는 인간의 빈약한 자아에 굴하지 말아야겠다. 나아가 에머슨은 산문 〈경험〉을 통해 지속적으로 보다 "더 활발한 자아 발견"을 통해 "우리네 삶의 축"을 확고히 할 것을 권하고 있다.

에머슨의 반항 정신을 시적으로 가장 잘 묘사한 것 중의 대표적인 것은 시 〈우리엘(Uriel)〉이다. 대천사 우리엘은 "반항적인 지성인의 원형적인 상징"[9]으로 에머슨 자신을 지칭한다. 〈신학교 연설〉로 세상에 드러난 에머슨의 개혁 정신은 보수적인 기독교의 도그마를 뒤흔들었다. 스스로 우리엘의 화신이 된 에머슨은 보수주의자들을 크게 꾸짖으며 말한다.

---

9 Donald Yannella, *Op.cit.*, p.21.

'자연에 경계선은 없노라,

단일체와 우주는 둥글며,

헛되이 생기지만, 모든 빛은 돌아오노라.

불운은 은총을 받을 것이고, 얼음은 타오를 것이노라.'〈우리엘〉

보수와 진보는 한없이 상대적인 관점이지만 영원한 삶의 진실은 없다. 에머슨은 그의 산문 〈원〉에서 "최종적인 미덕은 없다. 모든 것은 시작이다."라고 주장하기도 했다. 우리가 미덕, 진실이라고 부르는 모든 것은 새로운 미덕, 새로운 진실에 의해 사라지게 될 운명에 처해 있는 법이다. 그런데 새로운 진리는 기존의 사회 체제를 뒤집을 수 있어서, 기존 체제에 의존하고 있는 보수 세력의 반발을 사게 된다. 분명 그 혁명적인 연설을 통해 그는 보수적인 성직자들에게 틀림없이 충격이나 고통을 주었을 것이다.

보수주의를 대표하는 앤드루스 노턴 교수는 에머슨의 연설에 대해 "사회를 전복하고 세상을 혼돈상태로 만들 이론들"이라고 말한 바 있다. 에머슨은 섭리의 인간으로서 예수의 인격성과 신성을 동시에 믿고 있어서, 예수의 기적을 삶 속의 기적으로 인식함으로써 하나님과 하나로 보았다. 따라서 에머슨의 화신인 우리엘의 '슬픈 자각'은 만물의 '절대적인 통일성에 대한 지각'[10]이다. 변화를 통해 삶의 모순에 통일성을 주려는 생각은 오히려 '우리엘의 아름다움'에 빛을 더하고 있다. 변화는 필연적

---

[10] John Q. Anderson, *Op.cit.*, p.20.

인 삶의 법칙이지만 기존의 삶의 방식을 뒤집는 것이 되기에 인간은 변화를 원치 않는다. 그러나 변화하지 않으면 사회는 부패하기 마련이다. 이때 대천사 '우리엘의 하강'은 모순으로 가득한 세상에 역설적으로 보편적 양극성의 온전한 중립성을 확보케 한다. 에머슨은 산문 〈원〉에서 대천사의 하강을 다음과 같이 정당화하고 있다.

위대한 신이 이 지상에 사상가를 내려보낼 때 조심하라. 그다음에 모든 것은 위태롭다. 그것은 대도시에 대화재가 발생했을 때와 같으며, 누구도 무엇이 안전하고, 어디에서 그것이 끝나게 될지를 모른다. 내일이면 뒤집히지 않을 과학의 성과는 없다. 교정되지 않고 비난받지 않는 문학적 평판, 소위 영원한 명성은 결코 없다. 인간의 진실한 희망들, 그의 가슴속의 사상들, 모든 나라의 종교, 인류의 풍속과 도덕은 모두 새로운 일반론에 좌우된다. 일반론은 언제나 마음속으로 신성이 새롭게 유입되는 것이다.〈원〉

한편 에머슨의 반항 정신에도 균형 감각을 유지하기 위한 이중 의식이 작용하고 있다. 에머슨은 〈운명〉에서 '의지'에 두 가지 요소, 즉 '통찰력'과 '애정'이 필수적임을 강조하고 있다. 과학에 대한 그의 회의주의에서도 볼 수 있듯이, 그는 차가운 통찰력만으로는 세상을 변혁할 수 없으며 불같은 애정만으로도 삶의 개혁에 전제가 되는 세상에 대한 바른 인식을 할 수 없다고 본다. 따라서 그는 "의지의 활동력을 일으키기 위해 이들 둘의 융합은 반드시 필요하다"고 주장한다. 사람들은 필요에 따라 운명이나 생명력을 선택적으로 믿는다. 하지만 이 두 가지 요소의 결합은 '모든 곳에, 그리고 언제나' 이루어져야 한다.

에머슨의 반항 정신은 그의 자립의 정신에 기초가 되는 것으로, 천재에 대한 그의 정의 속에 함축되어 있다. 이에 대한 그의 입장은 〈자립〉에 분명하게 표명돼 있는데, 그는 천재가 단순히 지적 능력이 뛰어난 사람이 아니라 세상에 관해 자신의 내면에서 우러나온 '자발적 인상'을 부끄럼 없이 말하는 사람이라고 보았다. 때문에 〈자립〉을 통해 에머슨이 말하는 천재의 정의는 좀 남다르다. "자신의 생각을 믿는 것, 자신의 마음속에서 자신에게 옳은 것이 모든 사람들에게도 옳다고 믿는 것, 그것이 천재다." 에머슨의 천재는 단순히 자신의 머리만 믿는 사람이 아니라 자기 내면의 진실을 믿는 사람이다. 에머슨이 보기에 모세, 플라톤, 밀턴 같은 위대한 천재들이 전통보다는 자신의 직관을 믿으며 '사람들이 생각하는 것이 아닌 그들이 생각하는 것'을 확신을 갖고 말했다.

위대한 사람들은 언제나 그렇게 해 왔고, 그 시대정신에 어린아이처럼 의지하면서 절대적으로 믿을 수 있는 것이 그들의 마음속에 자리하고 있고, 그들의 손을 통해 작용하며, 그들의 모든 존재에 지배적인 역할을 하고 있다는 인식을 드러내 왔다.〈자립〉

에머슨은 순응심이 우리의 천재성을 막는 가장 큰 적으로 간주한다. 그리고 그 순응심을 깨기 위해 무엇보다도 자립정신이 필요하다고 보았다. 우리의 운명에도 보상의 원리는 분명히 작용하지만, 그 보상은 에머슨이 〈운명〉에서 '의지', '생명력' 그리고 '지능'이라고 부르는 인간의 적극적이고 자주적인 정신에 의해 이루어진다. "지능은 운명을 폐기한다. 인간이 생각하는 한, 그는 자유롭다."〈운명〉 인간이 자유의지로 생각하는 한, 인간은 운명으로부터 자유로울 수 있는 것이다. 운명의 제약으로부터 자유롭고자 하는 인간의 자유의지는 인간의 한계를 역으로 발전의 기회로 삼는다. 운명이 끝없이 인간에게 항거하기 힘들고 고통스러운 굴레를 드리우지만, 그 고통이 오히려 인간을 훈련시키고 성숙시키는 것이다. 그러므로 고통스러운 운명이 선사하는 최고의 효용은 인간에게 불굴의 용기를 심어 주는 것에 있다. 인간은 불굴의 정신으로 위기를 전화위복의 기회로 삼아야 한다.

굳센 의지로 자립한 인간은 모든 생명의 원초적 관계를 회복하고 절대적 존재와 일대일로 마주할 수 있는 힘을 얻을 수 있다. 〈자립〉에서 에머슨이 인간의 소외를 근본적으로 예방하는 방책으로 제시한 '자재(自在)'는 자립의 결과다. 에머슨은 인간이 삶의 총체성을 되찾아 자재, 곧 자주적 삶을 영위할 수 있도록 순응심을 배제한 자연의 중성적 상태를 희구한다.

이때 에머슨은 자연의 중성적 상태에 가장 가까운 존재가 아이들이라고 보았다. 어린아이들의 비순응적 '무관심'을 에머슨은 가장 '건강한 인간성의 태도'로 본 것이다. 아이들의 순진무구한 태도야말로 가장 자연의 진리에 가까운 중성적인 태도다. 에머슨은 어린이가 어른이 되어 가면서 순수한 중립성을 점점 상실해 가는 것을 애도한다. "아, 그가 다시 중립적인 상태로 돌아갈 수 있으면 좋으련만!"〈자립〉

반대로, 에머슨은 어른이 된다는 것을 삶의 총체성을 상실하면서 점차 자기 내부의 소리를 외면하고 남의 소리에 관심을 갖기 시작하는 것으로 간주한다. 결국 순수한 마음의 어린이가 '의식적인 인간'이 되어서, 세상의 혼탁한 관념에 그 마음이 오염되는 것이다. 그럼에도 불구하고 에머슨은 어른이 되는 것을 두려워하지 않는다.[11] 이미 어른이 다 되어 버린 우리가 다시 어린 시절로 돌아갈 수는 없겠지만, 순수함을 잃지 않으면서 인간의 한계로 주어진 운명을 극복하고, 그 과정에서 삶의 총체성을 깨닫고 세상의 모순과 갈등에 흔들리지 않는 보다 원숙한 인간이 될 수는 있다. 우리가 중도적 삶을 확립할 수 있다면 우리는 본연의 인간으로서 자연인이 될 수 있다. 맹자가 말했듯이, 대인군자는 적자(赤子), 즉 갓난아이의 마음을 잃지 않는 사람이다. 순수함과 원숙함을 동시에 지닌 인간이 진정한 대인군자다.

이에 따라 에머슨은 동서고금을 막론하고 진정 "위대한 천재는 본질적인 인간으로 돌아가는 법이다."(자립)라고 말한다. 그리고 실질적인 중도의 지혜를 갖춘 가장 본질적인 인간의 전형으로 '신사'를 꼽는다. 에머슨이 신사를 어떻게 정의하고 있는지 살펴보자.

---

11 이에 대한 에머슨의 결론은 워즈워스의 시 〈송시: 불멸성의 암시〉의 결론과 같다: William Wordsworth, *Wordsworth: Poetical Works*, Ed. Thomas Hutchinson(Oxford: Oxford UP, 1981), p.462.
    cf. "일찍이 그토록 빛나던 빛이 비록
       이제는 영원히 내 눈에서 사라지고,
       풀밭의 광휘, 꽃의 영광의
       시절을 어떤 것도 되돌릴 수 없지만 어쩌리.
       우린 슬퍼하기보다는
       아직 남아있는 것에서 힘을 찾으리라.
       존재해 온 것이 영원히 존재하리라는
       원초적 공감 속에서, 인간의 고통으로부터
       솟아오르는 위로의 마음속에서,
       죽음을 꿰뚫어보는 신앙 속에서,
       달관의 지혜를 가져오는 세월 속에서."

신사는 진실의 인간, 그 자신의 행동의 주인이며, 그의 행위의 주권을 행사한다. 사람들이나 의견이나 재산에 어떤 식으로도 의존적이거나 비굴하지 않다.⟨예절⟩

⟨예절(Manners)⟩에 따르면 에머슨은 힘과 형식의 가장 조화로운 균형이 신사의 행동 양식에 구현되어 있다고 본다. 그런 의미에서, 신사는 남의 소리를 들으면서도 자신의 입장을 창조적으로 변용하면서 자립을 유지할 줄 아는 중간자적이고 자주적인 사람이다. 따라서 신사는 남에게 관대하고 자기 자신에게 엄격한 진정한 대장부의 정신을 보인다. 한편 자립정신의 화신으로서 신사의 행동 규범을 에머슨은 '중국의 예의'에서 찾고 있다. 공자의 '예(禮)'는 인간과 인간의 실질적 조화와 균형을 가능하게 하는 행동 규범이고, 보다 깊은 의미에서는 인문 정신이다. 이것은 인간에 대한 깊은 성찰을 전제로 하고 있다. 유교의 성선설의 가르침에 힘입은 인간의 선한 본성에 대한 에머슨의 믿음이 그의 신사의 정의 속에 드러나 있다. 에머슨은 신사의 덕목으로 "진실과 진정한 힘이라는 사실 외에" "선한 마음 또는 박애"를 꼽고 있다. 그의 신사는 유교의 인(仁)과 예(禮)의 규범을 실천하는 선비와 통하는 면이 있다. 다음 크리스티의 지적에서 볼 수 있듯이, 에머슨의 신사와 공자의 선비는 비록 양태는 다를지 모르지만, 그 본질에 있어서는 유사한 인물형이라고 할 수 있다.

공자와 에머슨의 사상 모두에서 (……) 도덕 원칙은 개인이 필연적이고도 자연적으로 행동하는 원칙이었다. 그것은 만물의 본성에 내재해 있다. 만약 모든 사람들이 서로 자비심과 충실함을 보인다면, 도덕은 자발적으로 이루어진다. 인간 본성이 보다 강조되어야 한다. 에머슨과 달리 유학자들은 대령과 접하며 살려고 하지 않았다. 그러나 그들은 심오한 사회적, 도덕적 개념에 기초하여 그들의 사회 질서를 조율했다. 이러한 개념에 근거한 삶은 그 개념에 매우 유사한 결과를 낳았다.[12]

에머슨은 비록 18세기 계몽주의자 프랭클린의 '13 덕목'[13]과 같은 구체적인 행동 원칙을 제시하지는 않지만, '진정한 미국인의 엄격한 윤리 원칙'을 그의 신사에게 요구한다. 그러나 그의 신사는 칼라일의 《영웅 그리고 영웅 숭배(Heroes and Hero-Worship)》에 등장하는 이상적인 존재로서의 영웅과는 다르다. 에머슨의 신사는 보통 사람들의 자주성을 전제로 하고 있다. 칼라일의 영웅이 '일반 원칙에 입각한 일반의 미덕에 대한 숨김없는 혐오나 경멸'[14]을 전제하는 것과는 사뭇 다르다. 칼라일은 가부장적 군주제도를 옹호하며, 세계의 역사를 영웅이나 위인들의 역사로 보고 민주정치를 부정하며 올바른 영웅에 의한 귀족정치만이 진정으로 일반 대중에게 이로운 것이라고 보았다. 반면 에머슨이 강조하는 윤리는 민주정치를 가능하게 만드는 개인과 사회의 균형 의식에서 나온다. 따라서 에머슨의 자립은 '완벽한 공동체의 추구와 개인의 찬

---

12 Arthur Christy, *Op.cit.*, p.134.
13 Benjamin Franklin, *Benjamin Franklin: The Autobiography and Other Writings*, Ed. L. Jesse Lemisch(New York and Toronto: The New American Library, 1961), p.95. 프랭클린은 성공을 위해 열세 가지의 덕목들을 제시하고 있다: "1. 절제 2. 침묵 3. 정돈 4. 결의 5. 검약 6. 근면 7. 성실 8. 공정 9. 중용 10. 청결 11. 침착 12. 순결 13. 겸손."
14 Sacvan Bercovitch, *Op.cit.*, p.175.

양'[15]의 양극단 위에 확립되고 있다.

그런데 안과 밖에서 충실한 신사의 도를 행하기란 결코 쉬운 일이 아니다. 에머슨의 신사는 유교의 선비처럼 진실한 삶을 위한 끝없는 자기 수양을 요구한다. 신사의 삶을 완성하기 위해서는 지난한 고통을 수반하며 끊임없는 자기성찰을 필요로 한다. 신사의 원숙한 생활철학은 천부적인 것만은 아니다. "성격의 힘은 누적된다"(자립)고 한 에머슨의 주장에서 볼 수 있듯이, 신사의 자립정신은 신이 주신 생득적인 성령의 힘과 개인의 누적된 성격의 힘이 결합되어 승화된 결과다. 결국 불교에서 말하는 자업자득처럼 '스스로 돕는 사람'만이 '행운의 비밀'을 알 수 있는 법이다.

〈경험〉에서 에머슨은 신의 존재를 다시금 확인하고 있다. "어떤 것도 우리의 소관이나 우리의 일이 아니다." 즉 "모든 것은 신의 소관이다." 그는 신의 자비에 감사하면서도 인간의 영역을 세우는 이중적인 자세를 보이고 있다. 하지만 그는 신과 인간의 영역을 서로 충돌시키지 않는다. 이와 같은 방식으로 그는 인간과 신, 개인과 사회의 화해를 이끌어 내고 있다. 만물의 통일성에 대한 생태적 자각은 그에게 자연과 인간의 한계를 뛰어넘어 인간의 불멸성을 일깨워 줬다. 따라서 통일성과 불멸성의 암시로부터 인간은 굳센 의지를 얻을 수 있다. 또한 그 의지의 힘을 통해 마음의 평화를 얻을 수 있다. 이처럼 그가 달성한 정신적 고요함은 불멸성에 대한 확고한 믿음을 바탕으로 한 자기 완성을 향한 끊임없는

---

15 *Ibid.*, p.176.

투쟁의 결과이다. 이는 마치 깨달음을 향한 선승(禪僧)의 무서운 용맹 정진을 보여 주는 듯하다.

한편, 에머슨은 인간의 자유의지의 '상승하려는 노력'의 결과로서 "운명은 개선을 포함한다"⟨운명⟩고 보았다. 인간의 의지는 모든 한계로부터의 '해방'을 가능하게 하는 것이다. 따라서 인간의 역사는 물질과 정신 사이에서 '영원한 기울어짐과 균형'을 반복하는 역사다. 어제의 진보가 오늘의 보수가 된다. 진보와 보수가 서로 주도권을 주고받으면서 역사가 이루어진다. 시인이 '고형의 자연을 하나의 꿈으로' 변화시킬 수 있듯이, 인간이 균형을 이루기 위해 들이는 끊임없는 노력은 고정되고 폐쇄적인 사회를 탄력적이고 생기 넘치는 열린 사회로 변화시킬 수 있다. "우주의 모든 고형물은 이지(理智)가 접근함에 따라 유동체로 화할 채비를 하고 있고, 그것을 녹이는 힘이 바로 이지의 척도다."⟨운명⟩ 창조적 변용은 '생각하는 사람'의 끊임없는 자기 개혁의 모습이고 스스로 일어나고자 하는 생명의 본질적 힘이다. "이 세계가 실현하고자 하는 진정한 낭만은 실제적 힘을 향한 천재의 변용이 될 것이다."⟨경험⟩ 창조적 변용의 가장 이상적인 삶의 모습을 우리는 시인의 역할에 관한 에머슨의 글에서 엿볼 수 있다.

3. 실용주의적 중도

에머슨은 삶에서 크고 작은 상실을 많이 겪었지만 그에 대한 보상으로
그는 중도적 삶의 철학을 확고히 체득하게 되었다. 에머슨은 산문 〈경
험〉에서, 슬픔이 우리를 진리에 조금도 가까이 가게 할 수 없음을 통감
했다고 털어놓기도 했다. 그가 추구하는 진리는 과학만이나 인간의 천
부적인 기질만으로도 도달할 수 없는 곳에 있다. 그의 '정박지는 유사지
(流砂地)'다. 유사지라는 말이 암시하듯이, 끊임없이 변화하며 앞으로 나
아가는 자연의 특성을 우리의 삶 또한 갖고 있다. 따라서 삶의 과정에서
우리는 필연적으로 끊임없는 '대상의 변화'를 필요로 한다. 산문 〈원〉을
보면 에머슨이 자연과 인생에 있어 '일상적 삶의 초절주의'를 '새로운
중심'을 찾아가는 행동 철학으로 보고 있음을 알 수 있다.

우리의 생애는, 모든 원둘레에 또 다른 원이 그려질 수 있고, 자연에는 끝이
없고, 모든 끝은 단지 시작이며, 정오에 하늘에 솟아 있는 또 다른 새벽이 언

제나 있고, 모든 심연 밑에 더 낮은 심연이 시작된다는, 진실을 향한 수습 기간이다.〈원〉

만약 우리의 삶이 변화가 없이 정체되어 있는 것이라면, 마치 고인 물이 썩듯 우리의 삶 또한 부패될 수밖에 없다. 그런 의미에서 인간 사회의 생태적 균형을 위해 개인과 사회의 모든 조건들의 '끊임없는 변용'은 불가피하다. 그런데 평범한 사람들은 세상의 변화가 왜 일어나 어디로 가는지 식별할 수 있는 고도의 통찰력과 이성을 갖고 있지 못하기 때문에, 삶의 모순을 올바로 바라볼 수 없다. 이에 에머슨은 존재의 모순을 바라볼 수 있는 자신의 비책을 산문 〈운명〉을 통해 알려 준다.

인간의 조건이 지닌 신비에 대한 하나의 열쇠이자 하나의 해법, 즉 운명, 자유, 예지의 오래된 매듭을 푸는 해결책은 존재한다. 바로 이중 의식의 제안이다. 서커스의 곡마사들이 재빠르게 몸을 던져 이 말에서 저 말로 옮겨 타거나, 혹은 한쪽 발을 한 말의 등에 올리고 다른 한 발을 다른 말의 등에 올린 채로 꼿꼿이 서는 것처럼, 인간은 자신의 개인적인 본성의 말과 공적인 특성의 말을 번갈아 탄다.〈운명〉

바로 이 '이중 의식'으로 인해 우리는 상실할 위기에 있는 자연과 인간 사회의 '조화와 즐거움'을 다시 회복할 수 있다. 지금까지 줄곧 언급된 에머슨의 이중 의식은 삶의 모순을 균형 있게 바라보는 생태적 균형의 지혜이다. 자연 생태학적 측면에서 이중 의식은 인류의 미래가 물질적 진보의 한 방향뿐만 아니라 정신과 물질의 조화의 다른 한 방향이 있음을 동시에 본다. 또한 사회 생태학적 측면에서 이중 의식은 실타래처럼 꼬여 있는 삶의 모순 속에서 조화와 균형을 찾아 가는 방법을 통찰한다. 에머슨의 이중 의식은 모든 존재 양상의 전후, 좌우, 표리 등 양극적 요소들을 중도적으로 관조하는 초절적 관점이라고 할 수 있다.

진실을 추구하는 과정에서 이를 둘러싼 상황이 변함에 따라 겉보기에 논리적인 모순이 생길 수도 있다. 그러나 진정한 위인들은 남의 칭찬에 사로잡히지 않기 때문에 이러한 '비일관성'에 개의치 않는다. 이에 대해 오히려 "어리석은 일관성은 비소한 사람들의 도깨비장난으로, 보잘것없이 작은 정치인들과 철학자들 그리고 성직자들이 찬미하는 것"〈자립〉이라며 비웃는다. 더불어 역설적으로 "위대한 것은 오해받는 법"이라고도 말한다. 진실한 사람이 일시적으로 보이는 비일관성은 에머슨이 '배의 항해'에 비유한 '동일한 경향'인 전체적인 일관성에 의해 보상된다.

동일한 경향은 다양성들을 모두 하나로 결합한다. 최고의 배는 지그재그로 방향을 바꾸며 항해해 나간다. 충분한 거리를 두고 그 항로를 보라. 그것은 평균적인 추세로 직선으로 뻗어 있다.[16]〈자립〉

에머슨의 행동 철학에 있어서 '동일한 경향'은 비순응적 행위의 순수성을 의미한다. 그것은 내면의 진실이다. 모든 가식을 버린 '꾸밈없는 진실, 솔직한 고백'만이 인간의 마음을 움직일 수 있다. 에머슨에게 진실은

---

16 증기선이 발명되기 이전의 배는 바람의 힘으로 나아가는 범선이었다. 배가 목적지로 항해하기 위해서는 바람의 힘을 역으로 이용해 지그재그로 나아갈 수밖에 없다.

최선의 방책이다. "그대의 진실한 행위는 저절로 설명이 될 터이고, 그대의 다른 진실한 행위들도 설명할 것이다." 이처럼 에머슨은 객관적 진실을 위해 총체적인 시각에서 세상을 바라보고 이질적인 사상들을 수용함에 있어서 중도적인 입장을 취하고 있다. 에머슨이 추구하는 조화의 중립성의 상태는 파도와 같이 "단지 현상적인" 것이며 그 통일성은 늘 새롭게 재편되어, 정체되지 않고 매번 새로운 환경에 맞게 변화한다. 결국 기존의 사상들은 사라지고 새롭게 중화된 삶의 지혜가 형성되는 것이다. 이렇게 볼 때, 외견상 보이는 에머슨의 '비일관성'은 진실을 향한 동일한 경향을 보인다. 에머슨의 이러한 경향은 그의 체질적인 "회의적 태도"와 "마음의 영원한 개방성"과 관련 있다.[17]

〈경험〉에서 에머슨이 찾은 최상의 안식처는 '중간 세계'다. 그는 과학과 지각, 이상과 현실, 궁극적 존재와 삶의 환영 사이에 있는 '중간지대'에 '우리 존재'가 있으며, "이 양극단 사이에 삶과 사상과 정신과 시의 적도인 좁은 지대가 존재한다"고 주장한다. 인생은 비극만도 희극만도 아니기 때문에, 에머슨은 새로운 삶의 철학이 "우리가 보유하고 있는 모든 기록을 넘어서는 삶의 원칙"으로서 믿음뿐만 아니라 불신과 회의주의를 포괄하는 것이어야 한다고 믿고 있다. 삶의 모순을 올바로 바라보기 위해서 에머슨은 무엇보다 균형적 시각을 중시하게 된다. 그는 서양 정신사에서 가장 균형적이며 조화로운 인간상으로 플라톤을 든다. 우리가

---

17 Henry David Gray, *Op.cit.*, p.27.
   cf. "에머슨의 일관성과 체계의 부족을 비판하는 것이 당연하다고 느끼는 어느 누구라도, 그 부족에 대한 에머슨의 고백이, 단지 너무 형식적인 방법이다 보니 한정된 결과를 얻는다는 회의적 태도와 결부된, 새로운 진리를 수용하는 마음의 영원한 개방성이라는 것은 분명히 알아야 한다."

삶의 양극적 모순을 헤쳐 나가기 위해서는 통일성과 다양성, 동양과 서양, 관념과 행동 등 "삶의 두 극단을 통합할 수 있는 능력"[18]이 모순된 삶을 살아가기 위한 가장 중요한 중용적 지혜이기 때문이다. 더불어 아들의 죽음으로 인한 두 번째 정신적 위기에 유교와 만난 것은 다시 한 번 에머슨의 중립성 추구에 힘을 실어 주었다. 그는 1843년《일기》에서 공자를 "절대적인 동양의 현자"로서 "중도인"이고 동시에 "중재자"이며 "철학의 워싱턴"이라고 극찬하고 있다. 또한 1868년 보스턴에서 행한 〈중국사절단 환영연회 연설(Speech at the Banquet in Honor of the Chinese Embassy)〉에서는 공자의 중용을 예수의 '황금률'[19]과 동일시하고 있다. 지나침이 없는 적절한 실제적 삶의 균형을 중시하는 생활철학인 중용의 지혜는 이제 그의 삶의 실타래를 풀어 나가는 지침서 역할을 하고 있다고 볼 수 있다.

〈경험〉에서 에머슨은 "삶은 변증법이 아니다."라며 "삶에 관한 가장 고매한 이론"도 그 자체로는 삶의 총체적 의미를 설명할 수 없음을 토로한다. 우리의 삶이 변증법 같은 논리의 합으로 분석되고 해결될 수 있는 성질의 것이 아니기 때문이다. 에머슨은 초절주의자들이 주도한 브룩 농장[20] 같은 당시 사회운동들의 한계를 누구보다 잘 알고 있었다. 많은 지식인들이 삶의 현실을 모르고 이상만으로 세상을 보았기 때문이다.

---

18 Stephen E. Whicher, *Op.cit.*, p.151.

19 예수의 산상 수훈 중의 말씀: "무엇이든지 남에게 대접을 받고자 하는 대로 너희도 남을 대접하라."(마태복음 7장 12절)

20 에머슨의 초절주의에 동조하는 조지 리플리와 그의 아내 소피아 리플리가 보스턴 인근 웨스트 록스베리에 설립한 공동체 농장. 공동 생산과 분배, 공동 학교 운영 등 유토피아적 발상으로 시작했으나 결국 현실적 어려움을 극복하지 못하고 실패했다.

그 때문에 그는 어떤 사회 개혁 운동에 참여하는 것 자체나 그 운동에 참여한 친구들의 부탁에 응할 수 없었다. 이 시기에 공자와 맹자의 가르침은 삶의 철학으로서의 처세술에 안내자의 역할을 하고 있었다. 그는 브룩 농장에서 진행한 실험적인 공동체 생활에 참여할 수 없는 자신의 입장을 세상사를 등지지 않았던 공자의 입장과 동일시한다.[21] 에머슨은 《일기》에 공자의 말을 인용하며 자신의 입장을 다음과 같이 밝힌다.

장저(長沮)와 걸익(桀溺)은 나라의 혼란 때문에 국사에서 물러나 야인으로 은퇴하여, 세상에 머물러 있는 공자에게 불쾌감을 드러냈다. 공자는 한숨지으며 말했다. "나는 새와 짐승과 함께 벗하며 살 수 없다. 내가 사람을 따르지 않으면, 누구를 따르겠는가? 세상이 바른 원칙 속에 있다면, 내가 그것을 변화시키려고 해서는 안 될 것이다."《일기》

에머슨이 적어 놓은 것은 《논어(論語)》 제18편 〈미자(微子)〉 중 6장의 내용이다. 일부 원문과 차이가 있지만, 공자가 말한 부분은 동일하다.[22] 공자는 세상이 혼탁하여 도(道)가 행해지지 않는다고 해서 속세를 등지고 무위자연하는 것이 옳지 않음을 우회적으로 말하고 있다. 현실 정치에 직접 뛰어들어 세상에 바른 가르침을 주고자 했던 공자의 입장은 분

---

21 Arthur Christy, *Op.cit.*, p.126; Frederic Ives Carpenter, *Emerson and Asia*, *Op.cit.*, p.236.
22 장기근 역, 《論語》, 명문당, 2000, p. 443
  cf. "공자께서 길게 한탄하시면서 말씀하셨다. 사람은 새와 짐승과 같이 어울려 살지 못한다. 내 천하의 사람들과 더불어 살지 않고, 누구와 더불어 살겠느냐? 또한 천하에 도가 있으면, 내가 구태여 변혁하고자 하겠느냐?(夫子憮然曰 鳥獸 不可與同群 吾非斯人之徒與 而誰與 天下有道 丘不與易也)"

명 에머슨과는 차이가 있다. 그러나 에머슨은 초절주의 클럽의 회원인 올컷(Bronson Alcott)처럼 실험 농장에 참여하는 사람들이나 소로우를 장저와 걸익에 비유하고 있다. 그들이 현실의 문제를 현실 밖에서 해결하려 하기 때문이다. 그는 실험농장에 참여해 달라는 올컷의 부탁을 들어 줄 수도 없었고, 소로우처럼 월든 호숫가에서 실험적인 생활을 할 수도 없었다. 에머슨은 공자처럼 세상에 남아 현실을 직시하고 싶었다. 비록 공자와 같이 현실 정치에 참여할 수는 없었지만, 그는 공자의 적극적인 현실 개혁 의지를 갖고 있었다.

에머슨은 실험농장에 참여한 사람들의 동기는 인정하지만 인간의 문제가 어떤 결사 조직으로 해결될 수 없음을 잘 알고 있었다. 따라서 그는 중도를 택할 수밖에 없었다. 이러한 점에서 그는 전통적인 소명의식과 다른 입장을 취하고 있다. 소명의 문제에 있어서, 에머슨은 지식인의 사회적 의무를 직접적인 현실 참여가 아닌 객관적 진실을 전하는 것으로 한정함으로써 "소명의 고전적 개념"[23]을 뒤엎었다. 비록 에머슨이 지식인의 한계를 염려하지 않은 것은 아니었지만, 그는 《일기》에 맹자의 말을 적어 넣고 위안으로 삼았다.

어떤 이들은 머리로 일을 하고, 어떤 이들은 건강한 육체로 일을 한다. 육체로 일하는 자들은 다른 이들에게 통치받는다. 통치받는 자들은 통치하는 자들에게 양식을 공급한다. 이것이 모든 하늘 아래의 일반 법칙이다.《일기》

23 Anne C. Rose, *Transcendentalism as a Social Movement, 1830~1850*(New Haven and London: Yale UP, 1981), p.116.

이 부분은 《맹자(孟子)》〈등문공장구(滕文公章句)〉상(上)편에 있는 내용이다.[24] 맹자는 모든 인간에게 각자 자기의 본분이 있다고 말하고 있다. 물론 이 말은 정신노동자와 육체노동자 간의 역할의 차이를 얘기하는 것이다. 또한 이것은 하늘에서 땅에 이르는 자연의 질서를 인간의 위계질서로 정립한 유교의 전통적인 계급제도를 의미한다. 에머슨은 분명 유교의 계급제도를 옹호하지는 않는다. 에머슨은 한편으로 왕을 정점으로 해서 피라미드형으로 구성되어 있는 중국의 국가 체제의 경직성과 형식주의에 반대하고 있다. 특히 그는 중국의 경직된 위계질서 속에서 더욱 왜곡되고 지나치게 폄하된 여성들의 지위와 그들에 대한 중국인들의 태도를 몹시 비난한다. 그러나 다른 한편으로는 중국의 위계질서의 근간이 되는 예의나 효도 같은 윤리 원칙은 매우 존중한다. 다만 그는 자신의 본분이 현실 참여주의자들의 본분과 다른 것임을 위 글을 통해서 분명히 밝히고 싶었을 뿐이다.

지식인으로서 에머슨의 소명은 자연과 사회를 전체적인 시각으로 바라보고, 사람들에게 이상과 현실, 낙관주의와 회의주의가 적당히 조화된 객관적 진실을 제공하는 것이다. 따라서 채닝의 조카이며 열렬한 사회운동가인 W. H. 채닝(William Henry Channing)의 권유에도 불구하고, 에머슨이 적극적으로 사회 개혁 운동에 참여할 수 없던 이유가 그의 권

---

24 차주환 역, 《孟子》, 명문당, 1998, p. 291~292.
　cf. "어떤 사람은 마음을 수고롭게 하고, 어떤 사람은 몸을 수고롭게 한다고 하는 것이오. 마음을 수고롭게 하는 사람은 남을 다스리고, 몸을 수고롭게 하는 사람은 남에게 다스림을 받고, 남에게 다스림을 받는 사람은 남을 먹여주고, 남을 다스리는 사람은 남한테서 먹는 것이 온 천하에 통용되는 원칙이오.(或勞心 或勞力 勞心者 治人 勞力者 治於人 治於人者 食人 治人者 食於人 天下之通義也.)"

유에 대한 답변인 〈송시, W. H. 채닝에 바침〉의 시작 부분에서 분명히
나타난다.

사악한 시대의 유일한 애국자를

비록 슬프게 하고 싶지 않지만,

난 버릴 수 없어.

나의 달콤한 생각을

사제의 위선적인 말투 때문에,

혹은 정치인의 폭언 때문에.

기껏해야 속임수에 불과한,

그들의 정치 때문에 연구를

만일 내가 하지 않는다면,

성난 시신(詩神)은

내 머리를 혼란케 하리라.〈송시. W. H. 채닝에 바침〉

에머슨은 시인으로서 자신이 할 일은 미국인의 보편적인 삶의 이상을
구현하는 것이라고 보았다. "정치적인 행동보다는 미국의 정신에"[25] 전
념하는 것이 그의 소명이었다. 사회를 보는 시각에 있어서 이러한 그의
이중 의식에, 공동체 실험 생활의 동기를 높이 사면서도 자신은 참여할

---

25 Albert Gelpi, *Op.cit.*, p.62.

수 없는 그의 딜레마가 내재해 있다. 그런 의미에서, 그의 이중 의식은 지식인의 한계이면서 동시에 사명인 셈이다. 지식인의 사명은 대칭 세력 간의 싸움이나 이해관계에서 벗어나 객관적인 진실을 제공하는 것이다. 어느 한편에 서는 순간 진실은 사라지고, 감정싸움이나 밥그릇 싸움으로 번지는 것이 지금이나 당대나 일반적인 세태이기 때문이다.

그러나 이중 의식은 세상에 대한 실질적이고 균형적인 시각을 제공한다. 에머슨은 앞과 뒤, 안과 밖, 가시적인 것과 불가시적인 것을 총체적으로 응시하고자 한다. 이 점에서 그의 경험은 "지능의 변증법이 아닌 자연의 변증법"[26]이고, 따라서 그의 세계관의 변용은 전진과 후퇴 양면으로 움직이고 있다. 그는 눈에 보이는 진보뿐만 아니라 눈에 보이지 않는 후퇴도 보고 있는 것이다. 〈자립〉에서도 그의 이중 의식이 사회를 진보와 후퇴의 양면의 중도적 시각으로 바라보고 있음을 알 수 있다.

사회는 결코 진보하지 않는다. 그것은 한쪽에서 전진하는 만큼 빠르게 다른 쪽에서 후퇴한다. 그것은 계속적인 변화를 겪는다. 그것은 때로 야만적이고, 때로 문명적이고, 때로 기독교적이고, 때로 번영하고, 때로 과학적이다. 그러나 이 변화는 개선이 아니다. 왜냐하면 어느 것이 주어지면 무언가가 상실되기 때문이다. 사회는 새로운 기술을 획득하고 오랜 본능을 상실한다.〈자립〉

에머슨의 시 〈사랑에 모두 바침(Give All to Love)〉에도 그의 양면적 시

---

26 Daniel B. Shea, "Emerson and the American Metamorphosis" in *Emerson: Prophecy, Metamorphosis, and Influence*, Ed. David Levin(New York: Columbia UP, 1975), p.44.

각이 분명하게 드러나 있다. 그는 세상사에 대해 한편으로 적극적이고 한편으로 달관하는 인생관을 보인다. 사랑에 관한 이 시에서 우리는 그의 원숙한 삶의 태도를 볼 수 있다. 사랑과 같이 피할 수 없는 운명에 대해서도 에머슨은 이중적인 자세를 보이고 있다.

모든 것을 사랑에 바쳐라.

그대의 마음에 복종하라.

친구, 친척, 세월,

재산, 명성,

계획, 신용, 그리고 시신(詩神) ―

어느 것도 사랑을 물리칠 수 없다.

사랑은 용감한 주인.

영역을 갖게 하자.

완전히 사랑을 따르라.

끝없는 희망으로.

높이 그리고 더 높이

사용되지 않은 날개와

숨겨진 의도로

사랑은 인생의 정오 속으로 뛰어든다.

그러나 사랑은 신(神)이며,

자신의 길과

하늘의 출구를 안다.

사랑은 결코 비열한 자를 위한 것이 아니다.

사랑은 굳센 용기를 요구한다.

의심치 않는 영혼들과,

굽히지 않는 용기에,

사랑은 보답할 것이다—

보다 나은 모습으로,

그리고 늘 상승하며,

그들은 돌아올 것이다.

사랑을 위해 모든 것을 남겨라.

하지만, 나의 말을 들어라.

그대의 마음에 필요한 한마디를 더,

굳은 노력의 맥박을 한 번 더—

오늘, 내일, 영원히,

그대의 사랑하는

아랍인처럼 자유롭게

그대를 유지하라.

그 처녀에게 온몸을 다 바쳐 매달려라.

하지만 놀라움,

추측의 막연한 첫 번째 그림자가

그대와 동떨어진 채 기쁨에 찬

그녀의 젊은 가슴을 스쳐 지나갈 때

그녀는 자유롭고 분방하게 되리라.

그대는 그녀의 옷자락을 붙잡지도 말고,

그녀의 여름 왕관으로부터

그녀가 던진 창백한 장미를 붙잡아도 안 된다.

비록 그녀를 그대 자신처럼 사랑한다 할지라도,

보다 순수한 흙으로 된 존재로서 그랬다 할지라도,

비록 그녀의 이별이 대낮을 어둡게 하고,

살아 있는 모든 것으로부터 아름다움을 뺏을지라도,

충심으로 알지어다.

반신(半神)들이 가면,

온전한 신(神)들이 도착함을.〈사랑에 모두 바침〉

　남녀 간의 사랑은 끊임없이 인간 세상을 유지시키는 본능적인 생명 활동이다. 이는 누구도 거역할 수 없는 것이다. 그러나 모든 것은 변한다. 에머슨에게 영원할 것 같던 사랑도 지나고 나니 일순간의 '놀라움'일 뿐이었다. 그는 사랑의 피할 수 없는 운명을 받아들이고 동시에 그 운명의 변화에 자유로운 태도를 갖는 이중적인 자세를 보이고 있다. 이 점에서 사람의 할 일을 다 하고 하늘의 명을 기다리는 동양의 정신과 같은 양면적인 자세가 이 시에 들어 있다. 적극적인 실천, 그에 따른 보상에 대한 믿음, 그리고 아랍인처럼 자유롭게 결과를 맞이하는 마음의 초절적 자세는 에머슨의 진리를 향한 생활 방식이라고 말할 수 있다. 삶의 진실을 꿰뚫어 보는 에머슨의 '투명한 눈동자'는 인생을 달관한 노인의 눈처럼 세상의 모순을 포용하고 인생의 비극적 즐거움을 관조하고 있다. 따라서 삶의 모순에도 불구하고, 인생의 슬픔과 기쁨을 달관하는 '균형 잡힌 영혼'은 오히려 자유로울 수 있다.

한편 에머슨의 이중 의식은 단순히 양극단의 중간은 아니다. 그것은 극단적으로 치우치는 것에 대한 그의 경계이다. 실제로 그는 산문 〈경험〉에서 "인생 자체는 힘과 형식의 혼합물이고, 둘 중 어느 하나의 최소한의 지나침도 견딜 수 없을 것이다."라고 말한다. 과유불급(過猶不及)이라는 말처럼, 에머슨에게 지나침은 곧 부족함과 다를 것이 없다. 그는 늘 두 가지 요소의 균형을 중시한다. 그러나 차가운 통찰력과 뜨거운 애정, 제한하는 운명과 반항하는 생명력, 개인의 다양성과 사회의 통일성 등 삶의 양극적 요소들을 어떻게 균형과 조화의 상태로 유지할 것인가에 대한 실질적인 문제가 생긴다.

이에 에머슨은 〈경험〉에서 스케이트에 대한 비유를 들어 설명한다.

우리는 삶의 표면 가운데에 살고 있으며, 삶의 진정한 기술은 그 위에서 스케이트를 잘 타는 것이다. 가장 오래되고 진부한 인습 아래에서 자연의 힘을 타고난 인간은 가장 새로운 세계에서도 똑같이 번영할 수 있으며, 그것은 삶을 다루고 취급하는 기술에 의해 가능하다.〈경험〉

스케이트의 비유는 산문 〈운명〉에도 등장한다. 이 글에서 에머슨은 좀 더 적극적으로 삶의 기술을 논하고 있다. 스케이팅은 중도의 방식을 가장 구체적으로 설명하는 비유다. 좌우의 균형을 잘 잡고 우리가 삶의 기술로서 "스케이트 타는 법을 배우고 나면", 우리는 전후좌우에 관계없이 자유롭게 인생의 행로를 헤쳐 나아갈 수 있다. 중도의 지혜를 통해 인생의 양극적 요소들이 자아내는 모순과 갈등은 역설적으로 우리에게 "우아하고 달콤하며 시적인 동작"을 주는 원동력이 된다. 얼음과 같이 미끄러운 삶의 빙판 위에서 중도적 질서를 찾는다면 우리의 삶은 심미적 질서를 지니게 될 것이다. 이러한 단계에 이르면 인간에게 주어진 모든 시련과 자연의 한계는 오히려 이제는 '그가 타는 말'이 되는 셈이다.

에머슨에게 삶의 기술로서의 이중 의식은 결국, 삶의 모순을 실제적으로 헤쳐 나가기 위한 실용주의적 중도의 지혜가 된다. 우리의 삶은 오직 현재만이 있을 뿐이다. 지나간 과거는 돌이킬 수 없고 오지 않은 미래는 잡을 수 없다. 따라서 '지금 여기'의 실제적 삶과 그 삶의 순간들이 무엇보다 중요하다. 그 삶을 충실하고 진실되게 영위하기 위해서 에머슨은 일상의 삶을 중시한다.

또한 그는 현재의 "시간을 채우는 것, 그것이 행복"이라고도 말한다. 비록 인생이 고통스럽고 덧없다 할지라도, 지금 여기의 일상의 삶을 충실히 쌓아 가다 보면 결국 인생 전체가 진실하고 아름답게 되는 법이다. 일상의 삶 속의 중도의 지혜는 온갖 풍파를 겪고 그 보상으로 그가 깨달은 삶의 혜안이다. 인생을 고해(苦海)라고 할 때, 사실 우리의 삶은 그 고통의 바다에서 '환상의 폭풍우'와 같은 위험한 상황에 처할 때가 많다. 그 속에서 최상의 처세술은 균형을 잘 잡고 매 순간 자신이 처한 위치와 상황 속에서 자신의 삶에 충실히 하는 것이다. 따라서 우리가 할 수 있는 최상의 방책은 현재의 삶을 진실하게 사는 것이다.

에머슨의 이중 의식이 추구하는 궁극적 목표는 동양의 유교, 불교, 그리고 도교가 공통적으로 추구하는 중도의 철학과 유사하다. 유불선의 중도는 에머슨의 실용주의적 중도와 일맥상통하는 개념이다. 유교, 불교, 그리고 도교에서의 중도의 사상은 서로 차이가 있다. 하지만 중도가 공통적으로 만물의 본질이자 그 본질을 파악하기 위한 방법론이라는 점은 분명하다. 먼저 도교의 중도는 삶의 지혜로서 모든 일에 있어서 인위적 윤리 기준을 초월하여 중도를 제시한다.[27] 더불어 인간의 가치 기준을 초월한 생명 의식도 보인다. 자주적 삶의 철학으로서 에머슨의 중도는 도교의 중도보다는, 유교의 중용과 불교의 중도에 보다 가깝다.

인간으로서의 삶과 신의 영광을 구현하기 위해서 에머슨에게는 유교의 실질적인 삶의 철학과 불교의 초극적인 비전이 동시에 필요했다. 유교의 경전인 《중용(中庸)》에서는 '중(中)'을 '화(和)'와 함께 풀어 해석하고 있다.[28] 만물이 현상으로 나타나기 이전의 감정과 분별이 없는 상태가 중(中)이다. 따라서 중은 인간의 분별을 초월한 상태이다. 화(和)라는 것은 만물이 현상으로 나타난 이후의 상태이다. 이는 어느 편에도 지나

---

27 오강남 역, 전의 책, p. 141~142.
  cf. 《장자(莊子)》에 다음과 같은 시가 있다.
      착하다는 일 하더라도
      이름이 날 정도로는 하지 말고,
      나쁘다는 일 하더라도
      벌받을 정도로는 하지 마십시오.
      오직 중도를 따라 그것을 기준으로 삼으십시오.
      그러면 몸을 보전할 수 있고,
      삶을 온전히 할 수 있고,
      어버이를 공양할 수 있고,
      주어진 나이를 다 채울 수 있을 것입니다."
28 김학주 역, 《대학 중용》, 명문당, 2000, p.228.
  cf. "희로애락(喜怒哀樂)이 나타나지 않은 것을 '중(中)'이라 하고, 나타나 모두 절도에 맞는 것을 '화(和)'라 한다. '중'이라는 것은 천하의 대본(大本)이고, '화'라는 것은 천하의 달도(達道)인 것이다. '중'과 '화'에 이르게 하면 천지가 자리 잡으며 만물이 화육(化育)되는 것이다."

침이 없이 꼭 알맞다는 것으로 천기의 화합과 행동의 절도를 의미한다. 따라서 그것은 단순히 중간을 의미하지 않는다. 마치 스케이트를 타고 앞으로 나아가려면 때로는 왼쪽으로 때로는 오른쪽으로 몸의 중심을 바꿔야 하듯이, 삶의 처세 방식도 삶의 중심이 바뀔 때마다 바꿀 수밖에 없다. 그런 의미에서, 유교의 중용은 조화와 균형의 도이자 상황의 도이다.

한편 불교의 중도는 에머슨의 양극성의 보상의 개념에 더 가깝다. 불교의 중도도 단순히 중간을 의미하지는 않는다.[29] 불교에서는 중도를 양극단을 배제하고 중간에도 집착하지 않는 것이라고 보고 있다. 이는 에머슨의 중도처럼 양극성의 모순을 전제로 하는 것이다. 그러나 불교의 중도는 존재론적 관점에서 모든 삼라만상의 근본 원인에 초점을 두고 그 궁극을 향한 끝없는 초월의식을 보인다는 점에서 차이가 있다. 에머슨의 중도는 현실과 이상을 사이에 두고 유교적 실천적 중용과 불교적 초월적 중도를 함께 공유하는 것이라고 볼 수 있다. 불교의 중도는 조화로운 삶이 하나의 방식이기도 하지만, 무엇보다 수행적인 원리와 방법 그리고 보편적인 진리의 실상을 전하는 요체이다. 이는 유교의 중용이 신적인 존재를 거론하지 않고 가장 이상적인 삶의 질서를 찾는 데 초점을 둔다는 점을 볼 때, 차이를 갖는 지점이 된다.

에머슨은 독실한 신앙인으로서, 그리고 진실한 생활인으로서 유교와

---

29 성철, 《영원한 자유》, 장경각, 1999, p. 76~78.
  cf. "세상의 이치는 모두 상대적으로 이루어져 있습니다. 선(善)과 악(惡)의 상대, 시(是)와 비(非)의 상대, 유(有)와 무(無)의 상대, 고(苦)와 낙(樂)의 상대 등, 이렇듯 모든 것이 서로 상대적인 대립을 이루고 있습니다. (……) 중도의 세계란 유·무의 상대를 버리는 동시에 그 상대가 융합하는 세계를 말합니다. 양변을 버리는 동시에 양변을 융합하는 이 중도의 세계가 바로 모든 불교의 근본 사상이며, 그리고 대승불교 사상도 여기에 입각해 있습니다."

불교의 지혜가 동시에 필요했다. 서양적 세계관은 끊임없이 논리를 세워 세상의 현상을 설명하고자 한다. 그러나 삶은 한시도 고정되지 않고 변화하기 때문에 어떤 논리적 언어로도 삶의 진실을 모두 표현할 수 없다. 에머슨이 궁극적 진실을 향해 가는 방식은 동양 사상, 특히 불교의 방식과 유사하다. 말이 있기 전의 생각을 끝없이 참구하여 진리를 추구하는 화두(話頭) 수행은 진실을 포착하기 위해 끊임없이 의식과 언어의 한계를 깨부수려는 에머슨의 방식과 다를 것이 없다. 이 노력은 에머슨이 생각한 시의 기능과 시인의 역할을 통해 보다 분명하게 볼 수 있다.

V

—

삶의 시학

1. 상상력

우리는 삶을 어떻게 바라봐야 할까? 어떻게 세상을 보아야 삶의 객관적 질서를 찾을 수 있을까? 에머슨은 그 해답을 시인의 창조적 상상력에서 찾았다. 그에게 시인은 상상력을 통해 삶의 모순된 변화가 가지는 근원적 의미를 통찰하고 삶의 중도적 진실을 볼 수 있는 '균형자'다. 자연을 관류하는 근원적인 흐름을 지각하고, 그 흐름을 시적 자연인 '제2의 자연'으로 표현하며 자연의 영원한 진리를 우리에게 제시해 주는 것이 시인의 역할이자 시의 기능이라고 보는 것이다. 그가 자연과 시를 보는 관점은 동일하다. 자연 만물이 창조적 생명력의 발현인 것처럼, 시도 시인의 창조적 상상력의 표현이다. 따라서 내용과 형식이 유기적으로 결합된다. 이 점에서 그는 시가 살아 있는 유기체와 같다고 보고 있다. 이때의 유기시론에서 시인의 상상력이 가장 중요한 역할을 한다. 에머슨은 상상력을 '이성' 그리고 '건설적 지능'과 동일시하는 인식론적 입장을 취하고 있다. 에머슨의 상상력 이론을 통해 우리는 세상을 어떻게 인식

해야 하는지를 배울 수 있다.

우리는 에머슨의 상상력을 단순히 시론의 입장에서만 볼 것이 아니다. 상상력을 삶의 모순과 본질을 꿰뚫어 볼 수 있는 초절적 정신 능력이라고 보면, 나아가 그의 삶의 시학을 이해할 수 있을 것이다. 〈시와 상상력〉에서 그는 공상과 상상력을 대비하면서, 상상력의 속성을 다음과 같이 구체적으로 정의하고 있다.

상상력은 중심적이고, 공상은 피상적이다. 공상은 인생의 큰 부분이 놓여 있는 표면과 관련이 있다. 사랑하는 남자가 여인의 머리카락, 두 눈, 안색을 공상하는 것은 옳다. 공상은 계획적인 행위이고, 상상력은 자발적인 행위이다. 공상은 우리가 남자와 여자로 부르기로 한 인형들과의 유희이고, 상상력은 사고와 물질적 사실 사이의 실재적 관계의 지각과 확인이다. 공상은 즐겁게 하고, 상상력은 우리의 마음을 넓히고 고양시킨다. 상상력은 유기적 분류를 사용한다. 공상은 우연한 유사함으로 모여 한가한 자들을 놀래고 즐겁게 하지만, 위대한 열정과 행위가 있는 곳에서는 조용하다. 공상은 색칠하지만, 상상력은 조각한다.〈시와 상상력〉

공상은 감각에 의해 기본적인 심상들을 집합시키는 피상적인 작용으로, 일차적인 감각 작용과 관련이 있다. 반면 상상력은 일차적인 자료들을 통합하여 새로운 유기체로 만드는 창조 작용이다. 동시에 중심적인 작용으로서 오관에 받아들인 심상들을 유기적으로 분류하여 새롭게 형성하는 '자발적' 정신 작용이다. 이때 자발성이 상상력과 공상이 다른 주요 차이점이다. 상상력은 언어와 논리를 뛰어넘는 시적 영감의 도움으로 시인의 마음속에서 자발적으로 흘러나온 것을 의미한다. 그러나 공상의 도움이 없이는 상상력이 나올 수 없다. 공상과 상상력이 비록 차원이 다른 정신 작용이지만, 이 둘은 상호 보완적 작용을 통해 통합적 기능을 수행한다. 공상은 결국 상상력에 밑거름을 제공하는 역할을 한다고 볼 수 있다. 에머슨은 상상력을 통합적 작용으로, '사고와 물질적 사실 사이에서 실재적인 관계'를 수립하는 것으로 보았다. 정신과 물체의 진정한 관계를 드러냄으로써, 상상력은 인간과 세계의 유기적 통합을 이루어 낸다. 이처럼 상상력의 작용은 에머슨의 유기시론에서 존재의 가장 본질적인 면과 관련되어 있다.

에머슨의 시 중에서 상상력의 유기적 통합력을 가장 분명하게 보여주는 시로 〈눈보라(The Snow-Storm)〉가 있다. 눈보라가 아름다운 설경을 만들듯이, 시인의 상상력은 자연과 인간을 유기적으로 통합하고 조각함으로써 한 편의 아름다운 시를 완성하고 있다.

하늘의 온갖 나팔 소리로 예고된
눈이 도착하고, 그리고, 들판 위로 질주하며,
어디에도 내릴 것 같지 않다. 새하얀 대기는
언덕과 숲, 강, 그리고 하늘을 가리며,
정원 끝 농가에 장막을 씌운다.
썰매도 여행객도 끊어지고, 안내인의 발길도
지체되고, 모든 친구들도 갇힌 채, 집 안 사람들은 앉아 있다.
불타오르는 벽난로 주위에, 둘러싸인
사나운 폭풍의 은둔 속에.

와서 보라. 북풍의 석공술을.

보이지 않는 채석장에서 영원히

기와를 공급받아, 성난 예술가는

튀어나온 지붕으로 하얀 돌출부의 곡선을 이룬다.

모든 바람 불어오는 쪽 말뚝, 나무, 문마다 돌아가며.

속도를 내며, 무수한 손을 가진, 그의 거친 작업은

너무도 기발하고, 너무도 사나워서, 전혀 그는 개의치 않는다.

수나 비례에 대해. 우롱하듯이,

닭장이나 개집에 그는 파로스산(産) 백색 대리석 화관을 걸고,

백조와 같은 형체를 감춰진 가시에 수여하고,

벽 사이 농부의 샛길을 가득 채운다.

농부의 한숨에도 불구하고. 그리고 입구에는

뾰족 탑이 그 작품 위로 치솟아 있다.

그리고 그의 생애가 다 가고, 세상이

모두 그의 것일 때, 그렇지 않은 듯, 물러나고,

태양이 출현할 때, 남겨진 놀라운 예술은

느린 축조 속에 흉내 낸다. 돌 하나하나,

한 세기에 건설될, 광풍의 한밤 작업을,

눈의 야단스러운 건축을.〈눈보라〉

"하늘의 온갖 나팔 소리로 예고된" 눈보라는 세상에 온통 하얗게 장막
을 씌운다. 그러나 "사나운 폭풍의 은둔"이 암시하듯이, 우리는 눈보라
를 바라보는 이들의 숨죽인 기다림과 한편으로 자연의 창조의 격렬함을

엿볼 수 있다. 북풍은 자연의 "보이지 않는 채석장"에서 거친 작업을 하는 무수한 손을 가진 성난 예술가다. 상상력을 암시하는 북풍은 폭설을 몰고 온 동시에 그 석공술은 인간의 창조적 예술 활동에 비견되는 위대한 예술품을 만들어 내고 있다. 그러나 너무도 기발하고 너무도 사나워서 인위적인 수나 비례를 전혀 고려하지 않는다. 왜냐하면 기계적인 힘이 아니라, 바로 유기적인 창조력이기 때문이다. 그 결과 성난 예술가인 북풍은 자연의 끊임없는 변용을 통해 아름다운 설경을 만들어 내고 있다. 눈보라의 생애가 끝나면 또다시 해맑은 날이 찾아오지만, 광풍의 한밤 작업이 만들어 낸 놀라운 예술은 인간이 수 세기에 걸쳐 만든 어떤 예술품과도 견줄 만한 작품을 만들어 내고 있다. 그러나 눈의 야단스러운 건축을 진정한 예술품으로 인식하는 것은 바로 시인의 상상력이다. 상상력이 자연과 사고를 결합시켜 이미지의 변용을 이루고, 평범한 설경은 시인의 의식적인 예술혼에 의해 아름다운 예술로 승화되고 있다.

한편 상상력의 특징인 자발성의 개념은 에머슨이 영국 낭만주의 시인들로부터 배운 것이다. 자발성은 자연의 생명력이 가지고 있는 특징적 현상이다. 에머슨은 낭만주의 시인들보다 더 직접적으로 자연 속에서 유기시의 자발성을 배울 수 있었다. 자연 속에서 이질적인 요소들이 유기적으로 통합하며 전체적인 조화와 균형을 유지하듯이, 시 속에서도 부분과 부분, 부분과 전체, 그리고 내용과 형식이 유기적으로 강하게 결합되어야 한다고 에머슨은 주장한다. 이러한 맥락에서 그가 시를 보는 관점은 필연적으로 유기시론의 입장을 지닐 수밖에 없다. 에머슨에게 영향을 미친 영국 낭만주의 시인들에게 시는 자연과의 불가분의 관계에서 정립되고 있다. 그들 대부분에게 자연은 곧 산, 나무, 강, 꽃 새와 같은 자연계의 사물들을 의미했기에, 자연 풍경 자체가 낭만주의 시들의 주된 주제가 되었다.

에머슨에게 특히 큰 영향을 미친 콜리지와 워즈워스는 자연을 보고 다루는 방식에 있어서 대조를 보이는데, 에머슨은 이 둘의 영향을 동시에 받았다. 콜리지에게는 자연이 인간이 지각할 수 없는 초연실적 창조력의 원천이라면, 워즈워스에게는 인간과 아주 유사하고 그의 영적 갈망을 충족해 주고 그에게 신을 제시할 수 있는 것으로 인식되었다. 워즈워스는 시골 사람들의 평범한 삶 속의 일상적인 것들을 상상력을 발휘하여 새롭게 보이게 하며, 그 속에서 인간 본성의 근본 원칙을 찾아내고자 했다. 이 점에서, "워즈워스와 에머슨은 모두 자연 속에서 '영원성의 유형과 상징들'을 보았다."[1]

한편 콜리지는 예술이 자연의 모방이라는 명제에서 시작하지만, 그의 자연에 대한 모방은 '피조물로서의 자연(natura naturata)'에 대한 복제가 아니라 '창조자로서의 자연(natura naturans)'을 능동적으로 재현하는 것이었다. 그의 자연관은 창조적 상상력에 의한 유기적 생기론과 밀접히 연관되어 있다. 그의 《문학평전》을 살펴보면 좋은 시는 내적 에너지에 의해 유기적 형식에 이르게 되는 성장해 가는 나무와 같으며, 이질적 요소들이 전체에 맞게 동화될 뿐만 아니라 각 부분이 서로 독립적이고 서로 목적과 수단이 되는 통일성을 이룬다는 그의 생각을 여러 군데에서 발견할 수 있다. 이 점에서 콜리지의 통일성의 시학은 에머슨의 자발성

---

1 Albert Gelpi, *Op.cit.*, p.67.

의 개념에 유용한 이론적 틀을 제공한다.

자연현상의 내적인 힘이 그 외부 구조를 결정하듯 시를 만드는 것은 바로 사상이라고 할 수 있다. 시를 '강한 감정의 자연 발생적 넘쳐흐름'이라고 정의한 워즈워스처럼, 에머슨은 시란 시인의 의식적 노력과 시적 영감이 결합된 사상이 숙성되어 자발적으로 흘러넘쳐 나온 것이라고 본다. 에머슨이 시의 자발성을 밝힌 산문 〈시인(The Poets)〉에서 볼 수 있듯이 자발적인 성장으로서의 예술 작품은 형식과 내용, 운율 또는 언어와 사상 등이 분리될 수 없을 정도로 유기적 통일성을 이루고 있다.

왜냐하면 시를 만드는 것은 운율이 아니라 운율을 만드는 논의이기 때문이다. 사고가 매우 강렬하고 생생하면 그것은 식물이나 동물의 정신처럼 그 자신의 구조를 갖고 새로운 것으로 자연을 장식한다.(시인)

에머슨은 시의 운율이 시 자체의 내용으로부터 발전해 나오는 것이지 미리 결정되지 않는다는 점을 지적하고 있다. 여기서 중요한 것은 사상이 형식에 우선한다는 것이다. "사상과 형식은 시간 순서상 똑같지만, 발생 순서상 사상이 형식을 앞선다."(시인) 그러므로 시인의 사상이 고양되면 표현이 이를 따르게 된다. 에머슨의 시 〈두 강(Two Rivers)〉은 그의 이러한 작법을 잘 보여 주고 있다.

머스케타키트, 그대의 여름 목소리는
비의 음악을 반복하고,
하지만 보다 달콤한 강은 고동치며 지나간다,

그대를 통해, 그대가 콩코드 평원을 지나듯이.

그대는 좁은 둑에 갇혀 있지.
내가 사랑하는 강물은 무제한으로 흘러
강과 바다와 창공을 지나,
빛을 지나, 삶을 지나, 그것은 앞으로 흘러간다.

나는 감미로운 대하(大河)를 보고,
나는 강물의 흐름을 듣는다.
세월을 지나, 인간을 지나, 자연을 지나 흐르는,
사랑과 사상을 지나, 힘과 꿈을 지나는.(두 강)

이 시는 자연의 전체적인 변용의 느낌이 강물의 흐름을 통해 잘 나타나 있다. 이 시의 원전을 보면 l, r 등의 유음과 t, f, s 등의 무성음을 많이 사용하여 강물의 흘러가는 소리와 자연의 변용의 느낌을 감각적으로 보여 주고 있다. 에머슨의 시 중에서 가장 음악적인 시 중 하나라고 할 수 있다. 강둑을 거닐며 떠오른 생각은 흐르는 강의 물결과 조화를 이루며 시의 전체 형식을 지배하고 있다. 그런 의미에서, 이 시는 그의 내용과 형식의 불가분리성에 관한 그의 이론과 잘 부합한다.

〈시와 상상력〉에서 에머슨은 "만물의 본성은 흐르는 것, 즉 변용이다."라고 설파한다. 그러나 마치 공기의 흐름을 느끼기 힘든 것처럼, 자연의 순환적 변용을 인식하기란 결코 용이하지 않다. 하지만 에머슨은 시인이 충분히 발전된 상상력을 갖고 있기 때문에 끝없는 사물의 변용 아래 존재하는 통일성을 드러낼 수 있다고 본다. 이 점에서 '변용의 시적 지각'은 상상력의 주된 기능이다. 끊임없이 변화하는 삶의 진실을 꿰뚫어 보기 위해서 시인의 상상력은 고정되지 않은 유동적인 특성을 지닌다. 변화 속에 변하지 않는 진리를 암시적으로 드러내는 자연의 방식이, 상상력을 통해 존재한다. 우리의 상식은 눈에 보이는 자연을 최종적인 사실로 보지만, 상상력은 자연적 사실을 통해 그것의 숨은 의미를 본다. 에머슨은 〈시와 상상력〉에서 다음과 같이 설명한다.

> 상식이 사물들 또는 눈에 보이는 자연을 진정한 그리고 최종적인 사실들로 보는 반면, 시, 즉 그것을 구술하게 하는 상상력은 이들을 통해 보는 이차적 시각으로, 그들이 의미하는 사상에 대한 표상이나 말들로 이용한다.〈시와 상상력〉

시인은 자연을 매개로 하여 진실을 전한다. 따라서 시인의 상상력은 사물의 배후, 즉 숨은 의미를 보는 이차적 시각이다. 시인은 상징화되고 언어화된 제2의 자연을 통해 자연의 실재를 전한다. 여기서 자연과 그것의 상징으로서 언어는 똑같은 것이 되고 있다. 그러나 자연은 끝없는 변용의 모습을 보이기 때문에, 고정화된 상징으로는 그 참모습을 그리기 힘들다. 따라서 상상력은 자연의 변용에 걸맞은 적절한 상징을 이용할 줄 아는 유동적 특성을 갖고 있어야 한다.

> 상상력의 속성은 흐르는 것이지 얼어붙는 것이 아니다. (……) 순간은 진실한 의미지만 곧 낡고 잘못된 것이 되는, 하나의 의미에 상징을 고정하는 신비주의자와 시인 사이의 차이점이 여기에 있다. 사실 모든 상징은 유동적이

며, 모든 언어는 매개적이고 중간적이다.⟨시인⟩

　에머슨에게 자연은 영혼의 상징이고 자연이 변하듯 상징은 유동적이다. 또한 삶의 진실도 상황이 바뀜에 따라 매 순간 변한다. 그러나 매개적이고 중간적인 언어는 자연과 삶의 변용을 표현하기 힘들다. 따라서 시인은 먼저 고도의 상상력을 동원해 상징의 유동적인 속성을 파악하고 이를 언어에 적용해야 한다.

　상징에 관해서 에머슨은 칼라일의 영향을 많이 받았다. 에머슨은 칼라일의《의상철학》을 통해서 상징에 관한 많은 것을 습득했다. 1833년 제1차 유럽 여행을 마치고 돌아온 후, 1836년 에머슨은 이 책의 미국판 서문을 썼다. '의상철학(衣裳哲學)'이라고 의역이 되는 이 책에서 칼라일은 의상이란 단지 우리가 입는 의복만이 아니며 모든 자연현상을 영혼을 상징하는 의상으로 보았다. 칼라일은 "눈에 보이는 만물은 상징이다. (……) 상징적인 모든 것은 당연히 의복이다."[2]라고 주장하며, 이에 따르면, 인간은 '육신의 옷을 입고'[3] 도처에서 '상징에 둘러싸인 자신'[4]을 발견하게 된다. 에머슨은 기본적으로 칼라일의 입장을 따르고 있다. 그는 산문 〈시인〉에서 에머슨도 "우리는 상징이고 또 상징에 살며, 노동자, 일, 연장, 언어와 사물, 탄생과 죽음, 이 모든 것들은 상징들이다."라고 말하며 칼라일과 마찬가지로 자연과 인간을 전체적인 상징으로 인식하

2 Thomas Carlyle, *Op.cit.*, p.55.
3 *Ibid.*, p.55.
4 *Ibid.*, p.167.

는 모습을 보여 준다.

　자연 만물과 인간 세상사의 모든 일들이 상징이며, 그것들은 인간의
사상과 삶에 신비한 관계를 맺고 있다. 자연은 모든 이에게 차별 없이
가슴속 비밀을 이야기해 준다. 국가나 지역에 따라 다른 언어와 그 언어
규칙을 갖고 있는 인간의 언어와 달리, 자연의 언어는 모든 경계를 초월
한 만유 공통의 '그림 언어'이기 때문이다. 에머슨에게 자연은 "인간 삶
의 모든 경과에 대한 하나의 거대한 그림책"으로 "전체적으로 그리고 모
든 부분에 있어서 상징"이다. 그런 관점에서 보면 자연의 언어를 활용하
여 시인이 삶의 진실을 얘기하는 것은 당연하다고 볼 수 있다. 에머슨
은 여기서 더 나아가 동서양의 이용 가능한 모든 사상들을 삶의 진실을
표현하는 상징으로 삼고 있다. 시인의 상상력은 유형, 무형의 상징 속에
들어 있는 세상의 진리를 꿰뚫어 본다.

2. 창조적 변용

'사유하는 인간'으로서의 시인은 끊임없는 정신적 성숙을 거쳐 깨달은 자연의 오묘한 변용의 의미를 상징과 은유로 표현한다. 이 점에서, 시인의 창조적 변용이 상상력의 가장 중요한 기능이라고 할 수 있다. 시인의 창조적 변용은 끊임없이 창조적 자기 변신을 요한다. 이 과정에서 부분과 전체, 내용과 형식, 이상과 현실의 양극성을 어떻게 유기적으로 조화시킬 것인가가 중요한 화두로 등장한다. 에머슨의 시론과 시인론에서, 양극성의 모순을 조화와 균형의 상태로 만들어 가는 에머슨의 시적 이상과 그 이상의 구현자로서 시인의 창조적 변용과 그의 사명을 엿볼 수 있다.

삶의 객관적 진실을 찾기 위해서는 끊임없는 인식의 변화를 요구한다. 시인의 상상력도 인식의 변용의 과정을 거쳐 성숙하게 된다. 이 점에서 에머슨의 상상력 이론은 인식론적 입장을 띤다. 산문 〈지능(Intellect)〉에서 그는 인간의 정신 행위를 식물의 성장에 비유하면서 "식물이 뿌리, 싹, 그리고 과일을 갖듯이, 그대는 먼저 본능, 그다음 의견, 그다음 지식을 갖는다"며 그 모든 과정을 개화의 과정과 동일시한다. 식물이 뿌리, 싹, 그리고 과일의 순서로 개화되는 생명의 변용 과정을 거치듯이, 인간의 정신도 본능, 의견, 그리고 지식의 순서로 인식의 변용 과정을 갖는 것이다. 인간의 의식은 본능의 상태에선 자연의 동식물과 크게 다를 바가 없다. 그러나 인간은 감각 작용에 의한 세상과의 교감을 통해 점차 인식의 수준이 상승한다. 갓 태어난 아이는 동물과 다를 바가 없어서 본능적으로 세상은 본다. 이 단계에선 본능과 인식이 하나다. 그러나 점차 인식 수준이 향상되면서 인간의 의식은 세상과 분리하여 자신과 세상을 별개로 보게 된다. 다시 말하면 지각의 주체와 객체 사이에 인식론적 틈이 발생한 것이다. 에머슨은 이 현상을 《자연》에서 오성과 이성의 차이를 구분하면서 설명한다.

자연이라는 절대적 존재에 대한 일종의 본능적인 믿음은 감각과 갱신되지 않은 오성에 속한다. 감각과 오성의 관점에서 보면 인간과 자연은 불가분의 관계로 결합되어 있다. 사물은 궁극적인 것들이고, 결코 그 영역 너머를 볼 수 없다. 이성의 출현은 이 신념을 깬다. 사고의 첫 번째 노력은 자연의 한 부분인 양 우리를 자연에 묶는 이러한 감각의 독재를 완화하는 경향이 있고, 자연을 멀리 떨어져 부유하는 것처럼 우리에게 보여 준다.(자연)

오성은 자연이 궁극적인 것이라고 믿는 일종의 본능적인 감각 작용이다. 그러나 이성은 본능의 상태를 넘어서 고정된 자연에 내재된 본질의 흐름을 인식하게 되므로 마치 자연을 부유하는 것처럼 보이게 하는 초월적 인식 작용이다. 에머슨은 오성을 공상과, 이성을 상상력과 동일시한다. 그러나 무의식적 행동으로서 최초의 의식인 본능으로부터 분리되고 이탈하여 의견과 지식으로 인식의 수준이 상승하는 것이 필연적인 과정은 아니다. 그것은 사유하는 인간만의 특징이다. 왜냐하면 비록 인간이 인식을 하기 위해서는 환경이 필요하지만 환경은 감각의 독재를 받기 쉽기 때문이다. 한계가 있는 감각 작용은 새로운 지식에 대한 걸림돌이 될 수밖에 없다. 그러나 감각과 지능은 각기 독립된 별개의 기능이 아니다. 이 둘은 상호작용을 통해 분리될 수 없이 결합되어 있다. 산문 〈시와 상상력〉에서 에머슨이 밝히고 있듯이,

감각은 물질의 표면적 사실을 수집한다. 지능은 이들 야생적 보고 자료에 작용하여 그들로부터 경험의 정수 혹은 지적 형식인 결과들을 획득한다. 그것은 그들을 비교하고, 분배하고, 일반화하여 그 자신의 영역으로 향상시킨다.〈시와 상상력〉

지능은 감각의 야생적 보고 자료들을 비교하고, 분배하고, 일반화하여 '새로운 초절적 전체'를 만든다. 다음 시 〈음악(Music)〉에서처럼 시인은 자연의 표면적 사실들을 통해 천상의 음악을 듣는다.

내가 가고자 하는 모든 곳으로 가게 해 주오,
나는 천상의 음악을 아직도 듣고 있다네.
그것은 오래된 모든 것들에서 들리고,
그것은 새로운 모든 것들에서 들리며,

깨끗한 모든 것에서, 더러운 모든 것에서,

즐거운 노래가 울려 퍼진다.

그것은 장미에서뿐만 아니라

그것은 새에서뿐만 아니라,

무지개 빛나는 곳뿐만 아니라,

들려오는 여인의 노래에 있을 뿐만 아니라,

가장 어둡고, 천한 것들에서도,

언제나, 언제나 무언가 노래한다.(음악)

시인은 어느 곳에서나 눈에 보이는 자연물들, 이를테면 장미, 새, 무지개와 같은 깨끗한 것뿐만 아니라 '진창과 찌끼'처럼 가장 어둡고 천한, 더러운 것을 보고 그들의 즐거운 노래를 듣는다. 시인의 상상력은 감각의 야생적 보고 자료들을 '지식의 원료'로 삼아 사상으로 승화시킨다. 감각, 경험, 지식, 그리고 사상은 '감각↔경험↔지식↔사상'의 도식으로 마치 물의 순환과 같이 서로 상보적 순환 관계를 이루고 있다. 이에 대해 에머슨은 지능의 법칙을 두고 "우리가 바로 숨을 들이쉬고 바로 숨을 내쉬며, 심장이 피를 빨아들이고 바로 방출하는 원리인, 자연의 법칙—파동의 법칙을 닮은 것 같다"(지능)고 말한다.

사고의 확장과 축소는 끊임없는 정신적 변용을 거치는 유기적 과정이다. 마치 숨을 들이쉬고 내쉬는 심장의 박동처럼, 인간의 정신은 끊임없이 변용하는 여러 사고의 파동과 그 정점을 향한 계속적인 성장을 통해 성숙된다. 그 과정에서, 보다 낮고 보다 높은 정신 활동은 필연적이다. 자연이 파동과 율동을 이루며 존재하듯이, '사고의 생애'[5]도 일정한 파동의 법칙을 보인다. 본능과 의식은 서로 수축과 확장의 연관 관계를 갖고 성장하고 쇠퇴한다. 본능이 확장되면 의식은 수축하고, 의식이 확장되면 본능은 수축된다. 그러나 본능 없이 의식이 존재할 수 없다. 또한 의식은 인간의 잠재의식 속으로 들어가 또 다른 본능의 씨앗이 된다. 본능적인 행위와 의식적인 사고는 서로 상승과 하강의 파동을 이루며 상보적 순환의 생명 주기를 갖고 있다. 연설문 〈미국의 학자〉에서 에머슨은 이 파동의 법칙이 자연의 양극성의 원리와 같은 것임을 밝힌다.

> 호흡의 들이쉬고 내쉼 속에, 욕구와 포만 속에, 바다의 밀물과 썰물 속에, 낮과 밤 속에, 열기와 냉기 속에, 그리고 모든 원자와 모든 유체 속에 보다 깊이 뿌리박혀 있듯이, 스스로 드러나는 자연의 파동의 대법칙은 우리에게 양극성의 이름으로 알려져 있습니다.〈미국의 학자〉

이처럼 성숙된 지능을 얻기 위해선 많은 인내의 시간과 노력이 필요하다. 그런 맥락에서, 〈지능〉의 서두를 장식하는 시에서 에머슨은 다음과 같이 시인을 격려한다.

> 가서, 사고의 별들을 촉진하라,
> 그들의 빛나는 목적을 향해.

---

5 Leonard Neufeldt, *Op.cit.*, p34.

씨 뿌리는 사람은 그의 씨를 널리 뿌리고,

그대가 뿌리는 밀은 영혼이 되리.⟨지능⟩

지속적인 자기 변신을 통해, 시인은 지능의 최종 단계에서 그의 빛나
는 목적을 이룰 수 있다. 그러나 시인은 먼저 그의 씨를 널리 뿌려야 한
다. 그리고 뿌려진 씨가 찬란한 영적 등가물로 자라나기 위해서는 끊임
없는 노력과 인내가 요구된다.

한편 에머슨은 시인의 지적 활동을 '지각적 지능'과 '건설적 지능'의
두 가지 인식론적 측면으로 나누어 설명한다. 지각적 지능이 사물들을
지각함으로써 세상과의 분리를 인식한다면, 건설적 지능은 분리된 인상
들을 종합하여 상호 결합된 새로운 이미지로 통합하는 것이다. 따라서
"건설적 지능은 사고, 문장, 시, 계획, 디자인, 시스템을 만"들며, "이지(理
智)의 유발, 즉 자연과 사고의 결합"이 된다.⟨지능⟩ 결과적으로, 건설적 지
능은 자연과 사고 간의 긴밀한 상호작용을 통해 제2의 자연을 만드는
것이다.

따라서 에머슨에게 건설적 지능은 천재와 같은 의미로, 진리의 출현
을 가능하게 하는 고도의 정신 작용을 의미한다. 그에게 건설적 지능으
로서의 이성과 상상력은 동일한 개념의 다른 말이다. 이성의 주된 기능
은 에머슨이 《자연》에서 제시한 "물질과 마음을 결합시키는 유추 관계"
를 지각하는 것이다. 유추 작용은 모든 사고의 특징으로서 자연의 무수
한 변용의 의미를 지각하게 한다. 그는 산문 〈시와 상상력〉에서 사고의
유추적 특성에 대해 다음과 같이 말한다.

모든 생각은 유추적이고, 환유를 배우는 것은 인생의 용도다. 한 요소의 새로운 형태로의 끝없는 변천, 끊임없는 변용은, 상상력이 우리의 정신력 목록에서 우리가 갖고 있는 지위를 설명한다. 상상력은 이 형태들의 독자다._{〈시와 상상력〉}

에머슨은 자연 속의 "한 잎의 이파리, 한 줄기 햇빛, 한 폭의 풍경, 대양 등은 마음에 유사한 인상을 준다"_{〈자연〉}고 말한다. 비록 만물은 각기 독특한 형태를 지니고 있지만 개체들이 모여 유사한 계층을 만들고 있고, 그러한 계층들이 모여 전체적 통일성을 이루고 있다. 다양성 속에서 통일성을 이루고 있는 자연의 모든 현상들은 시인의 마음에 유추적 인상을 준다. 시인은 자연이 끝없이 변용하는 의미를 비유를 사용하여 예술적으로 표현한다. 따라서 인식 작용으로서 변용의 개념은 비유어로서 은유와 불가분의 관계를 맺게 된다. 왜냐하면 언어는 인간의 인식 작용 그 자체이며, 의식의 은유적 흐름 없이는 불가능하기 때문이다. 그러므로 상상력이나 인식 작용을 표현하는 언어는 상징과 비유로, 곧 은유라고 말할 수 있다.

   은유는 그 말 자체에 변용의 의미를 내포하고 있으므로[6] 자연히 변용을 수반하며, 은유의 변용과 인식의 변용은 동반한다. 따라서 인간 정신이 개화하는 과정은 시에서 은유가 변용되는 과정으로 나타난다. 에머

---

6 Terence Hawkes, *Metaphor*(London: Mettuen, 1972), p.1.
   cf. "메타포란 말은 '넘어서'를 의미하는 '메타'와 '운반하다'를 의미하는 '페라인'에서 파생된 그리스어 '메타포라'에서 나온 말이다. 그것은, 한 대상이 다른 대상으로 운반되거나 전이되어, 마침내 두 번째 대상이 첫 번째 대상인 양 언급되는, 일련의 특별한 언어학적 과정들을 칭한다."

슨에게 인식의 변용 과정과 인식을 표현하는 은유의 변용은 연결되어 있다. 은유의 변용 과정은 끊임없는 조합과 재조합으로 이어진다. 사실 언어에는 표현의 한계가 있기 때문에, 일단 언어로 표현된 것은 어떤 것이든 의미가 어느 정도 고정될 수밖에 없다. 주요 에머슨 연구가 뉴펠트는 이 점을 새로운 '출발'을 위한 '일시적인 중지'로 설명한다.

그것(표현)이 없으면, 사상은 체셔 고양이처럼 사라진다. 하지만, 특히 언어에 있어서, 표현은 어느 정도의 고정화를 의미한다. 사실 정신이 멈추지 않는다 해도, 언어는, 어떤 의미에서, 정지이기 때문이다. (……) 일시적인 정지는 또한 바로 출발점이기도 하다.[7]

이와 같은 언어의 한계를 에머슨은 〈지능〉에서 통찰한 바 있다. 시인은 한 편의 시를 쓸 때, 그 자체로 완전한 사고와 "그 상상적 어휘"를 얻기 위해 조합과 재조합을 쉬지 않고 계속한다. 비록 일시적인 정지는 있을지라도, 출발은 계속되어야 한다. 또한 "모든 사고는 역시 하나의 감옥이기에," 천재는 계속해서 그 감옥의 벽을 깨부숴야 한다.

〈멀린 I〉은 창조적 변용을 이루어 가는 시인의 노력을 중세 음유시인 멀린을 내세워 비유적으로 잘 보여 주고 있다. 이때 멀린은 자유분방한 시인을 상징한다.

---

7 Leonard Neufeldt, *Op.cit.*, pp.42~43.

그대의 하찮은 하프는 결코 즐거움을 주거나

나의 열망하는 귀를 충족하지 못하지.

그 현들은 미풍이 불듯 부드럽게 울려야 해,

자유롭고, 단호하고, 분명하게.

  (……)

궁정시인은

망치나 철퇴로 치듯,

현(絃)을 거칠고 세게 쳐야 한다.

벼락같은 예술을 만들어,

태양의 궤적의 비밀과,

번뜩이는 광휘(光輝)의 불꽃을 전하기 위해.〈멀린Ⅰ〉

　하찮은 하프의 선율 같은 시는 결코 감동을 줄 수 없다. 시인은 미풍이 불듯 자유롭게, 하지만 단호하고 분명하게 자신의 사상을 전해야 한다. 그러나 이는 결코 쉬운 일이 아니다. 그는 완전한 유기적 통일체로서 시를 만들기 위해 힘든 탁마의 과정을 겪어야만 한다. 이상적인 시인은 벼락같은 예술을 만들 수 있다. 그러나 '거칠고 세게' 그리고 '망치'나 '철퇴'가 암시하듯이, 그것은 규정화된 틀과 형식을 전제하지 않는 동시에 결코 쉽지 않은 연마의 과정을 거쳐야 함을 알 수 있다. 또한 살아 있는 영혼의 예술을 만들기 위해선, 시인은 "소란스러운 리듬과 음률"에 방해받아선 안 된다. 고정화된 규칙이나 생각을 버리고 나서야 비로소 그는 "경이의 계단"을 타고 "천국으로 올라간다." 따라서 진실한 삶을 승화시킨 예술 작품을 만들어 내기 위해서 시인은 자연의 모든 사물들을 고정하지 않고 풀어 자신의 사고의 축을 중심으로 새롭게 배열해야 한다. 그런 과정을 거친 시인의 유기체와 같이 살아 있는 시는 우주의 비밀이나 불꽃같은 예술혼을 담아낼 수 있다.

그러나 벼락같은 예술을 만들기 위한 시인의 노력에 있어서 에머슨은 양면적인 입장을 취하고 있다. 사유하는 인간으로서 시인의 의식적인 노력과 시적 영감의 원천인 대령으로부터의 자발적인 넘쳐흐름이 모두 그의 예술이 창조되는 과정에 중요하다. 이러한 점에서 시신의 영감으로 신과 인간이 하나가 되는 일원론과 인간의 의식적인 노력을 중시하는 이원론이 하나가 된다고 볼 수 있다. 시적 영감에 대한 그의 갈구는 그의 시 〈바쿠스(Bacchus)〉에 잘 나타나 있다. 바쿠스의 상징인 술은 이 시에서 신의 대령이 투영된 '영원한 이슬'을 나타내고 있다.

술은 음악,
음악과 술은 하나이지,
그래 난 이것을 마시고,
나와 저 혼돈이 이야기하는 것을 듣고,
나와 태어나지 않은 왕들이 걷겠지.
그리고 불쌍한 풀은 계획하겠지.
인간이 될 때 할 일을.
무척 생기를 되찾아, 나는 풀 것이라네.
모든 바위의 모든 암호문을.〈바쿠스〉

현명하게도 자연에 두루 스며 있는 우주 영혼의 기류에 자신의 몸을 내맡김으로써 시인은 존재의 비밀의 문을 열 수 있다. 인간과 신이 자연을 매개로 하나가 되었을 때, 진정한 제2의 자연으로서 시가 탄생하는 것이다. 모든 생명력이 통합된 시를 위해 에머슨은 감각과 논리의 한계로부터 깨어 나오는 '자발적 또는 직관적 원칙'을 매우 중시한다. 따라서 그는 플라톤식의 일원론과 이원론의 변증법적 통합과 플로티노스식의 넘쳐흐르는 우주 영혼의 수용성을 동시에 받아들이고 있는 셈이다.

한편 우주 영혼인 대령은 우리의 개별 영혼 속에 투영되어 있기에 우리가 의식하지 못하는 와중에 우리 의식의 한계를 뛰어넘는다. 시적 영감으로부터는 인간의 의식과 언어의 논리로는 생각할 수 없고 표현할 수 없는 것들이 나온다. 에머슨은 시인의 상상력을 신의 성령인 대령으로부터 유출되어 나온 개별 영혼으로 보았다. 만물이 신의 중심으로부터 나왔다는 그의 생각은 시의 내용으로부터 형식이 자발적으로 나온다는 시의 자발성 개념과 상통한다. 이 개념과 관련하여 그는 시 〈문제〉에서 예술가의 재능에 관한 그의 초절적 비전을 전하고 있다.

결코 헛된 혹은 얕은 생각에서
경외의 제우스상을 젊은 피디아스는 만들지 않았다.
결코 약은 입술에서
감동의 델피의 신탁이 나오지 않았다.
본성의 중심으로부터
유구한 성서의 취지(趣旨)가 흘러나왔다.
모든 나라의 탄원 기도들은
마치 화산의 불꽃처럼 생겨났다,

불타는 저 밑 중심으로부터 위로,

사랑과 고뇌의 찬송가들이.

베드로 성당의 둥근 지붕을 완성하고

기독교 로마의 복도에 궁륭을 만든 손은

진정 순수하게 일했다.

그는 신으로부터 자유로울 수 없었다.

그는 자신이 아는 것보다 더 잘 지었다.

의식하는 돌이 자라 아름답게 되었다.〈문제〉

피디아스의 제우스상, 델피의 신탁, 성서의 취지, 베드로 성당의 둥근 지붕, 그리고 기독교 로마의 복도의 궁륭 형상 속에는 인간의 논리로 해결할 수 없는 대령의 불가해성이 스며 있다. 그것들은 인간의 헛된 혹은 얕은 생각이 아닌 본성의 중심으로부터, 즉 신의 성령으로부터 자발적으로 나왔다. 이런 생각은 에머슨의 주된 요지 중의 하나로, 그의 산문 곳곳에 드러나고 있다. 지식에 대한 영혼의 우월성에 관한 언급은 산문 〈대령〉에 여러 번 반복적으로 나온다. 더불어 영혼의 자발적 넘쳐흐름이 인간의 초월적 인식을 가능하게 하는 이유를 다음과 같이 말하고 있다.

우리는 우리가 아는 것보다 현명하다. (……) 왜냐하면 만물과 만인의 창조주가 우리 뒤에 서서, 만물 위에 그의 외경스러운 전지전능함을 우리를 통해 투사하기 때문이다.〈대령〉

그런 의미에서, 시인은 '신 같은 본성'을 지니게 하는 '불멸의 영액'

을 맛본 사람이다. 에머슨은 시적 영감과 자연의 창조력이 모두 창조주의 본성에서 나온 것이라고 보았다. 이 점에서 그에게는 예술을 창조하는 원리와 자연을 지배하는 원리가 같다. 같은 맥락에서 예술가의 창조 정신과 본성의 내부에서 자발적으로 나오는 힘은 동일하다. 이는 자연, 예술가, 그리고 신을 관류하며 그 셋을 하나로 연결하는 힘이다. 따라서 다음 시 〈문제〉에서 볼 수 있듯이, 자연의 생성 원리와 문명의 형성 원리가 같기 때문에 문명의 창조물들과, 자연의 생성물인 '안데스 산'과 '아라랏 산'의 나이가 같다고 보는 초절적 인식이 가능하다.

그대는 아는가. 무엇이 저 숲 속 새의 둥지를

나뭇잎과 가슴의 깃털로 짰는지.

혹은 아침에 해마다 방을 색칠하며

조개가 어찌 자신의 껍질을 보다 단단하게 만들었는지.

혹은 지난 잎에 무수한 새 잎을

신성한 소나무들이 어찌 덧붙였는지.

사랑과 공포가 기와를 붙이는 동안,

그렇게 이들 성스러운 대건축물들이 축조되었다네.

대지는 자랑스럽게 파르테논 신전을 지니고 있다.

제가 지닌 가장 좋은 보석으로,

그리고 아침은 성급히 눈꺼풀을 열어,

피라미드를 응시한다.

하늘은 영국의 수도원들 위로 몸을 굽힌다.

친구들 위에 드리우듯, 유사한 눈으로.

기실 사고의 내부로부터

이러한 경이들이 높이 솟아올랐다.

그래서 자연은 기꺼이 그들에 자리를 내주고,

자신의 족속으로 받아들이며,

안데스 산과 아라랏 산과

동일한 나이를 수여했다.〈문제〉

에머슨은 다양한 예를 들어 비유적으로 만물에 깃든 생명력의 자발성을 잘 표현해 냈다. 진정한 예술 작품이 인간의 얄팍한 사고가 만들어 낸 형식에 맞추어 형성되는 것이 아니라 사고의 내부에 있는 본성의 중심으로부터 자연스럽게 흘러나왔다는 생각은 에머슨의 이중 의식의 한편에 자리 잡고 있다. 그러나 시신으로부터의 시적 영감의 자발적 수용과 시인의 예술적 변용의 모순 사이에 진정한 문제가 발생한다. 인간의 의식과 의식할 수 없는 자연의 본성 사이에, 그리고 언어와 표현할 수 없는 본질 사이에 존재하는 괴리가 그것이다. 에머슨은 모순된 두 가지 정신을 동시에 수용하고 있지만, 이러한 양극성의 모순은 오히려 시인의 창조력의 원천이기에 예술의 창조적 변용의 시작이 되고 있다.

인식론적 측면에서 에머슨은 플라톤의 변증법적 입장을 수용한다. 플라톤은 세계를 눈에 보이는 현상계와 눈에 보이지 않는 이데아의 세계로 나누었다. 실재의 세계는 인간의 감각에 의해 지각되지 않은 채 현상계 뒤에 존재하기 때문에, 오직 초월적 지능에 의해서만이 지각될 수 있다. 절대적인 실재의 모사물에 불과한 자연을 통해서 인간은 역으로 이데아에 접근할 수 있다. 지식의 대상인 이데아를 인식하기 위해 경험적인 대상으로서의 자연물이 필요하므로, 플라톤은 사물을 배척하는 대신 오히려 인식의 매개로 수용했다. 사물과 그 원형인 이데아는 구별되지만 그것들은 상호 유사성에 의해 관련을 맺고 있다고 볼 수 있다. 플라톤이 언어에 대해 분명하게 말한 것은 언어는 그 자체의 법칙에 의해 유기적으로 구성되어야 한다는 것뿐이다.[8] 에머슨처럼 플라톤을 따르는 시인들은 대체로 플라톤처럼 언어에 있어 은유의 유기적인 관계와 상상력의 표현으로서 은유의 작용을 강조하는 경향이 있었다.

에머슨의 시론은 삶의 시학이라고 할 수 있다. 시의 내용에 따라 형식이 변화하듯이, 우리의 삶도 삶의 내용에 따라 그 형식이 변화해야 한다. 또한 시인이 끊임없는 상징과 비유의 변용을 통해 새로운 진실을 드러내듯이, 우리의 삶도 객관적 삶의 진실을 구현하기 위해서 삶의 변화에 따라 끝없는 자기 성찰과 자기 혁신의 모습을 보여야만 한다. 인간은 언어와 관념으로 살기 때문에, 이 과정에서 제일 중요한 것이 의식의 확장과 그 확장에 따른 언어적 표현이다. 자유로운 의식은 자유로운 표현을 가져온다. 우리의 의식과 표현이 상호작용하면서 우리는 삶의 진실에 보다 실체적으로 다가갈 수 있다. 그 전제 조건으로 우리는 삶에 대해 끝없이 열린 태도를 유지해야 한다. 언어화된 어떤 이론과 사상도 변

---

8 Terence Hawkes, *Op.cit.*, p.35.
    cf. "플라톤에 의해 가장 분명하게 설파된 예술 원칙들 중의 하나는 유기적 통일에 관한 것이다. 모든 언술은, 그가《패드러스》에서 말한 바, '살아 있는 창조물처럼 구성된' 것이어야 한다. 즉, 그것은 그 구성 요소들이 접속하여 단순히 전체를 구성할 수 없는 것과 마찬가지로, 유리하게 나누어질 수 없다. 비슷하게, 언어는 하나의 전체이며, 아리스토텔레스와 달리, 플라톤은 명백히 그 통일성을 위반하고 싶지 않았던 것으로 보인다. 그는 시적 언어와 수사 언어를 분리하지 않는다."

화하는 삶의 실체를 영원히 포착할 수 없다. 49년간 설법을 하고 난 석가는 열반에 들기 직전 자신은 한 번도 설법한 적이 없다고 말했다. 그는 상황의 진실을 말했을 뿐이다. 어떠한 언어도 영원한 진리를 표현할 수 없기 때문이다. 언어와 관념은 상황 속에서 그 의미를 갖는데, 그 상황은 계속해서 변한다. 따라서 모든 언어와 사상은 진리를 표현하는 일시적인 하나의 방식일 뿐이다. 이 점에서 의식의 끝없는 해방을 통해 형식에 매이지 않는 자유로운 삶을 살아가는 것이 궁극적으로 진리의 세계로 들어가는 관문이 된다.

3. 삶의 미학과 삶의 진실

에머슨에게 시인은 생태적 진실을 제시할 수 있는 양극성의 '균형자'다. 그런 의미에서 시인은 에머슨이 추구하는 진실한 인간의 전형이 된다. 시인이 한 편의 좋은 시를 창조하는 과정에서 보이는 끊임없는 창조적 변용은, 우리가 진실한 삶을 살기 위해 몸부림치는 끝없는 자기 개혁의 모습과 비슷하다고 볼 수 있다. 시인의 역할이나 시의 기능에 관한 논의는 고대 그리스로부터 현대에 이르기까지 문학의 주된 관심사다.[9] 마찬

---

9 '시'란 용어는 고대 그리스부터 본래 넓은 의미의 문예 창작, 즉 문학을 지칭했다. 시인의 역할과 기능에 대한 논의도 같은 맥락에서 이루어졌다. 플라톤은 인식론적 관점에서 시는 이데아에 대한 모방의 모방, 즉 이중의 모방이기 때문에 가치가 없으며, 도덕적인 관점에서도 인간의 이성을 북돋워 주지 못하고 불손한 감정을 조장하므로 유해한 것으로 보았다. 그러나 아리스토텔레스는 인식론적 관점에서 시가 개연성과 필연성의 법칙으로 실제 있는 일보다 있음 직한 일을 기술하는 것이라며, 일어난 일을 기술하는 역사보다는 더 철학적이고 중요한 의미를 갖고 있다고 생각했다. 도덕적인 입장에서도 비극을 예로 들어, 연민과 공포를 일으키는 비극 작품을 통해 인간은 그러한 감정들의 정화(Catharsis)를 이룩할 수 있으므로 오히려 정서적 균형 상태를 유지할 수 있다고 보았다. 신고전주의에 들어서서 필립 시드니는 아리스토텔레스의 사상을 계승하여 시가 모방의 예술이지만, 철학보다는

가지로 에머슨에게도 시의 기능과 시인의 역할에 관한 논의는 중요했다. 에머슨이 시인을 진실한 인간의 전형으로 보았기 때문에, 시인의 역할과 시의 이상적 기능에 관한 그의 논의를 통해 우리는 에머슨이 말하는 진실한 삶의 전형을 추적할 수 있다.

현대적 의미의 시와 시인에 관한 본격적인 논의는 19세기 영국 낭만주의 시인들에 의해 이루어지기 시작했다. 신고전주의를 지나 낭만주의 시대에 접어들면서 시의 즐거움은 이전 시대처럼 교훈을 전제하지 않았다. 워즈워스의 경우 시의 교훈보다 쾌감을 더 강조했지만, 쾌감의 도덕적 의무를 무시하지는 않았다. 시는 기본적이고 일반적인 지식을 갖고 있는 사람들에게 기쁨을 주고, 그 기쁨은 인간들 사이의 사회적 유대를 가능케 하는 토대를 이룰 수 있다. 따라서 워즈워스는 18세기 시인들의 자의적이며 변덕스러운 시어보다는 일반 사람들이 사용하는 언어를 더 중시했다. 콜리지는 시를 넓은 의미에서 상상력을 통해 만든 모든 예술로 간주했다. 그는 모든 예술의 공통적인 본질이 "아름다움을 매개로 하여 쾌감이라는 직접적인 목적을 위해 정서를 자극하는 데"[10]에 있다고 주장했다. 그러나 동시에 그는 진리를 예술의 궁극적인 목적으로 보았다. 왜냐하면 진정한 만족은 진리와 실재에 대한 인식을 통해서라야 확보될 수 있기 때문이다. 더불어 아름다움은 진리가 무엇인가에 대해 고

더 구체적이고 역사보다는 더 보편적이기에 더 우월한 것으로 보았으며, 나아가 로마 시인 호라티우스의 사상을 계승하여 시인의 역할이 도덕을 가르쳐 줄 뿐만 아니라 즐거움도 주어 인간의 정신적 향상을 도모하는 것이라고 보았다.

10 Samuel Taylor Coleridge, "On the Principles of Genial Criticism concerning the Fine Arts" in *Criticism: The Major Texts*, Ed. W. J. Bate(New York: Harcourt Brace Jovanovich, 1970), p.365.

양된 인식 속에 발견될 수 있다. 따라서 예술은 효과적인 정서적 반응을 확보할 수 있는 방법으로 가치 있고 진실한 것을 제시함으로써 쾌감을 준다. 바로 이런 의미에서 예술은 '아름다움을 매개로 하여 쾌감이라는 직접적인 목적을 위해' 정서를 자극하는 것이다.

에머슨은 콜리지와 워즈워스의 논의에서 자신의 시론의 많은 자양분을 받았다. 그는 "시는 만물의 정신을 표현하려는, 동물적 육신을 지나 그것을 존재하게 한 생명과 이성을 탐색하려는 영원한 노력"(시와 상상력)이라고 보았다. 에머슨은 무엇보다 인간의 생명과 그 본질로서의 이성을 중시했다. 따라서 그에게 시는 '상식을 표현하려는 시도가 아닌' 유일한 진실의 표현이다. 또한 에머슨은 시의 가치에 있어 다른 어떤 것보다 교육적 가치를 우선했다. "시의 최고의 가치는 우리를 도달하기 힘든, 자체 한계를 넘는 높은 수준으로 교육하는 것—질서와 미덕에 복종시키는 것이다."(시와 상상력) 에머슨은 시인이 자연을 매개로 해서 우리에게 전달할 수 있는 중요한 덕목으로 자연의 질서와 미덕을 들었다. 이 점에서 에머슨은 콜리지처럼 시의 진리 추구를 중시하지만, 그처럼 '쾌감이라는 직접적인 목적'을 추구하지는 않았다. 에머슨에게는 문학적 즐거움보다는 삶의 진실이 우선한다.

한편, 워즈워스에게 시인의 주된 역할이 기본적이고 일반적인 지식을 갖고 있는 사람들에게 사회적 유대가 가능하도록 삶의 기쁨을 주는 것이라면, 콜리지는 보다 더 '이상적'인 시인의 역할을 생각했다.[11] 콜리지

---

11 Samuel Taylor Coleridge, *Biographia Literaria*, Ⅱ : 15~16.
    cf. "**이상적**으로 완벽하게 묘사된 시인은 정신적 능력들의 상대적 가치와 위엄에 따라서, 능력들

에게 시인의 가장 중요한 역할은 시인의 종합적 정신 능력인 상상력을 통해 인간의 전체 영혼을 활동케 하는 것이었다. 워즈워스의 시인관이 일상적인 세계와 관련되어 있다면, 콜리지의 시인관은 초자연적인 세계와 관련되어 있다고 볼 수 있다. 에머슨이 보는 시인의 역할의 경우에는, 워즈워스나 콜리지보다 훨씬 복합적이다. 에머슨의 시인은 일상과 초자연을 동시에 바라볼 수 있는 사람이어야 한다. 그의 세계관에서 보면 현실과 이상은 분리되어 있는 것이 아니라 통합되어 있는 것이었다. 시인은 생명의 찬미자이고, 외부적 자연(nature)과 내부적 자연(human nature)의 경이자이며, 동시에 숲의 혜안으로 천계의 현명한 선구자이고 자연이 주는 기쁨을 진실로 아는 자연의 진정한 찬미자로서의 음유시인이다. 에머슨에게 시인은 자연적이면서도 초자연적인 것을 동시에 보고 제시할 수 있는 사람이다. 또한 그에게 시인은 '대표자'이고 '전인(全人)'이며 '상징자'이자 '해방자'이며 동시에 '비밀을 보는 자'이다. 따라서 시인은 모든 영역에서 자연과 혼연일체가 된 완벽한 인간으로서, 한 발짝 더 가까이 자연의 변용을 본다. 에머슨의 눈은 "두 종류의 시각─ 눈으로 보는 감각적 시각과 눈을 통해 보는 정신적 시각"[12]을 모두 갖고 있다. 그러므로 그의 시인의 눈은 모든 부분과 부분, 부분과 전체를 통합할 수 있다. 따라서 시인으로서 "'나'는 '눈'으로, 의식적인 자아가 아닌 절대 자아로서 작용한다."[13] 시인의 눈을 통해 삼라만상과 시인이 하

을 서로에게 종속시키면서 인간의 전체 영혼을 활동시킨다."
12 Albert Gelpi, *Op.cit.*, p.69.
13 *Ibid.*, p.70.

나가 될 수 있는 것이다. 에머슨에게 시인의 눈은 최고의 예술가인 셈이다. "눈은 첫 번째 원이고, 그것이 형성하는 수평선은 두 번째 원이며, 자연을 통해 이 주된 형상은 끝없이 반복된다"^(원)고 말했던 것처럼, 에머슨은 동심원처럼 퍼져 나가는 무수한 삶의 패턴을 시인의 눈을 통해서 하나로 통찰할 수 있다고 보았다.

시인은 '신비한 시각'으로 자연을 바라보며, 어디를 가든 편안함을 느낀다. 또한 자연도 '신비한 감응'으로 그를 알아본다. 자연의 신비는 진실을 볼 수 있는 자에게 언제나 열려 있기 때문이다. 그러나 자연은 진실하지 않은 자에게는 냉혹하다. 자연의 법칙은 인과응보의 법칙이다. 자연에 대항하는 모든 자에게 자연은 냉혹한 대가를 지불하게 한다. 에머슨에게 자연은 아름답고 자애로우면서 동시에 정확하고 엄격한 존재다. 자연은 진실한 자에게 진리를 보여 준다. 궁극적으로 에머슨이 지향하는 시학은 진실한 삶의 미학이다. 이 점에서 그의 시는 삶의 진실을 드러내기 위한 수단인 셈이다.

삶의 모순 속에서 진실을 유지하기 위해서는 무엇보다 균형 감각이 중요하다. 에머슨은 균형자로서의 시인의 역할을 자연 속에서 찾았다. 조화와 균형을 이루어 가는 자연의 깊은 움직임은 시인의 정신 속에 가장 잘 투영되어 있다. 에머슨의 시 〈멀린Ⅱ〉의 후반부는 그의 시 중에서 양극성의 조화와 균형에 있어서 시인의 중도적 역할을 잘 표현하고 있다.

질서 있는 무용단처럼
사고(思考) 역시 어우러짐 속에 이루어진다.

동등한 짝을 이루고,

혹은 달리 번갈아 가며,

공통의 판단의 척도에 의해

서로서로에게, 활력과 연륜을 주며.

    (……)

독수리 날개처럼 완벽한 쌍을 이룬,

공평은 만물의 운(韻)이다.

거래와 계산은

동일한 곡조의 영감을 이용한다.

그리고 네메시스는

우수와 기수를 조화시키고,

시공을 가로질러

부분적 잘못을 시정하며,

적정 기간을 채우고,

노래를 끝마친다.

미묘한 시들은, 잔해가 가득한 채,

생명의 집에서 나직이 들린다.

운명의 여신들은 물레를 돌리며 노래한다.

완벽한 박자와 운율로 그들은

우리의 공명하는 육신을 반죽한다.

그사이 하루의 두 황혼은

음악에 취한 우리를 혼합한다.〈멀린II〉

자연의 '불멸의 영액'을 맛본 시인은 자연의 생명력을 부여받았다. 따라서 시인은 누구보다도 '자연의 양극단'을 조화시킬 수 있는 정신을 소유하고 있다. 그런 점에서 "시인은 힘의 균형을 이룬 사람이다."〈시인〉이 시에 균형자로서의 시인의 모습이 잘 나타나고 있다. 조화로운 시인의 사고는 질서 있는 무용단처럼 논리의 고리가 정연하게 이어져 있다. 비록 그 사고는 상황의 변화에 따라 일시적으로 변화의 흐름을 보이겠지만, 자연의 균형처럼 전체적으로는 완벽한 논리의 균형을 이룬다. 또한 상반된 논리의 생각들이 "공통된 판단의 척도에 의해/ 서로서로에게, 활력과 연륜을 주"게 된다. 더불어 이 시에서는 조화와 균형이 이루어지는 과정도 볼 수 있다. 완벽한 쌍을 이룬 모든 만물의 운은 공평, 즉 균형이다. 인과응보의 여신인 네메시스는 "우수와 기수"의 양극성을 조화시키며 부분적인 잘못을 개선하여 '공평'을 이루고, 마침내 시공을 가로질러 조화와 균형을 이룬 생명의 노래를 완성한다. 음유시인인 멀린은 자연의 완전한 균형적 대칭 구조를 그의 노래 속에 재현하고 있다. 결국 시인의 정신과 자연의 정신이 같은 원리에서 움직이고 있는 것이다. 운명의 여신들은 완벽한 박자와 운율로 노래를 부르며 인간의 육신을 반죽한다. 생명의 집에서 신들의 천상의 음악에 취한 인간의 공명하는 육신은 완벽한 조화와 균형을 끊임없이 메아리치고 있다. 생명의 균형과 조화의 미묘한 시는 음악적 특성을 이루며 기운생동(氣韻生動)한다.

〈숲의 노래Ⅱ〉에도 조화로운 생명 활동이 만들어 내는 아름다운 삶의 시학이 나타나 있다. 자연의 모든 부분들은 조화로운 균형 상태를 이루면서 만들어 내는 생명의 노래는 아름답다. 자연은 생명의 노래를 배울 것을 우리에게 재촉한다.

나와 함께 와서 배우자 생명의 노래를.

그 강한 음악으로 세상을 엮어 내지.

그대의 시야를 고상한 음률로 높여라.

사물과 사물의, 시간과 시간의,

빛과 그늘의 원초적 조화의 선율,

소리와 메아리의, 남자와 여자의 선율.

대지는 바다에 반영되고,

몸과 그림자는 늘 따라다닌다.

자연은 완벽한 조화 속에 생동하고,

자연의 모든 신비는 운을 이루며 돈다.

육지에 혹은 바다에 임하거나

제 연금술을 지하에 숨기든지 간에.〈숲의 노래 II〉

사물과 사물, 시간과 시간, 빛과 그늘, 소리와 메아리, 남자와 여자, 육지와 바다, 그리고 몸과 그림자 등 자연의 모든 만물이 조화롭게 쌍을 이루자 생명의 기운이 충만하게 살아 움직이고 있다. 자연은 완벽한 조화 속에 생동하고, 이러한 자연의 조화로운 율동 속에 연금술 같은 생명의 창조가 숨을 쉬고 있다. 우리의 삶이 비록 모순되어 있지만 자연이 가르치는 생명의 율동을 배운다면, 우리의 일상은 모순의 갈등을 넘어 생명의 찬미로 가득찰 것이다.

동양의 자연관과 예술정신의 핵심이라고 할 수 있는 기운생동의 음악적 특성이 에머슨이 추구하는 조화로운 삶으로 가는 데 중요한 역할을 한다고 볼 수 있다. 동양 예술의 기운생동은 사물의 생기(生氣)와 의

태(擬態)가 음악적 조화를 이루며 생동하는 것을 말한다. 중국에서 현대 신유학의 주요 학자 중의 한 사람인 서복관(徐復觀)은 그의 저서《중국 예술정신(中國藝術精神)》에서 기운생동에 대해 "기운은 곧 생명력의 승화라고 할 수 있다. 도가적 사상에서 보자면 생명의 본질이라고 할 수도 있다. 그러므로 기운은 곧 생동할 수 있는 것이지만 단지 생동함이 있는 것만으로 기운이 있다고 할 수는 없다. 따라서 기운생동의 주체는 기운에 있다"[14]고 말한 바 있다. 중국 남제 말기의 화가인 사혁(謝赫)이 회화의 육법[15] 중 하나로 제시한 기운생동은 서복관이 생각한 회화의 최고 경지를 지칭한다. 일반적으로 에머슨의 시에는 회화적인 요소보다 강하게 나타나는데, 〈멀린〉 연작을 비롯해 양극성의 조화를 다룬 여러 시에는 동양 예술의 기운생동에서 보이는 회화적인 요소와 음악적인 요소가 함께 혼합되어 있다. 그런 의미에서 에머슨은 산문 〈시와 상상력〉에서 음악이 자연의 조화를 표현하기 좋은 수단임을 지적한다. "운(韻)은 일종의 음악으로, 진리를 이야기하는 특권을 갖고 있는 음악의 이러한 이점을 공유한다." 이 음악적 특성을 이용하여 자연은 조화로운 균형을 완성한다. 결국 시인은 자연의 조화로운 생명의 율동 속에서 시적 영감을 받아 부분과 전체, 내용과 형식이 완전히 조화되어 아름다운 '새로운 초

---

14 서복관,《중국예술정신》, 권덕주 외 역, 동문선, 1997, p.219~220.

15 서복관, 앞의 책, p.175.

cf. "비록 그림에는 육법이 있지만 여섯 가지를 다 겸비하고 있는 사람은 매우 드물다. 옛날부터 오늘날에 이르기까지 각기 그 중의 한 가지만을 잘할 따름이다. 육법이란 무엇인가? 첫째는 기운생동을 말하고, 둘째는 골법용필을 말한다. 셋째는 물체에 따라서 형상을 부여하는 것을 말하고, 넷째는 물체에 따라 채색하는 것이다. 다섯째는 경영위치이고, 여섯째는 전이모사다.(雖畵有六法, 罕能該盡, 而自古及今, 各善一節, 六法者何? 一日氣韻生動是也, 二日骨法用筆是也, 三日應物象形是也, 四日隨類傳彩是也, 五日經營位置是也, 六日轉移模寫是也)"

절적 전체'를 만들어 낼 수 있다.

시에서 우리는 기적을 요구한다고 이야기한다. 벌은 꽃 사이를 날아다니며 박하와 마요라나를 얻고, 박하와 마요라나가 아닌 꿀을 만들어 낸다. 화학자는 수소와 산소를 혼합하여, 이것들과 다른 물이라는 새로운 산물을 만든다. 그리고 시인은 자연의 모든 대상들을 보고 들으며, 그것들이 아닌 새로운 초절적 전체를 만들어 낸다.(시와 상상력)

결국 시인은 우리에게 진리와 새로운 사상을 제시해 줄 수 있다. 그러나 그 진리는 지상을 초월하여 존재하는 것이 아니라 바로 여기 지상에 강하게 뿌리박고 있는 것이다. 화학자가 다양한 화학원소들을 혼합하여 전혀 새로운 물질을 만들어 내듯이, 시인은 삶의 모순을 지각하고 그 모순을 균형 잡으면서 동시에 끊임없는 인식의 확장 과정을 통해 부분과 전체, 내용과 형식이 완전히 조화된 새로운 초절적 전체로서의 삶의 시학을 만들어 간다.

에머슨에게 시인은 현실과 이상을 동시에 바라보며 양극의 중간에 서서 균형을 유지하는 균형자이다. 따라서 시인의 '변용의 시적 지각'은 현실의 변화 속에 들어 있는 꿈같은 이상을 찾아내는 힘이다. 말하자면 '현재를 포착하는 힘'인 것이다. 무엇보다 에머슨이 시인에게 중요하게 요구하는 것은 바로 일상의 '진실성'이다. 그런 의미에서, 자연의 법칙을 아는 진정한 과학자이며 '보다 진정한 논리학자'로서 시인은 우리의 무지를 깨치고 삶의 이치를 제시할 수 있다. 그럼으로써 시인은 "우리의 사슬을 풀고 우리를 새로운 무대로 들어가게 한다."(시인) 시인은 우리를 속박하는 모든 사슬을 풀고 진실한 삶의 무대로 인도하는 안내자와 해방자의 두 가지 역할을 한다. 나아가 상징을 통해 모든 덧없는 현상에 의해 상징화된 영원한 생태적 진리를 우리에게 제시해 준다.

이처럼 에머슨에게 시인의 역할은 지대하다. 결국 에머슨은 같은 글에서 시인을 상징적 상상력을 통해 우리를 자유롭게 해 주는 '해방의 신'으로까지 격상하고 있다.

상징의 사용은 모든 인간들에게 해방과 활력을 주는 어떤 힘을 갖고 있다. (……) 우리는 동굴이나 지하실에서 야외로 나온 사람들과 같다. 이것은 수사, 우화, 신탁, 그리고 모든 시적 형태들의 영향이다. 시인들은 따라서 해방의 신들이다.〈시인〉

에머슨의 중도를 향한 창조적 변용은 객관적 진실과 새로운 심미적 질서를 찾아가는 끝없는 정신적 여로이다. 그러나 월리스 스티븐스의 경우에서 볼 수 있듯이, 우리의 상상력은 현실의 질서를 형성하지 못한다. 따라서 그 질서는 허구적인 것일 수밖에 없다. 그런 의미에서, 최상의 허구로서 조화와 균형의 질서는 절대적인 것이 아니라 상대적이고 개별적인 것이다. 우리가 보는 세상은 모두가 똑같은 하늘 아래 살지만 각자가 느끼는 세상과 우주는 저마다 다르기 때문이다. 따라서 인간이 바라보는 세상은 에머슨이 지적하듯이, 우리 모두에게 '관념적인' 어떤 것들이다. 결국 우리는 각자의 상상력으로 상대적이고 개별적인 허구를 만들 수밖에 없다. 그럼에도 불구하고 그것은 개별적인 상황의 다양성 속에서 통일성을 구현한다고 말할 수 있다. 비록 시적 질서가 현실적인 질서의 완성을 의미하는 것은 아니지만, 그것은 현재 우리의 일상적 삶에 미적 의미를 갖는다. 바로 이 '일상의 심미적 이상화'와 더불어 '일상과 이상의 실제적 균형'이 우리의 삶을 의미 있고 풍요롭게 할 수 있는 것이다. 이 점에서, 에머슨의 삶의 미학은 우리에게 의미 있는 진실한 삶의 태도를 제시해 준다. 물론 이러한 작업은 신적 존재의 영광을 구현하려는 인간의 몸부림이지만 처음부터 불가능을 안고 있다. 에머슨은 이러한 상황에 처해 있는 인간을 "영광의 불가능태"(경험)라고 표현했다. 그에게 인간은 영광스러운 성령을 지니고 있지만 그 영광을 모두 구현할 수 없는 한계를 지닌 존재이기 때문이다. 영광의 불가능태로서 인간은 삶의 양극적 딜레마를 지혜롭게 헤쳐 나갈 수밖에 없다. 삶의 모순 속에 오히려 삶을 아름답게 만드는 삶의 미학이 있다.

삶의 모순 속에서 중도의 지혜를 가지고 진리를 향해 끊임없이 나아가다 보면 진리의 세계에 이르게 되는 법이다. 결국 진리가 우리를 자유롭게 한다. 우리가 진리를 깨닫게 된다면 죽음도 두렵지 않을 것이다. 이어 에머슨은 산문 〈품성(Character)〉에서 공자의 말로 위안을 삼는다. "아침에 바른 도를 들으면 저녁에 죽어도 행복할 것이다."**16**

우리가 삶의 이치를 깨닫게 되면 폭풍우 같은 삶의 모순 속에서도 흔들림이 없게 된다. 공자는 "15세에 학문에 뜻을 두었고, 30세에 뜻이 확고히 섰으며, 40세에 세상에 미혹되지 않았고, 50세에 하늘의 명을 알았으며, 60세에 어떤 말을 들어도 곧 그 이치를 깨달아 이해했고, 70세에

---

16 《논어(論語)》의 〈이인편(里仁篇)〉에 나오는 공자의 말: 남회근, 《남회근 선생의 알기 쉬운 논어강의 上》, 송찬문 역, 씨앗을 뿌리는 사람, 2002, p.244. cf. "子曰: 朝聞道夕死可矣."

이르러서는 무엇이든 마음대로 해도 법도에 어긋나지 않았다."[17] 공자는 70세에 비로소 진정한 도를 체득했다고 할 수 있다. 동서양을 막론하고 세상의 이치는 크게 다를 것이 없다. 세상의 이치를 깨달은 사람은 어지러운 세상 속에 있어도 자신의 본성을 잃지 않는다. 이에 대해 에머슨은 "위대한 사람은 바로 많은 사람들 한가운데에서도 참으로 부드럽게 홀로 고요함을 유지하는 사람"〈자립〉이라고 말했다. 그가 말한 경지는 번뇌화택(煩惱火宅)[18]에서 휴식을 취한다는 원효대사의 경지와 유사하다. 우리가 불타는 집과 같이 번뇌가 들끓는 세상 속에서 고요히 휴식을 취할 수 있다면 어떤 두려움도 없을 것이다.

　에머슨은 정치, 종교, 인종 등 모든 형식을 뛰어넘어 삶의 진실을 추구했다. 그리고 무엇보다 종교와 종교의 화해를 주장했다. 삶의 진실이라는 측면에서 보면 종교의 구분은 불필요하다. 현재 우리는 동양과 서양 모두에서 인류의 평화로운 삶을 위해서는 종교 간의 소통과 화해가 지극히 중요한 시기에 살고 있다. 에머슨의 저작에서 21세기에 필수 불가결한 균형의 지혜를 배울 수 있는 것이다. 그의 저작 어느 곳에서도 그가 믿었던 기독교가 모든 종교에 우선한다는 말은 찾아볼 수 없다. 그는 모든 신앙의 내부에 흐르는 공통의 본질을 본 셈이다. 그는 산문 〈보상〉에서 종교적 배타주의에 따끔히 충고한다. "종교적 배타주의자는 다른 사람들이 들어오지 못하게 천국의 문을 닫으려 애씀으로써 자기 스

---

17 《논어(論語)》〈위정편(爲政篇)〉에 나오는 공자의 말: 남회근, 앞의 책, p.105. cf. "吾十有五而志于學, 三十而立, 四十而不惑, 五十而知天命, 六十而耳順, 七十而從心所欲 不踰矩."
18 화택(火宅)은 집착과 욕망으로 번뇌가 들끓는 집이란 뜻으로 법화경(法華經)에 나오는 비유이다. 원효대사는 중생이 탐욕으로 화택(火宅)을 벗어나지 못한다고 했다.

스로에 대해 천국의 문을 닫는다는 사실을 알지 못한다." 또한 〈대령〉에서는 종교가 수(數)에 호소하면 더 이상 종교라 할 수 없다고 지적하면서, 교회의 권위에 대해 부정적인 입장을 보였다. "권위에 기반을 두는 신앙은 신앙이 아니다. 권위에 의존하는 것은 종교의 타락이자 영혼의 후퇴를 알리는 척도이다." 조화와 균형은 모든 것을 하나로 평균화하는 것이 아니다. 그것은 전체적인 어울림이다. 정치, 종교, 인종 등 모든 상이한 삶의 형식과 내용들이 각기 자기 색깔을 내며 어울릴 때 가장 아름답다. 개인의 개성이 발휘되면서 전체 사회와 조화를 이룰 때 가장 아름다운 삶의 미학이 가능한 것이다. 자연 만물이 제각각 제 색깔과 모양을 내고 있지만 서로 시기하지 않고 어울리면서 총체적인 생명의 교향곡을 만드는 것과 같다. 그때 비로소 개인과 사회는 진실해지고 아름다운 삶의 평화를 찾을 수 있다.

에필로그

에머슨이 현재를 살아가는 우리에게 의미가 있는 데에는 몇 가지 이유가 있다. 첫째, 에머슨은 꾸준히 사람들의 관심을 끌고 있는 생태주의적 삶의 이론적 근거를 마련했다. 다만 그의 생태주의는 단순한 자연으로의 회귀가 아니라 자연과 문명 간의 화해를 의미하며, 자연과 조화를 이루는 문명의 균형 발전을 촉구한다. 둘째, 그는 동서양의 이질적인 문화, 철학, 종교의 이념들을 하나로 통합하여 그의 독특한 철학인 초절주의를 만들어 냈다. 우리는 현재 다문화가 충돌하며 생기는 가치의 혼란 속에서 조화롭게 살아가는 지혜를 그의 철학으로부터 배울 수 있다. 셋째, 그는 미국이 유럽, 특히 영국으로부터 문화적으로, 지적으로 독립할 수 있는 정신적 초석을 마련했다. 현대 한국의 문화가 서양 문화를 모방하며 자라났다는 점을 생각할 때, 자립의 지혜를 배울 수 있다. 마지막으로 그의 중도는 무엇보다 동서양의 관념적 중도를 뛰어넘어 실질적인 객관적 삶의 진실을 보여 주고자 하는 것이다. 삶의 진실만이 모든 형식을 부수고 모든 가치를 하나로 통합할 수 있는 유일한 길이다.

기독교, 유교, 도교, 힌두교, 불교 등의 다양한 종교 사상이 혼재해 있는 에머슨의 사상은 크게 세 가지 측면으로 볼 수 있다. 첫째, 모든 생명이 하나라는 생명 사상이다. 생명 공동체의 입장에서 보면 세계는 그야말로 인간과 자연이 하나 된 세계다. 그곳에는 인간과 자연이 따로 존재할 수가 없으며, 어떤 의미에서 인간도 자연물처럼 자연법칙에서 예외적인 존재가 아니다. 인간의 생명현상이 전체 생명의 흐름과 크게 위배될 때 그 피해는 인간 스스로에게 돌아가게 되어 있으니 자연의 순리를 따르는 것이 무엇보다 중요하다. 도교와 불교의 생명 사상이 에머슨의 사상에서 그 기조를 이루고 있다. 에머슨의 시 〈우화〉에서 생명의 관계망과 조화와 균형을 이루지 못하는 인간의 어리석은 분별심을 꼬집는데, 이는 결국 그 관계의 망 속에 있는 모든 구성원들이 서로 역할과 지위를 인정할 때 비로소 이루어질 수 있다. 사실 인간의 불균형은 이러한 개체 역할을 무시한 결과로서 생긴다. 때문에 에머슨이 제시한 '상호주의 원칙'이 자연 생태학과 사회 생태학 모두에서 현재 우리에게 가장 필요한 중도의 지혜라고 할 수 있다.

두 번째, 사회 공동체적 입장이다. 공자가 가장 이상적으로 제시하여 구현하고자 한 인간 중심적인 세계이다. 에머슨은 공자의 견해에 상당한 공감을 했다. 공자는 자연의 질서를 인간의 삶 속에 구현하고 싶어 했다. 때문에 무엇보다 인간 삶 속에 자연의 법칙인 중화(中和)의 원리를 실현하고자 했다. 그 과정 속에서 공자는 인간의 비극적인 삶에 심미적인 요소를 부여했다고 볼 수 있다. 이 지점에 공자의 위대함이 있다. 에머슨의 입장은 조금 다르다. 에머슨은 다양성과 통일성의 원리에서 자연과 인간을 동시에 바라보며 양자의 조화를 추구했다고 볼 수 있다. 에머슨도 삶의 모순 속에서 중도적 진실을 추구했고 그 진실한 삶은 아름답게 미화될 수 있었다. 그의 위대성도 이 점에 있다고 말할 수 있다. 다만 에머슨은 공자보다는 개인적인 가치를 더 중시했다는 점이 다르다. 에머슨은 사회적인 삶과 개인적인 삶의 균형을 추구했다. 이 점에서, 에머슨은 사회 공동체 안에서 다른 사람들과 '평범한 삶'을 공유하지만 개인적으로는 세상의 여론에 흔들리지 않고 '고상한 생각'을 유지하려 했다.

마지막으로 영혼의 구원이라는 측면에서 에머슨을 평가할 수 있다. 에머슨은 독실한 신앙인이었다. 다만 그의 신앙은 형식적인 기독교가 아니라 기독교가 지향하는 진실한 삶의 종교였다. 모든 사람의 삶의 내용과 형식이 다르므로 각자 종교의 내용과 형식은 다를 수밖에 없다. 그러나 우리의 삶과 정신이 진실해야 구원받는다는 종교의 본질은 같을 수밖에 없는데, 이는 모든 종교의 형식을 허물고 내면의 진리를 볼 수 있게 하는 진실한 삶을 통해 가능하다. 인식의 한계를 깬다면 종교의 형식 너머의 본질을 볼 수 있다. 에머슨은 모든 종교의 다양성과 통일성을 동시에 본 것이다. 종교의 형식에 얽매이지 않고 삶의 진실을 표현하려고 한 에머슨은 진실로 인식의 대자유를 소망했다고 할 수 있다.

모든 형식의 감옥을 부수고 삶의 진실을 추구한다면 종교, 문화, 정치 등 세상의 모든 영역에서 야기되는 형식적 모순들을 극복하고 진리의 세계에 도달할 수 있을 것이다. 진정한 수행은 세상 밖이 아니라 세상 안에서 이루어지는 것이다. 그러한 점에서, 에머슨은 진실한 수행자라고 말할 수 있다.

부록

에머슨 연보

1803   5월 25일 대통령 선거일에 매사추세츠 주 보스턴에서 아버지 윌리
        엄 에머슨과 어머니 루스 해스킨스 사이에서 8남매 중 넷째로 태어
        나다.

1807   4월 26일 형 존 클라크가 결핵으로 사망하다.

1808   11월 가족들과 함께 보스턴 제1교회의 새로운 목사관으로 이사를
        가다.

1811   5월 12일 보스턴 제1교회의 목사였던 아버지 윌리엄 에머슨이 요
        양차 가 있던 메인 주 포틀랜드에서 사망하다.

1812   가을에 공립 보스턴 라틴학교에 들어가다. 라틴어와 그리스어를
        배우고 근처 문법학교에서 수학과 작문을 포함한 고전 교과목을
        보충하다.

1814   고모 메리 무디 에머슨이 보스턴에 돌아와 어머니를 도와 아이들
        을 돌봐 주다. 그녀의 강한 성격과 칼뱅주의의 기조가 있는 엄격한

종교적 기질 그리고 문학과 철학에 대한 높은 식견이 에머슨에게 두드러진 영향을 미치다.

11월 가족들과 함께 콩코드로 이사 가다.

1815 봄에 다시 보스턴으로 이사 가다.

가을에 동생 에드워드와 함께 공립 보스턴 라틴학교에 재입학하고, 사립학교에서 프랑스어를 공부하다.

1817 9월 하버드대학에 입학하다. 학비를 위해 하버드대학 총장 사동과 웨이터로 일하다.

1820 1월 25일 일기를 쓰기 시작하다. 이후 50년 이상 지속적으로 쓴 일기는 그의 저작의 모태가 된다.

1821 7월 21일 하버드 대학을 졸업하다. 이후 보스턴에 있는 형 윌리엄이 운영하는 여학교에서 가르치는 일을 맡다.

1825 2월 16일 하버드 신학대학원에 입학하다.

1826 10월 10일 유니테리언 목사 안수를 받다. 폐결핵으로 병약해진 몸을 추스르기 위해 사우스캐롤라이나 주 찰스턴으로 여행하다.

1827 1월 플로리다 주 세인트어거스틴으로 여행 가 건강이 회복되기 시작하다.

1829 3월 보스턴 제2교회의 부목사에 임명되다.

9월 30일 엘런 터커와 결혼하다.

1831 2월 8일 19세의 나이로 아내 엘런이 결핵으로 사망하다. 이후 매일 아침 그녀의 묘에 가다.

1832 10월 28일 기독교의 형식적인 교리에 회의를 느끼고 목사직을 사임하다.

12월 25일 크리스마스 날에 유럽으로 일종의 정신적 순례 여행을 떠나다.

1833   이탈리아, 프랑스, 영국, 스코틀랜드를 여행하며 랜더, 밀, 콜리지, 칼라일, 워즈워스를 방문하다.

6월 파리 식물원을 방문하다.

9월 4일 뉴욕으로 출항하여 10월 9일 미국으로 귀국하다.

11월 5일 〈박물학의 효용〉이란 제목으로 보스턴에서 첫 번째 강연을 함으로써 미국 최초의 대중강연가로서의 생애를 시작한다.

1834   1월에 〈인간과 지구의 관계〉와 〈물〉을 주제로 일련의 강의를 하다.

어머니와 함께 콩코드 고향집으로 이사 오다.

5월 7일 보스턴 박물학협회 앞에서 〈박물학자〉를 낭독하다.

5월 14일 40년에 걸친 칼라일과의 서신 교환을 시작하다.

10월 1일 동생 에드워드가 푸에르토리코에서 사망하다.

1835   본격적으로 강연을 시작하다.

9월 14일 리디아 잭슨과 재혼하다. 올컷과 교분을 갖기 시작하다.

1836   5월 9일 동생 찰스가 결핵으로 사망하다.

7월 마거릿 풀러와 우정을 나누기 시작하다.

9월 9일 초절주의의 모태가 되는 《자연》이 보스턴에서 출간되다.

9월 초절주의 클럽이 결성되다.

10월 30일 첫아들 왈도 출생하다.

1837   헨리 데이비드 소로우를 만나다.

7월 콩코드 독립전쟁 기념탑의 낙성식의 헌정사에 삽입된 〈콩코드 송가〉를 발표하다.

8월 31일 하버드의 파이 베타 카파회 모임에서 〈미국의 학자〉를 낭독하다.

1838   7월 15일 하버드 신학대학원에서 〈신학교 연설〉을 강연하다. 많은 논쟁을 야기한 이 연설로 인해 이후 약 30년간 하버드대학에 초대되지 못하다.

1839   2월 24일 첫딸 엘런이 출생한다.

풀러 등과 함께 초절주의자들의 기관지 창간을 계획하다.

1840   7월 1일 초절주의자들의 기관지《다이얼》이 풀러의 편집으로 창간되다.

브룩 농장 실험에 참여해 달라는 부탁을 거부하다.

1841   3월 20일《에세이, 제1집》이 출간되다.

4월 26일 소로우가 에머슨의 집으로 이사 와서 2년간 머물다.

8월 11일 〈자연의 방법〉을 강연하다.

9월 21일 의붓할아버지 에즈라 리플리 사망하다.

11월 22일 둘째 딸 이디스 출생하다.

1842   1월 27일 첫아들 왈도 성홍열로 사망하다.

3월 헨리 제임스 만나다.

7월 풀러의 뒤를 이어《다이얼》의 편집을 맡기 시작하다.

1843   찰스 레인으로부터 동양 사상에 관련된 상당한 규모의 개인 장서를 사들이다.

1844   4월 오랫동안 재정 문제로 어려움을 겪던《다이얼》의 마지막 판을 끝으로 폐간되다.

7월 10일 아들 에드워드 출생하다.

8월 1일 〈영국령 서인도 제도에서의 노예 해방〉 강연을 하다.

9월 월든 호수의 북쪽 기슭의 땅을 사들이다.

10월 19일 《에세이, 제2집》이 출간되다.

1845   《바가바드 기타》의 영어 번역판을 읽다.

7월 4일 소로우가 에머슨이 사들인 월든 호숫가의 땅에 오두막을 짓고 살기 시작하다.

1846   12월 25일 《시집》이 출간되다.

1847   두 번째 유럽 여행을 가다.

10월 5일부터 이듬해 7월 27일까지 영국 순회강연을 하다. 칼라일, 워즈워스, 찰스 디킨스, 앨프리드 테니슨, 토크빌을 만나다.

1848   7월 보스턴으로 돌아오다.

1849   9월 《자연, 강연집》이 출간되다.

1850   1월 1일 《대표적 인간》이 출간되다.

1851   5월 3일 콩코드 사람들을 대상으로 도망노예법(Fugitive Slave Law)에 반대하는 연설을 하다.

1853   11월 16일 어머니 루스 에머슨이 84세의 나이로 그의 집에서 별세하다.

1854   4월 27일 하버드 신학대학원에서 시에 대해 강연하다. 뉴욕에서 도망노예법에 반대하는 연설을 하다.

1855   뉴욕, 필라델피아, 그리고 보스턴에서 노예제도 반대 연설을 계속하다. 《풀잎》을 출간한 월트 휘트먼에게 "당신의 위대한 생애의 시작을 환영한다."라는 내용의 편지를 쓰다.

12월 뉴욕에서 휘트먼을 만나다.

1856	8월 6일《영국적 기질》이 출간되다.
1857	아들과 어머니의 유해를 슬리피 할로 공원묘지로 이장하다.
1859	5월 27일 정신지체가 있던 동생 벌클리가 52세의 나이로 사망하다.
1860	버팔로, 시카고, 밀워키 등의 도시에서 순회강연을 하다.
	3월 보스턴에서 휘트먼을 만나 시작법에 대해 조언하다.
	12월《처세술》이 출간되다.
1862	2월 1일 에이브러햄 링컨 만나다.
	5월 6일 소로우가 결핵으로 사망하다. 에머슨은 그의 장례식에서 추도사를 낭독한다.
1863	10월 3일 고모 메리 무디 에머슨이 89세의 나이로 별세하다.
1864	5월 19일 호손이 사망하다. 에머슨은 그의 장례식에 참석한다.
1865	10월 딸 이디스가 윌리엄 포비스와 결혼하다.
1866	7월 11일 첫 손자인 랄프 왈도 포비스가 태어나다. 같은 달 하버드 대학으로부터 명예 법학박사 학위를 받다.
1867	가장 바쁜 순회강연을 다니다.
	4월 28일《오월제 외(外)》가 출간되다.
	하버드대학 졸업식 날에 파이 베타 카파회 앞에서 강연을 하다.
1868	9월 13일 뉴욕에서 형 윌리엄 사망하다.
1869	하버드에서 초서, 셰익스피어, 존슨, 베이컨, 그리고 다른 영국 작가 들에 대해 봄 학기 비공식적인 강의를 하다.
1870	3월《사회적 삶과 개인적 삶》이 출간되다. 하버드대학 철학과에서 일련의 16개 강의를 하다.
1871	하버드대학 철학과에서 강의를 계속하지만, 건강 때문에 오래 하

지 못하다.

가족과 친구들과 함께 캘리포니아까지 기차 여행을 가다.

1872   체력이 떨어지고 기억력이 감퇴하자 강연이 어렵게 되다.

7월 24일 화재로 집이 불타다. 이후 그의 문학적 창작력이 급격히 사그라지기 시작하다.

친구들이 돈을 모아 에머슨을 요양차 유럽으로 보내, 10월 말에 엘런과 함께 리버풀로 출항하다. 생애 마지막으로 칼라일을 보고, 러스킨과 브라우닝을 만나다. 파리에서 헨리 제임스 주니어의 안내로 루브르 박물관을 관람하다.

12월 이집트를 여행하다.

1873   건강이 다소 호전되다. 3월 파리로, 4월 런던으로 돌아오다.

5월 27일 보스턴에 착륙하자 많은 사람들이 그를 환영하다.

1874   《시문집》이 출간되다.

1875   일생 동안 규칙적으로 써 오던 일기가 마침내 중단되다.

12월 《문학과 사회적 목적》이 출간되다.

1876   시인 에마 래저러스가 에머슨가의 초청을 받아들여 콩코드 집을 방문하다.

1882   4월 27일 폐렴으로 인하여 79세를 일기로 콩코드 집에서 별세, 슬리피 할로 묘지에 묻히다.

참고문헌

Abrams, M. H. *The Mirror and the Lamp: Romantic Theory and the Critical Tradition*(Oxford: Oxford UP), 1979.

Altick, Richard D. *Victorian People and Ideas: A Companion for the Modern Reader of Victorian Literature*(New York: W. W. Norton,) 1973.

Anderson, John Q. *The Liberating Gods: Emerson on Poets and Poetry*(Coral Gables, Florida: U of Miami P), 1971.

Appleyard, J. A. *Coleridge's Philosophy of Literature: The Development of a Concept of Poetry, 1791-1819*(Cambridge, Massachusetts: Harvard UP), 1965.

Baker, Carlos. *Emerson Among the Eccentrics: A Group Portrait*(New York: Penguin Books), 1996.

Bate, W. J., ed. *Criticism: The Major Texts*(New York: Harcourt Brace Jovanovich), 1970.

Bentov, Itzhak. S*talking the Wild Pendulum: On the Mechanics of Con-sciousness*(New York: Bantam Books), 1981.

Bercovitch, Sacvan. *The Puritan Origins of the American Self*(New Haven and London: Yale UP), 1976.

Bloom, Harold. "The Freshness of Transformation: Emerson's Dialectics" in *Emerson: Prophecy, Metamorphosis, and Influence.* Ed. David Levin(New York: Columbia UP), 1975. pp.129~148.

Boller, Paul F. *American Transcendentalism, 1830-1860: An Intellectual Inquiry*(New York: G. P. Putnam's Sons), 1974.

Boswell, Jeanetta. *Ralph Waldo Emerson and the Critics: A Checkist of Criticism, 1900~1977*(Metuchen, N. J. & London: The Scarecrow Press), 1979.

Brantley, Richard. *Anglo-American Antiphony: The Late Romanticism of Tennyson and Emerson*(Gainesville, Florida: UP of Florida), 1994.

Brooks, Van Wyck. *The Life of Emerson*(New York: E. P. Dutton), 1932.

Buell, Lawrence. *The Environmental Imagination: Thoreau, Nature Writing, and the Formation of American Culture*(Cambridge, Massachusetts: Belknap Press of Harvard UP), 1995.

—— *Literary Transcendentalism: Style and Vision in the American Renaissance*(Ithaca and London: Cornell UP), 1973.

—— *New England Literary Culture: From Revolution Through Renaissance*(Cambridge: Cambridge UP), 1989.

Burkholder, Robert E. and Joel Myerson. *Ralph Waldo Emerson: An*

Annotated Bibliography of Criticism, 1980-1991(Westport, Connecticut & London: Greenwood Press), 1994.

Capra, Fritjof. The Tao of Physics: An Exploration of the Parallels between Modern Physics and Eastern Mysticism(Boston, Massachusetts: Shambhala Publications), 1999.

—— The Web of Life: A New Scientific Understanding of Living Systems(New York: Anchor Books), 1997.

Callan, Ron. William Carlos Williams and Transcendentalism: Fitting the Crab in a Box(New York: St. Martin's Press), 1992.

Carlson, Eric W. ed. Emerson's Literary Criticism(Lincoln and London: U of Nebraska P), 1979.

Carlyle, Thomas. The Complete Works of Thomas Carlyle(New York: Kelmscott Society Pub.), [between 1900 and 1960].

Carpenter, Frederic Ives. Emerson and Asia(Cambridge: Harvard UP), 1930.

—— Emerson Handbook(New York: Hendricks House), 1953.

Carter, Everett. The American Idea: The Literary Response to American Optimism(Chapel Hill: U of North Carolina P), 1977.

Cavell, Stanley. Conditions Handsome and Unhandsome: The Constitution of Emersonian Perfectionism(La Salle, Illinois: Open Court), 1990.

Cayton, Mary Kupiec. Emerson's Emergence: Self and Society in the Transformation of New England, 1800-1845(Chapel Hill and

London: U of North Carolina P), 1989.

Christy, Arthur. *The Orient in American Transcendentalism: A Study of Emerson, Thoreau, and Alcott*(New York: Columbia UP), 1932.

Cole, Phyllis. *Mary Moody Emerson and the Origins of Transcendentalism: A Family History*(Oxford: Oxford UP), 1998.

Coleridge, Samuel Taylor. *Biographia Literaria*. Eds. James Engell and W. Jackson Bate. 2 vols(Princeton: Princeton UP), 1983.

—— "On the Principles of Genial Criticism concerning the Fine Arts" in *Criticism: The Major Texts*. Ed. W. J. Bate(New York: Harcourt Brace Jovanovich), 1970. pp.364~375.

—— "Shakespeare's Judgement Equal to His Genius." *Criticism: The Major Texts*. Ed. W. J. Bate(New York: Harcourt Brace Jovanovich), 1970. pp.390~392.

Conner, Frederick William. *Cosmic Optimism: A Study of the Interpretation of Evolution by American Poets from Emerson to Robinson*(New York: Octagon Books), 1973.

Conway, Moncure Daniel. *Emerson: At Home and Abroad*(New York: Haskell House Publishers), 1968.

Cox, James M. "R. W. Emerson: The Circles of the Eye" in *Emerson: Prophecy, Metamorphosis, and Influence*. Ed. David Levin(New York: Columbia UP), 1975. pp.57~81.

Crawley, Thomas Edward, ed. *Four Makers of the American Mind: Emerson, Thoreau, Whitman, and Melville*(Durham, N. C.: Duke

UP), 1976.

Crèvecoeur, J. Hector St. John. *Letters from an American Farmer*(Garden City, New York: Doubleday), [n.d.], 1782.

Cromphout, Gustaaf Van. *Emerson's Modernity and the Example of Goethe*(Columbia and London: U of Missouri P), 1990.

Cronon, William. *Chances in the Land: Indians, Colonists, and the Ecology of New England*(New York: Hill and Wang), 1992.

Dickinson, Emily. *The Complete Poems of Emily Dickinson*. Ed. Thomas H. Johnson(Trowbridge, Wiltshire: Faber and Faber), 1982.

Diehl, Joanne Feit. *Dickinson and the Romantic Imagination*(Princeton, New Jersey: Princeton UP), 1981.

Duncan, Jeffrey L. *The Power and Form of Emerson's Thought*(Charlottesville: UP of Virginia), 1973.

Emerson, Ralph Waldo. *The Complete Works of Ralph Waldo Emerson*. Ed. Edward Waldo Emerson. 12 vols(Boston: Houghton Mifflin), 1903~1904.

—— *The Journals and Miscellaneous Notebooks of Ralph Waldo Emerson*. Ed. William H. Gilman et al. 16 vols(Cambridge, Massachusetts: Harvard UP), 1960~1982.

—— *The Early Lectures of Ralph Waldo Emerson*. Ed. Stephen Whicher et al. 3 vols(Cambridge, Massachusetts: Harvard UP), 1959~1972.

—— *The Letters of Ralph Waldo Emerson*. Ed. Ralph L. Rusk. 6 vols(New York: Columbia UP), 1939.

Epstein, Mark. *Thoughts Without A Thinker: Psychotherapy from a Buddhist Perspective*(New York: Basic Books), 1995.

Erkkila, Besty. *Whitman the Political Poet*(Oxford: Oxford UP), 1989.

Falk, Randee. *Spotlight on the USA*(Oxford: Oxford UP), 1993.

Feidelson, Charles. *Symbolism and American Literature*(Chicago: U of Chicago P), 1976.

Field, Susan L. *The Romance of Desire: Emerson's Commitment to Incompletion*(London: Associated UP), 1997.

Franklin, Benjamin. *Benjamin Franklin: The Autobiography and Other Writings*. Ed. L. Jesse Lemisch(New York and Toronto: The New American Library), 1961.

Frost, Robert. *Complete Poems of Robert Frost*(New York: Holt, Rinehart and Winston), 1965.

Gelpi, Albert. *The Tenth Muse: The Psyche of the American Poet*(Cambridge: Cambridge UP), 1991.

Gray, Henry David. *Emerson: A Statement of New England Transcendentalism as Expressed in the Philosophy of Its Chief Exponent* (California: Stanford UP), 1917.

Hansen, Olaf. *Aesthetic Individualism and Practical Intellect: American Allegory in Emerson, Thoreau, Adams, and James*(Princeton, New Jersey: Princeton UP), 1990.

Harris, Kenneth Marc. *Carlyle and Emerson: Their Long Debate*(Cambridge, Massachusetts: Harvard UP), 1978.

Hawkes, Terence. *Metaphor*(London: Mettuen), 1972.

Hawthorne, Nathaniel. *The Scarlet Letter*(New York: The New American Library), 1959.

Hildebidle, John. *Thoreau: A Naturalist's Liberty*(Cambridge, Massachusetts: Harvard UP), 1983.

Hopkins, Vivian C. *Spires of Form: A Study of Emerson's Aesthetic Theory*(Cambridge: Harvard UP), 1951.

Horton, Rod W. and Herbert W. Edwards. *Backgrounds of American Literary Thought*(Englewood Cliffs, New Jersey: Prentice-Hall), 1974.

Kaplan, Harold. *Democratic Humanism and American Literature*(Chicago and London: U of Chicago P), 1972.

Katep, George. *Emerson and Self-Reliance*(London: Sage Publications), 1995.

Keith, W. J. *The Poetry of Nature: Rural Perspectives in Poetry from Wordsworth to the Present*(Toronto: U of Toronto P), 1981.

Kinsley, David. *Ecology and Religion: Ecological Spirituality in Cross-Cultural Perspective*(Upper Saddle River, New Jersey: Prentice-Hall), 1995.

Kipling, Rudyard. *Rudyard Kipling: The Complete Verse*. Ed. M. M. Kaye(London: Kyle Cathie), 1990.

Kroeber, Karl. *Ecological Literary Criticism: Romantic Imagining and the Biology of Mind*(New York: Columbia UP), 1994.

Kronick, Joseph. *American Poetics of History: From Emerson to the Moderns*(Baton Rouge and London: Louisiana State UP), 1984.

Levin, Jonathan. *The Poetics of Transition: Emerson, Pragmatism, and American Literary Modernism*(Durham & London: Duke UP), 1999.

Larson, Kerry C. *Whitman's Dream of Consensus*(Chicago: U of Chicago P), 1988.

Lebeaux, Richard. *Thoreau's Seasons*(Amherst: U of Massachusetts P), 1984.

Lewis, Ricki. *Life*(Boston, Massachusetts: WCB/ McGraw-Hill), 1999.

Lewis, R.W.B. *The American Adam: Innocence, Tragedy, and Tradition in the Nineteenth Century*(Chicago & London: U of Chicago P), 1966.

Lopez, Michael. *Emerson and Power: Creative Antagonism in the Nineteenth Century*(DeKalb, Illinois: Northern Illinois UP), 1996.

Lovejoy, Arthur O. *The Great Chain of Being: A Study of the History of an Idea*(Cambridge, Massachusetts: Harvard UP), 1978.

Loving, Jerome. *Emerson, Whitman, and the American Muse*(Chapel Hill and London: U of North Carolina P), 1982.

Lowell, James Russell. "Emerson" in *Critical Essays on Ralph Waldo Emerson*. Eds. Robert E. Burkholder and Joel Myerson(Boston, Massachusetts: G. K. Hall), 1983. pp.131~133.

Luckács, Georg. *The Theory of the Novel*. trans. Anna Bostock(Cambridge, Massachusetts: M. I. T. P), 1971.

Malthus, Thomas Robert. "An Essay on the Principle of Population" in *Prose of the Romantic Period*. Ed. Carl R. Woodring(Boston: Houghton Mifflin Company), 1961. pp.20~25.

Marx, Leo. *The Machine in the Garden: Technology and Pastoral Ideal in America*. Oxford: Oxford UP, 1967.

Matthiessen, F. O. *American Renaissance:Art and Expression in the Age of Emerson and Whitman*(London: Oxford UP), 1979.

McAleer, John. *Ralph Waldo Emerson: Days of Encounter*(Boston: Little, Brown and Company), 1984.

Michael, John. *Emerson and Skepticism: The Cipher of the World*(Baltimore and London: The Johns Hopkins UP), 1988.

Middlebrook, Diane Wood. *Walt Whitman and Wallace Stevens*(Ithaca and London: Cornell UP), 1974.

Miller, Perry, ed. *The American Puritans: Their Prose and Poetry*(New York: Columbia UP), 1982.

Mitchell, Charles E. *Individualism and Its Discontents: Appropriations of Emerson, 1880-1950*(Amherst: U of Massachusetts P), 1997.

Mott, Wesley T., ed. *Encyclopedia of Transcendentalism*(Westport, Connecticut: Greenwood Press), 1996.

Nash, Roderick Frazier. *The Rights of Nature: A History of Environmental Ethics*(Madison, Wisconsin: U of Wisconsin P), 1989.

Neufeldt, Leonard. *The House of Emerson*(Lincoln and London: U of Nebraska P), 1982.

Nicoloff, Philp L. *Emerson on Race and History: An Examination of EN-GLISH TRAITS*(New York: Columbia UP), 1961.

Northrop, F. S. C. *The Meeting of East and West*(New York: Macmillan Company), 1952.

Peach, Linden. *British Influence on the Birth of American Litera-ture*(London: The Macmillan Press), 1982.

Pearce, Roy Harvey. *The Continuity of American Poetry*(Princeton, New Jersey: Princeton UP), 1965.

Perkins, Mary Anne. *Coleridge's Philosophy: The Logos as Unifying Prin-ciple*(Oxford: Clarendon Press), 1994.

Poirier, Richard. *Poetry and Pragmatism*(Cambridge, Massachusetts: Har-vard UP), 1992.

Porte, Joel. *Representative Man: Ralph Waldo Emerson in His Time*(New York: Oxford UP), 1979.

Porter, Carolyn. *Seeing and Being: The Plight of Participant Observer in Emerson, James, Adams, and Faulkner*(Middletown, Connecti-cut: Wesleyan UP), 1981.

Porter, David. *Emerson and Literary Change*(Cambridge, Massachusetts: Harvard UP), 1978.

Reynolds, Vernon and Ralph Tanner. *The Social Ecology of Religion*(Ox-ford: Oxford UP), 1995.

Richards, I. A. *Coleridge on Imagination*(London: Routledge & Kegan

Paul), 1955.

Richardson, Robert D. *Emerson: The Mind on Fire*(Berkeley and Los Angeles, California: U of California P), 1995.

Robinson, David. "Emerson's Natural Theology and the Paris Naturalists: Toward a Theory of Animated Nature" in *Critical Essays on Ralph Waldo Emerson*. Eds. Robert E. Burkholder and Joel Myerson(Boston, Massachusetts: G. K. Hall), 1983. pp.501~520.

Robinson, David M. *Emerson and the Conduct of Life: Pragmatism and Ethical Purpose in the Later Work*(Cambridge: Cambridge UP), 1993.

Rose, Anne C. *Transcendentalism as a Social Movement, 1830-1850*(New Haven and London: Yale UP), 1981.

Rosenwald, Lawrence. *Emerson and the Art of the Diary*(Oxford: Oxford UP), 1988.

Rowe, John Carlos. *At Emerson's Tomb: The Politics of Classic American Literature*(New York: Columbia UP), 1997.

Rusk, Ralph. L. *The Life of Ralph Waldo Emerson*(New York and London: Columbia UP), 1964.

Scheick, William J. *The Slender Human Word: Emerson's Artistry in Prose*(Knoxville: U of Tennessee P), 1978.

Sessions, George and Bill Devall. *Deep Ecology*(Salt Lake City: Peregrine Smith), 1985.

Shea, Daniel B. "Emerson and the American Metamorphosis" in *Em-*

erson: Prophecy, Metamorphosis, and Influence. Ed. David Levin(New York: Columbia UP), 1975. pp.29~56.

Shelley, Percy Bysshe. *Shelley: Poetical Works.* Ed. Thomas Hutchinson(Oxford and New York: Oxford UP), 1983.

Sidney, Philip. *Sidney's Apologie for Poetrie.* Ed. J. Churton Collins(London: Oxford UP), 1955.

Slater, Joseph, ed. *The Correspondence of Emerson and Carlyle*(New York: Columbia UP), 1964.

Smith, Henry Nash. *Virgin Land: The American West as Symbol and Myth*(Cambridge, Massachusetts: Harvard UP), 1970.

Snyder, Gary. *The Practice of the Wild*(San Francisco: North Point Press), 1990.

Sowder, William J. *Emerson's Impact on the British Isles and Canada*(Charlottesville: UP of Virginia), 1966.

Spiller, Robert E. *The Cycle of American Literature*(New York: The Free Press), 1967.

Spring, David and Eileen Spring, ed. *Ecology and Religion in History*(New York: Haeper & Row), 1974.

Stack, George J. *Nietzsche and Emerson: An Elective Affinity*(Athens: Ohio UP), 1992.

Steele, Jeffrey. *The Representation of the Self in the American Renaissance*(Chapel Hill: U of North Carolina P), 1987.

Steinman, Lisa M. *Masters of Repetition: Poetry, Culture, and Work in*

Thomson, Wordsworth, Shelley, and Emerson(London: Macmillan), 1998.

Stevens, Wallace. *The Collected Poems of Wallace Stevens*(New York: Alfred A. Knopf, Inc.), 1968.

Thomas, Keith G. *Wordsworth and Philosophy: Empiricism and Transcendentalism in the Poetry*(Ann Arbor, Michigan: U.M.I. Research Press), 1989.

Thoreau, Henry David. *The Portable Thoreau*. Ed. Carl Bode(New York: The Viking Press), 1957.

Thurin, Erik Ingvar. *Emerson as Priest of Pan: A Study in the Metaphysics of Sex*(Lawrence: The Regents Press of Kansas), 1981.

Tucker, Mary Evelyn and John Berthrong. *Confucianism and Ecology: The Interrelation of Heaven, Earth, and Humans*(Cambridge, Massachusetts: Harvard UP), 1998.

Voros, Gyorgyi. *Notations of the Wild: Ecology in the Poetry of Wallace Stevens*(Iowa City: U of Iowa P), 1997.

Wagenknecht, Edward. *Ralph Waldo Emerson: Portrait of a Balanced Soul*(New York: Oxford UP), 1974.

Waggoner, Hyatt H. *Emerson as Poet*(Princeton, New Jersey: Princeton UP), 1974.

Williams, William Carlos. *The Collected Earlier Poems of William Carlos Williams*(Norfolk, Connecticut: New Directions Books), 1951.

Whicher, Stephen E. *Freedom and Fate: An Inner Life of Ralph Waldo*

Emerson(Philadelphia: U of Pennsylvania P), 1957.

Whitman, Walt. *Leaves of Grass*. Eds. Sculley Bradley and Harold W. Blodgett(New York: W. W. Norton), 1973.

Wimsatt, William K. Jr. and Cleanth Brooks. *Literary Criticism: A Short History*(Chicago: U of Chicago P), 1978.

Wolfe, Cary. *The Limits of American Literary Ideology in Pound and Emerson*(Cambridge: Cambridge UP), 1993.

Wordsworth, William. *Wordsworth: Poetical Works*. Ed. Thomas Hutchinson(Oxford: Oxford UP), 1981.

—— "Preface to Poems, 1815" in *Prose of the Romantic Period*. Ed. Carl R. Woodring(Boston: Houghton Mifflin Company), 1961. pp.72~82.

Yannella, Donald. *Ralph Waldo Emerson*(Boston: Twayne Publishers), 1982.

Yeats, W. B. *The Collected Poems of W. B. Yeats*(London: Macmillan), 1961.

Yu, Beongcheon. *The Great Circle: American Writers and the Orient*(Detroit: Wayne State UP), 1983.

Zhang, Longxi. *The Tao and the Logos: Literary Hermeneutics, East and West*(Durham & London: Duke UP), 1992.

Zwarg, Christina. *Feminist Conversations: Fuller, Emerson, and the Play of Reading*(Ithaca and London: Cornell UP), 1995.

길희성 외,《환경과 종교》, 민음사, 1997.

김우창 외,《21세기의 환경과 도시》, 민음사, 2000.

김학주 역,《대학 중용》, 서울대학교출판부, 2000.

나카지마 다카시,《파동경영》, 윤영걸 역, 매일경제신문사, 1997.

남회근,《남회근 선생의 알기 쉬운 논어강의》.上下, 송찬문 역, 씨앗을 뿌리는
　　　사람, 2002.

──《맹자와 공손추》, 설순남 역, 부키, 2014.

노르베리 호지, 헬레나,《오래된 미래: 라다크로부터 배운다》, 김종철·김태언
　　　역, 녹색평론사, 2000.

서복관,《중국예술정신》, 권덕주 외 역, 동문선, 1997.

성철,《영원한 자유》, 장경각, 1999.

심경호 역,《주역철학사》, 예문서원, 1998.

에머슨, 랄프 왈도,《자연》, 서동석 역, 은행나무, 2014.

오강남 역,《장자》, 현암사, 1999.

이상우,《동양미학론》, 시공사, 1999.

장기근 역,《論語》, 명문당, 2000.

정창영 역,《바가바드 기타》, 시공사, 2000.

──《도덕경》, 시공사, 2000.

정화 편역,《중론: 말과 생각을 넘어서 말하고 생각하기》, 법공양, 2010.

차주환 역,《孟子》, 명문당, 1998.

청화,《원통불법의 요체》, 광륜출판사, 2009.

한동석,《宇宙 變化의 原理》, 대원출판, 2011.

찾아보기

에머슨, 조화와 균형의 삶

1판 1쇄 인쇄 2014년 12월 15일
1판 1쇄 발행 2014년 12월 22일

지은이 · 서동석
펴낸이 · 주연선

책임편집 · 윤이든
편집 · 이진희 심하은 백다흠 강건모 이경란 오가진 강승현
디자인 · 김현우 김서영 권예진
마케팅 · 장병수 김한밀 정재은 김진영
관리 · 김두만 구진아 유효정

(주)은행나무
121-839 서울특별시 마포구 양화로11길 54
전화 · 02)3143-0651~3 | 팩스 · 02)3143-0654
신고번호 · 제 1997-000168호(1997. 12. 12)
www.ehbook.co.kr
ehbook@ehbook.co.kr

잘못된 책은 바꿔드립니다.

ISBN 978-89-5660-825-9 03100